Wie kommt Neues in die Welt?
Herausgegeben von Hans Rudi Fischer

Wie kommt Neues in die Welt?

Phantasie, Intuition und der Ursprung
von Kreativität

Herausgegeben von Hans Rudi Fischer

VELBRÜCK
WISSENSCHAFT

Erste Auflage 2013
© Velbrück Wissenschaft, Weilerswist 2013
www.velbrueck-wissenschaft.de
Druck: Hubert & Co, Göttingen
Printed in Germany
ISBN 978-3-942393-72-0

Bibliografische Information der Deutschen Nationalbibliothek
Die Deutsche Nationalbibliothek verzeichnet diese Publikation in der
Deutschen Nationalbibliografie; detaillierte bibliografische Daten
sind im Internet über http://dnb.ddb.de abrufbar.

Dieses Buch ist im Verlag Humanities Online
(www.humanities-online.de) als E-Book erhältlich.

Inhalt

Vorwort 7

Hans Rudi Fischer
Das Neue als Sprachspiel. Prozedur zur Einführung 9

Josef Mitterer
Die Paradoxien des Fortschritts. Zum Stand der Dinge im Fluss . . 23

Klaus Mainzer
Der kreative Zufall. Wie das Neue in die Welt kommt 35

Karl H. Müller
Die Grammatik des Neuen 45

Karl-Heinz Brodbeck
Die Schattenseiten der Kreativität im ökonomischen Prozess. 63

Thomas Fuchs
In statu nascendi. Philosophische Überlegungen
zur Entstehung des Neuen. 73

Wolf Dieter Enkelmann
Who Wants Yesterday's Papers? Zur Philosophie des Neuen 87

Hans Ulrich Reck
Tücken mit dem Neuen. Betrachtungen zu einem Topos
in/zwischen Künsten und Wissenschaften 97

Francesca Rigotti
Wie ein Kind kommt Neues in die Welt.
Ein philosophisches Märchen für Erwachsene 109

Birger Priddat
Entscheiden, Erwarten, Nichtwissen. Über das Neue
als das unerwartete Andere 121

Elena Esposito
Wie viel Altes braucht das Neue? 133

Hans Rudi Fischer
Positive Unvernunft als Quelle des Neuen. Unterwegs
im Paradoxen 147

Günther Ortmann
Neues, das uns zufällt. Über Regeln, Routinen, Irritationen,
Serendipity und Abduktion 171

Joachim Funke
Neues durch Wechsel der Perspektive 187

Jürgen Kriz
Kreativität und Intuition aus systemischer Sicht 197

Hinweise zu den Autorinnen und Autoren 209
Namenregister... 215
Sachregister.. 218

Vorwort

Das Heidelberger Institut für systemische Forschung veranstaltete in Kooperation mit der Internationalen Gesellschaft für systemische Forschung (IGST) und der Zeitschrift Familiendynamik (Klett-Cotta) im Mai 2012 ein Symposium mit dem Titel Wie kommt Neues in die Welt? Systemisch weiter denken…
Das Symposium führte renommierte Forscherinnen und Forscher aus Systemtheorie, Ökonomie, Philosophie, Psychologie und Psychotherapie zusammen. Im Mittelpunkt standen die Frage, wie Neues in die Welt kommt, sowie der interdisziplinäre Dialog über das Verständnis von Schöpfungskraft, Kreativität und Innovationsfähigkeit in Wissenschaft, Wirtschaft und Kunst. Der Kongress war Forum, systemisches Denken und Praxis systemisch weiter zu denken. Das »weiter denken« war und ist in doppelter Bedeutung des Wortes gemeint und gilt auch für die Beiträge dieses Buches.

Die hier versammelten Symposiumsbeiträge fragen, wie sich das Neue in verschiedenen Disziplinen bestimmen lässt, ob es Muster der Entstehung von Neuem gibt und wie sie aussehen. Aber auch Fragen nach den Quellen menschlicher Kreativität, den Wurzeln von Denkrevolutionen und danach wie unsere eingefahrenen Denkgeleise zu verrücken sind, um kreative Einbildungskraft freizusetzen, finden in diesem Buch ausreichend Gehör. So gibt der vorliegende Band einen guten Überblick zum gegenwärtigen Diskurs über das Neue in Philosophie, Psychologie und Ökonomie.

An dieser Stelle sei meinen Herausgeberkollegen Ulrike Borst (Zürich) und Arist von Schlippe (Witten/Herdecke) herzlich für ihre tatkräftige Unterstützung bei der Vorbereitung und der Durchführung des Symposiums gedankt.

Frau Johanna Dunkl, Dipl. Psych. und M.A. phil. bin ich zu großem Dank verpflichtet, sie hat nicht nur die redaktionellen Tätigkeiten der Buchherausgabe souverän gemeistert, sondern sich auch als Lektorin mit großer Sorgfalt und Akribie um die Manuskripte gekümmert. Lou Schwender, meiner Tochter, möchte ich sehr herzlich dafür danken, dass sie alle Manuskripte – nicht nur die des Vaters – mit Argusaugen Korrektur gelesen hat.

Hans Rudi Fischer
Heidelberg, im April 2013

Hans Rudi Fischer
Das Neue als Sprachspiel
Prozedur zur Einführung

1. Einführung im Platonischen Kino

Wie entsteht Neues? Stellen Sie sich vor, Sie betrachten im Film wie eine Fabrik gesprengt wird. Sie sehen die Explosion, die Mauern der Gebäude stürzen ein, der riesige Schornstein sackt zickzackförmig in sich zusammen, eine gewaltige Staubwolke steigt auf und wird vom Wind auseinander getrieben, zum Schluss bleibt nur ein großer Schutthaufen. Vergessen Sie den Film, Sie sind hier im Text eines Buches, der über einen Roman spricht. Stellen Sie sich nun vor, Sie sähen das letzte Bild, den großen Schutthaufen, und nun ließe man den Film rückwärts laufen. Es bildet sich eine wundersame Staubwolke, die hinunter in den Schutthaufen zieht, seine Teile verwandeln sich in ein Gebäude, während sich im Zickzack ein Schornstein aufrichtet und sich Mauern aus dem Staub erheben bis eine Fabrik erstanden ist.

In Harry Mulischs Roman *Die Prozedur* fragt sein Erzähler, warum der Erzähler einer Erzählung immer zugleich auch *nicht* der Erzähler ist?[1] Weil, so die Antwort seines Erzählers, der eigentliche Erzähler die Erzählung selbst ist. Die Erzählung stellt schließlich die Frage, *wie* eine Erzählung entsteht. Mulischs Erzähler sucht das mit der Analogie vom rückwärts laufenden Film – mit der dieser Text angefangen hat – *vor*läufig zu beantworten. Das Bild enthält die Logik üblicher Erklärungsversuche der Entstehung des Neuen, die den Anfang (analog dem Neuen) nicht einholen können, weil sie ihn (es) immer schon voraus*setzen*. Nachdem das Gebäude steht, fragt der Erzähler: »Wie geht das vor sich, wenn es *kein umgekehrter* Prozess ist, sondern *der Prozess selbst*? Gab es diese Gebäude in irgendeiner Form bereits, ehe sie existierten? Vielleicht. Wo? Das weiß ich nicht« (ebd., S. 21, Herv. v. Autor). Wäre die Geburt des Neuen als rückwärts laufender Film begreiflich, stellte sich die Frage, ob diese Prozedur ein circulus vitiosus oder fructuosus

---

1 Danach heißt es: »Ein Erzähler, der existiert und nicht existiert – womit kann man eine solche logische Unmöglichkeit vergleichen? Nun, mit einem erschaffenden Gott, einem distanzierten Patriarchen mit klarem Bewußtsein [...] Aber auch mit einer gebärenden Frau: Monatelang hat sie ihr Kind geschaffen, ohne zu wissen, wie sie da schuf – obwohl sie schuf, erschuf sie es nicht; und wen sie gebiert, weiß sie genausowenig« (Mulisch 2000, S. 20).

wäre? Wir säßen gefesselt im Platonischen Kino, der Schein der Bilder gaukelte uns vor, das Recedere erklärte das Procedere. So gesehen wäre das Neue nur eine Aktualisierung des Möglichen und eigentlich schon immer da (Platons Höhle als ewiges Kino). Ist die Erschaffung des Neuen ein Prozess, der in sich um sich selbst kreist?

Die Prozedur handelt von einem Biochemiker, dem es gelingt aus anorganischer Materie Leben zu erschaffen und lässt den Erzähler des Romans die eigene Genesis gleich miterzählen. Der Roman wird so zum Meta-Roman, der Prozess der Schöpfung ist in der Schöpfung enthalten. In der Form des Romans – die Metalepsis ist die zentrale narrative Figur – spiegelt sich das Paradox der Kreativität wider, die Verflüssigung der scheinbar fixen Grenze zwischen der Erzählwelt und der Welt, *in* der erzählt wird. Eine Dialektik von Innen und Außen entfaltet sich, in der beide Welten – einem Möbiusband gleich – in einer seltsamen Schleife ineinander laufen. Läuft die Erklärung – von Kreativität – in das Erklärte hinein, wird das Procedere durch das Recedere verständlich? Dann hätten wir das Prinzip erkannt, *wie* Kreativität herzustellen ist, wissen wie. Wo fängt Kreation an, wo hört sie auf?

Wenn vom »Neuen« die Rede ist wiederholt sich eine Denkbewegung, die beinahe zwangsläufig in ein Labyrinth, in eine Paradoxie zu münden scheint. Lässt sich das Phänomen menschlicher Kreativität erklären ohne metaphysische, zirkuläre oder irrationale, metaphorische Hilfshypothesen?

Die Beiträge dieses Bandes kreisen um die Frage nach dem modus operandi des Neuen und das ist die Frage nach der Kreativität. Welcher Logik folgen kreative Prozesse?

Ich möchte kurz den Horizont abtasten, innerhalb dessen die Frage nach dem Neuen, dem kreativ Neuen, sich hier in diesem Buch – wie auf dem gleichnamigen Symposion 2012 in Heidelberg – stellt. Als Hintergrund der Fragestellung möchte ich zunächst die richtungsweisenden Versuche Platons und Humboldts skizzieren, den begrifflichen Kern des schöpferisch Neuen zu bestimmen. Der analytische Blick auf das philosophische Problem des Neuen wird durch die begrifflichen Differenzierungen klarer. Betrachten wir zunächst einen Bericht über ein Symposion in dem es vor langer Zeit schon um die Frage ging, wie Neues zur Welt kommt. Unter den Keynote Speakern war damals eine berühmte Frau und die Hauptrolle im Theater des Neuen spielte Eros.

2. Platon: Poiésis versus techné

Lassen wir den ontologischen Status des Neuen schweben und betrachten zunächst wie Platon im Symposion eine richtungsweisende Differenz einführt, um das schöpferisch Neue zu begreifen. Ich folge dabei

DAS NEUE ALS SPRACHSPIEL

der Übersetzung des Gastmahls von Boll (Platon 1989) und ergänze Originalbegriffe mit Umschrift. Die hier entscheidende Passage steht im Kontext der Klärung vielfältiger Arten, in denen sich »Eros« zeigt.

Diotima gibt Sokrates dann ein Beispiel, worin sich Eros zeigt und führt die wesentliche Unterscheidung ein: »du weißt, dass ›Schaffen‹ [ποίησις, poiésis] etwas Umfangreiches ist; denn die Ursache dafür, dass irgendetwas aus dem Nichtsein ins Sein tritt, ist allemal ein Schaffen (oder Dichten) [ποίησις, poiésis]; und so sind auch die Tätigkeiten, die in den Bereich aller Künste [τέχναις, technai] fallen, eigentlich Dichtung, und die Meister darin alle Dichter [ποιηταί]« (Symposion 205b, Herv. v. Autor, S. 93 in Bolls Übersetzung).[2]

Poiésis wird verbal mit *dichten, schaffen* übersetzt (Schleiermacher übersetzt nominal Dichtung) und techné – wie bei Schleiermacher – mit Kunst. Techné setzt demnach existierende, bekannte Bausteine bzw. Komponenten voraus, aus denen etwas zusammengefügt wird, das neu ist, wenn es in dieser *Form* bisher nicht existierte.

Die Geschichte der Erkenntnistheorie lehrte uns früh, dass Erkenntnis eines Objektes (der Natur) bedeutete zu wissen, *wie* man es macht, *wie* man es erzeugt. Diese Herkunft ist im griechischen techné noch deutlich aufgehoben, das ursprünglich in der Bedeutung von »herstellen«, »hervorbringen«, »erzeugen« (Homer) gebraucht wurde, um sich dann in zweckdienliches Tun, ein Machenkönnen im allgemeinen zu verwandeln (Castoriadis 1983, S. 196f.). Platon kann deshalb diesen Begriff synonym mit épistémé, als streng begründetes Wissen, gebrauchen. Techné in diesem Sinne ist die *zweckdienliche* Umwandlung von vorhandenen Materialien. In diesem Sinne ist Zeus Techniker, wenn ihn Homer blitzen und hageln lässt; und das ist dann kein Erschaffen, sondern ein Herstellen, Zusammenfügen (ebd., S. 197). Für Platon ist Gott (im *Timaios*) noch selbst Techniker, Handwerker (Demiurg), der aus vorhandenen Elementen die Weltordnung erschafft. Diesem sekundären, technischen Schöpfungsakt entspricht in der biblischen Genesis die Erschaffung Evas aus der vorhandenen Rippe Adams.[3] Der primäre

---

2 In einem Artikel zum Autopoiese-Konzept (1991) habe ich mich auf Castoriadis bezogen, der den Unterschied zwischen Techné und Poiésis herausarbeitet. Castoriadis Buch verweist auf diese Gastmahlstelle, sie ist im Deutschen in Schleiermachers Übersetzung wiedergegeben, ich ziehe Bolls modernere vor. Zum Verständnis von Castoriadis' Konzept ontologischer Kreation vgl. Bernhard Waldenfels' schönen Beitrag (2013).

3 Im Original ergibt sich keine Genderproblematik. Der Schöpfungsakt ist der des Menschen (hebräisch ādām). Die Erschaffung der Frau aus der Rippe Adams ist die Einführung der Unterscheidung in die Unterscheidung – wie Spencer-Brown den »reentry« in Laws of Form nennt –. Das Verb *unterscheiden* ist wörtlich zu verstehen: *unter*scheiden. Der sekundäre Erzeugungsakt (i. e. techné) unterscheidet und erzeugt dann erst männlich

Schöpfungsakt des Menschen, nicht Adams, ist allerdings der interessantere.

Von der Technik bzw. Kunst des Neuen grenzt Platon die Poiésis ab: Poiésis ist Ursache, etwas »aus dem Nichtsein *in das Sein*« zu bringen. Wahrhaft Neues kommt demnach durch Dichtung in die Welt. Der Dichter ist fähig aus dem Nichts (*creatio ex nihilo*) zu schöpfen, er vermag Urheber von wahrhaft Neuem zu sein. Diesen Gedankengang entfaltet Humboldt – ohne Rückgriff auf Platon –in seinen Überlegungen zur Kreativität der Sprache und des Genies. Zunächst zur Kreativität der Sprache.

3. Humboldt: Schöpfen und (er)zeugen

»Das Denken behandelt nie einen Gegenstand isoliert,
Es schöpft nur Beziehungen, Verhältnisse, Ansichten ab, und verknüpft sie.«
Wilhelm von Humboldt

Humboldt bestimmt an einer der berühmtesten – und schönsten – Stellen seines sprachphilosophischen Werkes das Wesen der Sprache genetisch, als Tätigkeit (Energeia), die als Vorübergehendes nur im »jedesmaligen Sprechen« lebendig ist. Wittgenstein wird später ganz ähnlich sagen, Sprache lebe nur *im Gebrauch*. Die einzig richtige Definition von Sprache kann daher – für Humboldt – nur »eine genetische sein. Sie ist nemlich *die sich ewig wiederholende Arbeit des Geistes* den articulirten Laut zum Ausdruck des Gedankens fähig zu machen« (Humboldt, Bd III, S.418). Dann stellt er die begrenzten Mittel der Sprache dem »gränzenlosen Gebiete« des Denkbaren gegenüber und folgert daraus die operationale Form sprachlicher Kreativität: Sprache muss »von *endlichen* Mitteln einen *unendlichen Gebrauch* machen, und vermag dies durch die Identität der Gedanken- und Spracheerzeugenden Kraft« (ebd. III, 477, Herv. vom Autor). Ein neuer Gedanke muss demnach als operationales Resultat »unendlichen« Gebrauchs endlicher sprachlicher Mittel zur Welt gebracht werden bzw. werden können. Quelle sprachlicher Kreativität ist hier die *Arbeit des Geistes*, einer neuen Idee ein passendes sprachliches Gewand zu geben.

> und weiblich. Erst die Übersetzung hat aus Mensch den männlichen Adam gemacht und das Weibliche zum Sekundären. Im Symposion wird vom Kugelmenschen erzählt, der von Zeus als Strafe in Mann und Frau zerteilt, i. e. unter*schieden*, wurde. Analog zum biblischen Schöpfungsmythos war zuerst die Einheit geschaffen, die Unter*scheidung* dieser Einheit in eine Zweiheit ist demgegenüber sekundär. Zeus war hier Demiurg, Techniker.

DAS NEUE ALS SPRACHSPIEL

Beim Genie sieht Humboldt die Fähigkeit zur Schöpfung des Neuen in der *geistigen Zeugungskraft* begründet. Das, was des Genies »Zeugung das Daseyn dankt, war vorher *nicht vorhanden,* und ist ebensowenig aus schon Vorhandenem oder schon Bekanntem bloss abgeleitet« (ebd. S. 317, Herv. vom Autor).[4] Nach dieser These zollt Humboldt den Denkzwängen der Logik Tribut und erklärt die Unmöglichkeit logischer Ableitung des Neuen: »Zwar wird sich im Gebiete des Denkens, in welchem durchgängig *logischer Zusammenhang herrschen muss, immer* die Verbindung mit dem schon Gegebenen zeigen lassen, aber dieser Weg ist darum *nicht* auch ebenderselbe, auf welchem es *gefunden* werden konnte« (ebd., Herv. vom Autor). Der erwähnte rückwärts laufende Film wäre also kein plausibles Erklärungsmodell für diese Art des Neuen. Geht es uns hier wie der Eule der Minerva, die sich erst zur Dämmerung zum Fluge erhebt und die Hegel zum Sinnbild für das ewige Zuspätkommen der Philosophen gemacht hat? Unsere Rationalität hinkt beim Verstehen des Prozesses, der Neues in die Welt bringt, offenbar hinterher. Wenn etwas Neues erfunden, er(ge)zeugt wurde, können wir es vielleicht rückwärts (a posteriori) erklären, aber nicht als *Prozedur* begreifen, die uns a priori den Ursprung von Neuem garantierte. Ist Kontingenz vielleicht jenes unerschöpfliche Reservoir aus dem kreative Akte schöpfen?

Wenn unsere auf logischen Maßstäben fußende Rationalität in der Lage ist, Neues (wie Wissen) zur Welt zu bringen, fragt es sich, ob diese Rationalität die Logik kreativer, schöpferischer Prozesse nicht erschließen kann? Humboldt beantwortet die hier aufgeworfene Frage nach der rationalen bzw. logischen Erklärung schöpferischer Akte ziemlich deutlich. Schöpferisch Neues »ist *keine Folgerung* aus […] mittelbar zusammenhängenden Sätzen; es ist *wirkliche Erfindung...*« (ebd., I S. 274, Herv. vom Autor). In der expliziten Negation logischer Ableitbarkeit des schöpferisch Neuen zeigt sich Humboldt als Vorläufer von Peirces Abduktionsgedanken. Denn er hat indirekt logisches (i. e. rationales) Denken im Fokus und spricht deduktivem bzw. induktivem Denken ab, Neues in diesem Sinne aus Prämissen ableiten bzw. erzeugen zu können. Genialisch ist der Geist, der die Denkzwänge überwindet und Neues *erfindet,* das nicht logisch abzuleiten ist. *Wie* das Genie das vermag, das Betriebsgeheimnis des Genialischen, klärt Humboldt nicht, es bleibt das

---

4 Dass alle Zeugung (auch die des Menschen) auf vorhandenen »Stoff« zurückgreifen muss wird in der Unterscheidung zwischen Schöpfung und Zeugung (bzw. Erzeugung, i. e. techné) deutlich: »Bei allem Erzeugen entsteht etwas *vorher nicht Vorhandenes.* Gleich der Schöpfung, ruft die Zeugung neues Daseyn hervor, und *unterscheidet* sich nur dadurch von derselben, dass dem neu Entstehenden ein *schon vorhandener Stoff* vorhergehen *muss*« (ebd. I, S. 273).

Geheimnisvolle. Diese kreative »Kraft« ist nur negativ zu bestimmen, sie kann nicht durch logische Maschinen, durch Algorithmen abgebildet werden, weil darin keine Kontingenz vorkommen kann, so dass dabei bestenfalls Neues im Sinne von techné erzeugt werden könnte.

4. Prozess und Erklärbarkeit des Neuen

Damit komme ich auf eine schöne Passage in *Die Prozedur* zurück, in der der Biochemiker Victor Werker – Mulischs Geschöpf – den Unterschied zwischen beiden Arten des Neuen in einem Brief an seine Geliebte so zum Ausdruck bringt: »Wenn Watson und Crick die Struktur der DNA nicht entschlüsselt hätten, dann hätte es innerhalb der nächsten zwei, drei Jahre jemand anders getan [...]. Aber wenn Kafka nicht den ›Prozeß‹ geschrieben hätte, wäre dieser Roman bis in alle Ewigkeit ungeschrieben geblieben« (Mulisch 2000, S. 129). Hier führt *Die Prozedur* in einer seltsamen Schleife in das Anfangsbeispiel vom rückwärts laufenden Film zurück; der Roman spiegelt den Prozess seiner eigenen Entstehung, dreht sich im Kreis und geht zurück auf Los: »Wie geht das vor sich, wenn es *kein umgekehrter* Prozess ist, sondern *der Prozess selbst?*« (ebd. S. 29). Stehen wir vor einer kafkaesken Situation? Wie ist wahrhaft schöpferische Kreativität zu begreifen?

Nach den Anleihen bei Platon und Humboldt können wir von zwei grundsätzlich verschiedenen Arten von Neuem ausgehen, die von schöpferischen Prozessen zur Welt gebracht werden. Lassen Sie mich das relative vom radikal Neuen unterscheiden und zeigen, wie wir diesbezüglich in das philosophische Problem des Neuen geraten.[5]

1. Neues, das sich als *Rekombination* bereits vorhandener Elemente (Eigenschaften, Komponenten, Relationen) verstehen lässt. Neu dabei – im Sinne von vorher noch nicht bekannt bzw. vorhanden – wäre nur die *Kombination* der einzelnen Elemente. Die Anzahl der Neukombinationen ist auf die mathematisch möglichen Permutationen begrenzt und logisch auf diesen Möglichkeitsraum reduzierbar.[6] Nennen wir das das *relativ Neue*.

---

[5] Ich orientiere mich hier an Papes (1994) ausgezeichneter Konzeptualisierung des philosophischen Problemes des Neuen (ebd., S. 9 ff.), vereinfache sie für meine Zwecke.

[6] So sind beispielsweise bei einem 8-Bit-Code nur 2^8 (= 256) Zeichen möglich. Analoges gilt für den DNS-Code, der bekanntlich aus vier »Buchstaben« besteht. Auch hier sind die Permutationen durch die Zahl der Elemente begrenzt. Die Frage nach dem radikal Neuen wäre der Übergang aus unbelebter Materie zu belebter, wie sie in *Die Prozedur* der Biochemiker Victor Werker beantwortet.

DAS NEUE ALS SPRACHSPIEL

2. Wir verstehen Neues als das Hervorkommen von etwas, das nicht auf seine Ausgangsbedingungen (nicht im Sinne von techné) zurückführbar ist. Die Dichotomie scheint vollständig: Entweder – oder, tertium non datur? Wir haben Neues, das auf Ausgangsbedingungen reduzierbar ist und Neues, das *nicht* auf vorhandene bzw. bekannte Ausgangselemente zu reduzieren ist. Bei letzterem spricht man von Emergenz, dem unvorhersehbar, überraschend Neuen. Diese stärkere Form des Neuen, die wir mit dem Pleonasmus »schöpferische Kreativität« in Verbindung bringen, macht das philosophische Problem aus. Deutlich wird dies, wenn wir versuchen die vorausgesetzte Emergenz irreduzibler Neuheit rational zu erklären. Eine rationale Erklärung (explanans) fordert von dem zu erklärenden Neuen (explanandum), dass es aus den Ausgangsbedingungen (Prämissen) samt Gesetzesaussagen logisch abzuleiten ist. Jetzt haben wir allerdings ein Problem. Könnten wir das *radikal Neue* so erklären, wären wir wieder bei der ersten Alternative, dem relativ Neuen gelandet, denn das vermeintlich radikale Neue hätte sich im Erklärungsversuch als bloße Maske des relativ Neuen entpuppt und wäre aus den Ausgangsbedingungen ableitbar. Daraus scheint logisch notwendig die Falschheit bzw. die Unmöglichkeit des radikal Neuen zu folgen.

Das widerspricht allerdings unserer Intuition, die uns glauben lässt, neue Gedanken zur Welt bringen zu können, es steht konträr zur Wissenschaftsgeschichte, die von »Denkrevolutionen« (L. Fleck oder T. Kuhn) spricht und zu unseren sprachlichen Fähigkeiten, die uns genau diese Unterschiede zu denken und zu beschreiben erlauben. Dennoch: Wir scheinen in unauflösbare Widersprüche bzw. Paradoxien zu geraten, wenn wir Kreativität mit logischen, rationalen Mitteln erklären wollen. Spiegeln die paradoxen Facetten, die jeder Erklärung des kreativen Prozesses anhaften, dessen prinzipielle Unbestimmbarkeit? Ist das vielleicht das Betriebsgeheimnis des kreativen Prozesses, dass er nur als *Ereignis*, als etwas Singuläres verstanden werden kann, der weder in Verlauf noch in Ergebnis absehbar bzw. bestimmbar ist? Unser Erkennen scheint hier einen Siamesischen Zwilling im *Ver*kennen zu haben. Müssen wir uns mit Metaphern wie dem kreativen Zufall, dem kreativen Instinkt, dem göttlichen Funken, dem Geistesblitz, dem kreativen Schock, der göttlichen Erleuchtung oder wie die Bilder alle heißen, zufrieden geben?

Eines können wir sicher sagen, den Ursprung kreativer Akte können wir nicht wissen, wenn wir Wissen als Erzeugungswissen verstehen. Scheint uns hier die Sokratische Ironie mit ihrer kreativ-paradoxalen Kraft auf? Wissen wir, dass wir hier nichts wissen? Wir haben uns dem Kernparadox der Erklärungsversuche von Kreativität genähert wie es in fast allen Beiträgen dieses Buches zur Sprache kommt.

5. Neugier und das Neue als Sprachspiel

Wenn wir unsere Ausgangsfrage – wie kommt Neues in die Welt? – um unser Bedürfnis nach Klarheit drehen, dann verwandelt sie sich unversehens in die phänomenologische Frage: Wie zeigen sich die Vokabeln des Neuen in unserer Sprache? Wittgensteins *Philosophische Untersuchungen* wurden zur Bibel des sogenannten *linguistic turns*, den er bereits im *Tractatus* eingeleitet hatte. Dort schon steht ein Satz, der schon für sein Spätwerk programmatisch war: »In der Philosophie führt die Frage› *wozu* gebrauchen wir eigentlich jenes Wort, jenen Satz‹ immer wieder zu wertvollen Einsichten« (Tractatus 6.211). Die Metapher vom *linguistic turn* bezeichnet die Fokusverschiebung in der Erkenntnistheorie *weg* von den Phänomenen hin zu der Sprache *über* die Phänomene. Wir erkennen etwas über die Phänomene, wenn wir uns der Sprache *über* die Phänomene zuwenden. Wir brauchen dem Neuen hier also gar nicht den Phänomen-Status zu bestreiten, wir bleiben auf ontologisch neutralem Boden und gehen einfach von *Was-Fragen* auf *Wie-Fragen* über.

Wovon sprechen wir, wenn wir von »neu« sprechen? Vom Neuen, vom Begriff des Neuen, vom Adjektiv »neu« oder vom nominalisierten Adjektiv »Neues«? Wir fragen nicht mehr, was *ist* »Neues«, sondern *wie* wird das Prädikat »neu« in unseren Sprachspielen gebraucht?

Im ersten Teil der Passage, auf die ich mich hier beziehe, spricht Wittgenstein (ebd., S. 1080) von der *unsäglichen Verschiedenheit* der alltäglichen Sprachspiele, die uns nicht bewusst sei, weil die äußeren Formen unserer Sprache alles gleich machten. Betrachten wir unseren Sprachgebrauch und die davon ausgehende Suggestion, es könne etwas geben, worauf sich all die verschiedenen Gebrauchsweisen derselben Vokabel beziehen.

Ein kurzer Beispielkatalog von Sprachspielen mit dem Neuen:
Wir sprechen von Neuer Musik, neuer Musik, von Neugierde, neuem Auto, neuer Liebe, neuem Leben, neuen Schuhen, davon, dass etwas in *neuem Lichte* erscheint, neuer Freundin, neuen Ideen, neuen Einsichten, neuer Erkenntnis, davon etwas neu verstanden zu haben, jemanden neu kennen gelernt zu haben, eine neue Erfindung gemacht zu machen, ein neues Gefühl erlebt zu haben, den Partner von einer neuen Seite zu erleben, sich selbst neu zu erfahren, ein neuen Artikel zu schreiben, das Neue verstanden zu haben, das Neue neu zu sehen, neu verstehen zu können, das Alte neu verstanden zu haben, neue Sichtweise, neue Homepage zu haben usw...

Ich habe nicht die Absicht die Sprachspiele des Neuen zu analysieren. Dazu ist hier nicht der Ort. Die kleine Synopsis soll die überbordende Fülle der Möglichkeiten unseres Sprachgebrauchs erahnen lassen, wie

»neu« in unterschiedlichen Sprachspielen verwendet werden kann. Was bedeutet aber das Wort »neu«? Eine Antwort auf diese Frage lässt sich isoliert nicht geben, weil ein Wort *seine* Bedeutung durch den *Gebrauch im* Sprachspiel erlangt. Durch die Sprachspielidee wird Bedeutung als etwas *Sprachimmanentes* verständlich, und die Idee, sie sei eine außersprachliche Entität, lässt sich als Mythos entlarven. Dass das Wort »neu« Teil der Sprache ist, ist trivial wahr. Dass die Bedeutung des Wortes »neu« ebenfalls nur in der Sprache existiert, ist neu und nicht trivial. »Jedes Zeichen scheint allein tot. Was gibt ihm Leben? Im Gebrauch lebt es« (PU § 432). Hier denkt Wittgenstein den Energeia-Gedanken Humboldts weiter, Sprache lebt nur durch Sprechen im Fluss des Lebens, das heißt in interaktiven Kontexten. Bedeutung ist damit nichts Festes, auf das man zeigen könnte oder was in unseren Köpfen (wie der Gedanke an das Neue) existierte, sie lässt sich auch nicht fixieren, wie uns Bedeutungswörterbücher vorgaukeln. Sprache ist in fortwährendem Wandel, *neue* Wörter entstehen, *alte* werden vergessen oder verändern ihre Bedeutung. Was also ist das Neue oder Neues? Wittgensteins Antwort ist: »Das Neue (Spontane, »Spezifische«) ist immer ein Sprachspiel« (Wittgenstein, ebd., S. 1080).

Wenn es hier heißt, dass das Neue – man beachte die Nominalisierung – immer ein Sprachspiel sei, dann bedeutet das mindestens zweierlei. Grammatikalisch ist das Adjektiv »neu« – wie die Wortart sagt – ein Hinzugefügtes, etwas, das etwas anderem *hinzu*gefügt wird. Was ist ein Hinzugefügtes ohne das andere, dem es hinzugefügt wird? Was kann das Gute, das Wahre, das Neue sein, wenn es ontologisch in der Luft hängt, wenn es keinen Kontext hat, in dem es lebt? »Das Neue« braucht Sauerstoff zum Atmen und den hat es in der Sprache, es kann nur *in der Sprache* existieren und die Sprache lebt selbst nur im Gebrauch, den Sprecher von ihr machen. Das Neue ist *immer* ein Sprachspiel in dem Sinne, dass es Sinn oder Bedeutung nur *in* Sprachspielen als Systemen menschlicher Verständigung gibt. Die Partikel »immer« ist ein Hinweis darauf, dass es sich um eine grammatische bzw. logische Bemerkung und keine empirische handelt.

Die Grammatik (Logik) der Sprachspiele besteht aus den Regeln, die den Sprachgebrauch regulieren und damit die Bedeutung der verwendeten Wörter konstituieren. Insoweit als Sprache das *Vehikel des Denkens* ist – auch hier denkt Wittgenstein wie Humboldt und Peirce – können wir das Neue nur *sprachlich* denken und begreifen. Ein außersprachliches Phänomen – wenn wir den problematischen, naiven Dualismus zwischen Sprache und Welt kurz verwenden – des Neuen ist nur eine Fiktion und zwar eine sprachliche. Es gibt also kein Jenseits der Grammatik des Diskurses, wir kommen in Sprache nicht aus Sprache heraus. Die Grammatik – sie gehört zur Sprache dazu –, das »Geschäftsbuch« der Sprache, bestimmt die Ontologie. Was es gibt, ist in der Grammatik der Sprachspiele ausgesprochen und insoweit *gibt* es Neues. Neues lässt sich – wie Spiel – als Musterbeispiel dessen verstehen, was Wittgenstein als Familienähnlichkeitsbegriff definiert hat. Insofern ist es absurd, etwas finden zu wollen, was alle Gebrauchsweisen des Adjektivs (neu) oder Nomens (das Neue) charakterisierte.[7] Die Landschaften des Neuen sind nur im und mit dem Gefährt der Sprache zu bereisen und dieses Vehikel wird von der Arbeit des Geistes angetrieben. Die Landkarte, die uns durch die Landschaft des Neuen führt, ist mit der Landschaft identisch und nichts anderes meint Wittgenstein damit, wenn er uns neugierigen Sprachspielern zuruft: Das Neue ist immer ein Sprachspiel. Psychologen, Philosophinnen und Ökonomen sind auch Sprachspieler, schauen wir, wie schön sie das Sprachspiel des Neuen spielen können und welch produktive Fragen sie aus der problematischen Geburt des Neuen zur Welt bringen.

Josef Mitterers Essay »Paradoxien des Neuen. Zum Stand der Dinge im Fluss« charakterisiert mit dem Oxymoron in seinem Titel seine Ausgangsüberlegung, dass wir über das Neue erst im Perfekt, wenn es in der Welt *ist*, reden können und nicht wie es in die Welt kommt (Präsens). Die Spuren des Neuen, die in die Vergangenheit führen, können wir nur in der Gegenwart aufnehmen. Er untersucht insbesondere die Paradoxien, die sich um das Neue in der Wissenschaft ranken, die per definitionem nach neuen Erkenntnissen, neuem Wissen streben muss, ohne dafür die Kriterien zu haben. Dass das neue, erweiterte Wissen *from now on* auf der Basis des Wissens *so far* beurteilt werden muss, stellt eine der Paradoxien um die Entstehung des Neuen dar. Ob ein solches neues Wissen vorliegt, das den bisherigen Erkenntnisstand überragt, muss (gerade auch an den Universitäten) von jenen beurteilt werden, die nur über den bisherigen Wissensstand verfügen.

Thomas Fuchs fokussiert in seinem Beitrag »In statu nascendi. Überlegungen zur Entstehung des Neuen« auf den Moment bzw. die Phase, in der etwas Neues in die Welt kommt. Seine phänomenologische Anfangsbetrachtung führt zu einem der zentralen Prinzipien der Geburt des kreativ Neuen: dem Zusammenstoß zweier Bezugssysteme (Paradigmen) bzw. Perspektiven. Im Rückgriff auf wahrnehmungs- und entwicklungspsychologische Überlegungen zum Spracherwerb zeigt er, dass kreativ Neues nicht individuell im einsamen Subjekt, sondern in Prozessen sozialer Interaktionen entsteht.

---

7 An anderer Stelle habe ich gezeigt, dass Wittgensteins Familienähnlichkeitsbegriff (über Freud) von Galtons genetischen Untersuchungen inspiriert ist, mittels Fotoplatten herauszufinden, wie in Familien bestimmte Formen (wie die der Nase) weiter vererbt werden (Fischer 1987). Ergebnis war: es wird nicht immer die Form der Nase von einer Generation zur nächsten weiter gegeben ... das variiert.

Francesca Rigotti kritisiert in ihrem Beitrag »Wie ein Kind kommt Neues in die Welt. Ein philosophisches Märchen für Erwachsene« die Fokuseinengung sokratischer Hebammenkunst auf das *geistige Erzeugen* durch Männer und entwickelt eine Philosophie des Gebärens, die sich auf Schwangerschaft und Entbindung als inspirierenden Modellen für Kreativität gründet. Dass dabei den Frauen eine besondere Rolle zukommt, versteht sich von selbst.

Wolf Dieter Enkelmann fokussiert in seinem Artikel »Who wants yesterday's Papers? Zur Philosophie des Neuen« auf die Zeit, die der Rede von Neuem ein*geräumt* werden muss. Bei der Frage, wie sich unser Denken, Wahrnehmen und Handeln verändert, transformiert er die Frage, wie Neues in die Welt kommt, in die grundlegendere, wie die Freiheit in die Welt kommt. Dabei kommen auch die Kehrseiten der Innovation in den Blick und werden beleuchtet.

Klaus Mainzer beantwortet die genetische Frage nach dem Neuen bereits in dem Titel seines Beitrages »Der kreative Zufall. Wie das Neue in die Welt kommt.« Er klärt, vom mathematischen Problem der Unvollständigkeit ausgehend, dass selbst das scheinbar so geordnete Reich der Zahlen sich bei näherem Hinsehen als Meer des Zufälligen erweist. Die Paradoxie des Neuen – so lässt sich schließen – spiegelt sich auch im Zufall, der mit der prinzipiellen Unvollständigkeit unseres Wissens zu tun hat. Für die heutige Physik gehören Zufallsschwankungen ebenso so wie zufällige Quantenereignisse zur Quantenwelt dazu. Wir, die wir nach Determinanten des Neuen suchen, stecken mit unserer Suche (ebenso wie die Innovationsindustrie) noch immer in deterministischen Weltbildern und das Fragen nach Vorbestimmung ist Resultat einer überholten Denkgewohnheit. Das gilt auch für kreative Einfälle, wie sie Kunst, Literatur und Wissenschaft bestimmen, auch hier steht häufig der Zufall als souveräner Geburtshelfer des Neuen. Sinnfragen, die der Zu-fall im individuellen Leben auslöst, lassen sich nicht von den Wissenschaften beantworten, da ist jeder vor sich selbst gestellt.

Karl H. Müller versucht in seinem Beitrag »Die Grammatik des Neuen« den paradoxen Momenten des Neuen die Schärfe zu nehmen, indem er die Bausteine und Konstruktionsprozesse des Neuen analysiert, die Logik (Grammatik) des »Neuen«. Er fragt, ob die Rezepturen des Neuen nicht alle ähnlich funktionieren? Er vergleicht die Operationen einer Turingmaschine mit Spencer-Browns Formenkalkül, um auch beim Reproduktionsmechanismus der »DNS-Maschine« ähnliche Mechanismen zu konstatieren. Der Fokus auf die mentalen Operationen der Produzenten des Neuen erlaubt ihm eine kognitive Karte für die »Grammatik des Neuen« zu entwerfen und Brücken zwischen unterschiedlichen Ansätzen bezüglich der Entstehung und Wahrscheinlichkeit wissenschaftlicher Durchbrüche zu schlagen.

Warum sich das Entstehen von Innovation und kreativen Prozessen prinzipiell nicht kausal erklären lässt, darauf gehen die folgenden Beiträge ein. Man müsste erwarten, dass die Wirtschaftswissenschaft, für die Neues die Produktivkraft schlechthin sein müsste, den kreativen Prozess ins Zentrum stellt. Das ist allerdings mitnichten der Fall, weil sie von den falschen Modellen beherrscht wird. Genau das zeigt *Karl-Heinz Brodbeck* in seinem Beitrag »Die Schattenseiten der Kreativität im ökonomischen Prozess.«

Die moderne Ökonomik setzt mit ihren mechanistisch-mathematischen Modellen auf Berechenbarkeit, wo es prinzipiell keine geben kann. *Günther Ortmann* versucht in seinem Beitrag »Neues, das uns zufällt. Über Regeln, Routinen, Irritationen, Serendipity und Abduktion« die begrifflichen Zusammenhänge aufzuzeigen, die die Paradoxien des Neuen ausmachen. Dass das Neue, wie es hier im Fokus aufscheint, nicht intendiert werden kann, aber in den Innovationsabteilungen der Industrie direkt gesucht wird, ist eine Variation von Platons Suchparadoxie im Menon. Wie sich nicht-intendiertes Neues über Umwege, als Zufall, als Störung routinisierter Regeln oder als Ein-Fall der Phantasie in den Verstand (Abduktion) zeigt, ist die Frage, die Ortmann in dem Beitrag beantwortet.

Birger Priddat konzentriert sich in seinem Beitrag »Entscheiden, Erwarten, Nichtwissen. Über das Neue als das unerwartete Andere« auf Neues als unerwartetes Anderes, das, was im Erwartungshorizont gar nicht vorkommt. Er hinterfragt das Verhältnis zwischen dem Unerwarteten, dem, das jeden Erwartungshorizont sprengt und dem Unmöglichen.

Elena Esposito nähert sich in ihrem Beitrag »Wie viel Altes braucht das Neue?« dem Rätsel des Neuen aus einem systemtheoretischen (Luhmannscher Provenienz) Blickwinkel. Sie lässt das Neue in den Spiegel schauen und dort sein Alter ego, das Alte erblicken. Die dialektische Verschränkung des Alten mit dem Neuen wird sichtbar in jenem Akt, der Neues begreift und dadurch Altes schafft und sich dabei selbst aufhebt. Neues – als Information verstanden, die nicht »draußen« in der Welt existiert –, sondern »drinnen« im System, betrifft so gesehen das Verhältnis eines Systems zu sich selbst.

Hans Ulrich Reck reflektiert in seinem Beitrag »Tücken mit dem Neuen« die Gemeinsamkeiten und Differenzen der Dialektik des Schöpferischen in Kunst und Wissenschaften. Er zeigt, dass Kunst auch eine Ressource wissenschaftlichen Erkenntnisgewinnes sein kann. Die Erfahrung existenziellen Gespaltenseins erweist sich dabei als eine Quelle der Kreativität schöpferischer Menschen.

Hans Rudi Fischers Aufsatz »Positive Unvernunft als Quelle des Neuen« fokussiert auf das kreative Potential, das ver-rückende, anamorphotische Blicke auf die Entwicklung unseres Denkens hat. Weil

Denkroutinen unsere Kreativität in Fesseln legen fragt er, wie unsere Kreativität wieder freigesetzt werden kann. Gebäude lassen sich mit Dynamit in die Luft sprengen. Woraus besteht der Sprengstoff, der Gedankenpaläste zum Einsturz bringen kann? Paradoxien, Metaphern und Antinomien haben jene Sprengkraft um menschliche Kreativität wieder freizusetzen. Ohne Paradoxien, ohne Widersprüche und Dilemmata gäbe es keine Veränderung, nichts Neues in der Welt, so eine der zentralen Thesen des Artikels. Stammt die Geburt des Neuen aus dem Geiste der Paradoxie?

Joachim Funke thematisiert in seinem Beitrag »Neues durch Wechsel der Perspektive« die Kriterien für Kreativität, wie sie in der psychologischen Forschung angewendet werden und reflektiert das Verhältnis der beiden »Geschwister« Kreativität und Problemlösen. Liegt einem kreativen Prozess ein Problemlöse-Prozess zugrunde? Welche Verbindung besteht zwischen Kreativität und Problemlösen? Der Beitrag zeigt die Bedeutung des Perspektivenwechsels für kreatives Problemlösen.

Jürgen Kriz geht in seinem Aufsatz »Kreativität und Intuition aus systemischer Sicht« davon aus, dass unsere rationalen Kategoriensysteme und Denkroutinen zwar für eine gewisse Stabilität in einer im Fluss befindlichen Welt sorgen, andererseits aber dann zu Hindernissen (Überstabilität) werden, wo kreative Adaptation nötig ist, um Neues, Veränderungen zweiter Ordnung, hervorzubringen. Er fragt nach den Prinzipien systemischer Arbeit im Umgang mit Ordnungsübergängen und klärt die elementare Rolle imaginativer und intuitiver Prozesse bei der Erzeugung von Neuem.

Literatur

Castoriadis, C. (1983): *Durchs Labyrinth. Seele Vernunft Gesellschaft*, Frankfurt a. M.: Suhrkamp.
Fischer, H. R. (1991) »Murphys Geist oder die glücklich abhanden gekommene Welt. Zur Einführung in die Theorie autopoietischer Systeme« in: H. R. Fischer (Hg), *Autopoiesis. Eine Theorie im Brennpunkt der Kritik*, Heidelberg: Carl Auer. S. 9-37. (2. verbesserte Aufl. 1992).
Humboldt, W. von (1960): *Werke in fünf Bänden*. Hg. von Andreas Flitner und Klaus Giel, Darmstadt: Wissenschaftliche Buchgesellschaft. Zitiert mit Band Nr. + Seitenzahl.
Mulisch, H. (2000): *Die Prozedur*, Reinbek bei Hamburg: Rowohlt.
Pape, H. (1994): »Zur Einführung: Logische und metaphysische Aspekte einer Philosophie der Kreativität. C. S. Peirce als Beispiel«, in: ders. (Hg.), *Kreativität und Logik. Charles S. Peirce und das philosophische Problem des Neuen*, Frankfurt a. M.: Suhrkamp, S. 9-59.

Platon (1989): *Symposium. Griechisch und Deutsch*, 8. Aufl., hg. und übers. von Franz Boll, München, Zürich: Artemis Verlag.

Waldenfels, B. (2012): »Revolutionäre Praxis und ontologische Kreation. Zum Denken von Cornelius Castoriadis« in *Recherche* Nr. 2/2012, S. 24-27.

Wittgenstein, L. (2003). *Philosophische Untersuchungen*. Auf der Grundlage der kritisch-genetischen Edition neu herausgegeben von Joachim Schulte. Frankfurt a. M.: Suhrkamp.

Josef Mitterer
Paradoxien des Neuen
Zum Stand der Dinge im Fluss

> Glaubst Du eigentlich, dass dereinst auf einer Marmortafel zu lesen sein wird: »Hier enthüllte sich am 24. Juli 1895 dem Dr. Sigmund Freud das Geheimnis des Traumes.«
> Sigmund Freud in einem Brief an einen Freund

> Nichts veraltet so schnell wie das Neue.
> Achim Landwehr

1. Ständig, ja laufend, kommt Neues in die Welt. Das Problem ist, dass wir immer nur Beispiele dafür angeben, wie Neues in die Welt gekommen *ist*, aber nicht wie es in die Welt kommt. Und wenn es da ist, dann hört es schnell auf neu zu sein. Eine Prognose, wie das Neue in der Zukunft in eine Welt von morgen kommen wird, ist wenig zuverlässig. Wir müssen also die Spuren des Neuen aus der Vergangenheit in der Gegenwart suchen. Und dafür stehen die Chancen nicht schlecht, oder?

2. Das Neue hat einen ungemein flüchtigen Charakter. Kaum wird es festgestellt, schriftlich festgehalten und ist also in der Welt angekommen, wird es schon wieder überholt und hört auf neu zu sein. Vielleicht wird Neues erst dann begreifbar, wenn wir es verorten und verzeitlichen. Wir sollten daher die Frage »Wie kommt Neues in die Welt?« ergänzen um die Fragen »Wann & Wo?« und dazu noch fragen, wie verhindert wird, dass Neues in die Welt kommt – wobei die letzte Frage wohl am leichtesten beantwortet werden kann.

3. Datierungen von neuen Ideen sind oft schwierig und Eigendatierungen sind besonders unzuverlässig. Zwar ist eine Datierung/Lokalisierung von Sigmund Freuds Traumerlebnis unkontrovers, dank des Briefes an den Freund in Berlin und der Gedenktafel, die 1977 am Kahlenberg in Wien enthüllt wurde. Aber die Autor- und Urheberschaft vieler Ideen, Entdeckungen und Erfindungen wurde von anderen, Zeitgenossen und Nachfahren, immer wieder infrage gestellt. Und wer hätte schon nicht gerne diese oder jene Idee früher gehabt als andere, zumindest *avant la lettre…*

4. Prioritätsstreitigkeiten durchziehen die Geistesgeschichte, vom berühmten Konflikt zwischen Leibniz und Newton um die Erfindung des

Infinitesimalkalküls bis zur Frage ob Thomas Kuhn die Ideen zum wissenschaftlichen Wandel selbst eingefallen sind oder ob sie von Ludwik Fleck und/oder Michael Polyani vorgedacht wurden. (Und ein großer Teil der Auflage von Ludwik Flecks »Die Entstehung oder Entwicklung einer wissenschaftlichen Tatsache« wurde zu einem Zeitpunkt makuliert als das Buch von Thomas Kuhn bereits zum Welterfolg wurde.) Auch außerhalb der Wissenschaft gibt es in vielen Bereichen der Wirtschaft Patentstreitigkeiten und Urheberrechtskonflikte, nicht nur zwischen Apple und Samsung oder in der Pharmaindustrie, besonders häufig etwa zwischen Komponisten erfolgreicher Musikstücke in der U-Musik.

Im wissenschaftlichen Alltag ist Ideenklau gang und gäbe und der Ideenfluss aus assistierenden Nachwuchsköpfen in erschöpfte Professorenhirne nimmt im universitären Bereich durch neue Hierarchien und Abhängigkeiten immer stärker zu.

5. Wo ist Neues lokalisierbar, wo findet Neues statt? In den Entwicklungsabteilungen von Vevey oder Palo Alto, in den Labors von Universitäten und Pharmakonzernen? In Patentämtern? Oder sollen wir besser wissenschaftliche Vorträge und Publikationen als Ort des Neuen bestimmen? Auch das ist nicht so einfach. Ökonomisch und technisch vielversprechende Ideen werden oft in Hauszeitschriften vorpubliziert um zu verhindern, dass sie auf dem Weg zur Veröffentlichung in wissenschaftlichen Journalen von Peer-Reviewern oder sonstigen Konkurrenten vereinnahmt werden.

In Zeitschriften wie *Nature* oder *Science* beträgt die Ablehnungsrate für eingereichte Artikel nahe neunzig Prozent... Aber sind deswegen die Veröffentlichungen in solchen Zeitschriften eher ein Garant für Neues oder vorwiegend wissenschaftlicher Mainstream, wie der Chemienobelpreisträger Roger Tsien 2010 in Alpbach meinte, dessen entscheidende Arbeiten vor der Verleihung des Preises von »Leading Journals« abgelehnt wurden.

6. Wie geht der Einfall einer neuen Idee vor sich? Kommt eine neue Idee einmal als Licht- oder genauer als Gedankenblitz, spontan, dann wieder erst nach langem Grübeln; entdecken wir ihre Neuheit sofort oder wird uns diese erst im Nachhinein bewusst, dann wenn die Idee schon nicht mehr neu ist? Ist mit dem in-die-Welt-kommen einer neuen Idee ein bestimmtes Gefühl verbunden, gar so etwas wie ein intellektueller Orgasmus, der mit dem Alter immer seltener wird?
Ab wann gibt es eine neue Idee? Mit dem Zeitpunkt des Einfalls oder dann, wenn sie ausgesprochen wird oder erst mit ihrer Veröffentlichung? Und bis dahin hat sie sich schon oft verändert. Ludwik Fleck hat die vielen Umgestaltungen und Mutationen neuer Ideen geschildert,

von ihrem Einfall über Diskussionen mit Kollegen, ihrer Vorstellung auf Kongressen, ihrem Abdruck in Zeitschriften bis zu ihrer Aufnahme in ein Lehrbuch.

7. Wie wertvoll Ideen sein können, genauer: ihre Erstveröffentlichung: das zeigen die Preise für alte Bücher. Die Erstausgabe von Adam Smiths »The Wealth of Nations« ist kaum unter 100.000 Euro zu haben, jene von Kants »Kritik der Reinen Vernunft« kostet je nach Zustand und Kaufglück 10.000 Euro und mehr, aber schon die Zweitausgabe von 1787 ist nur noch 2000 Euro wert und spätere Auflagen noch aus Kantens Lebzeiten sind für ein paar hundert Euro wohlfeil.
Für Erstdrucke von Artikeln von Einstein, Turing, Crick & Watson werden tausende Euros bezahlt, aber zum Zeitpunkt ihrer Erstveröffentlichung waren sie nicht teurer als die Nachdrucke von heute. Wittgensteins Tractatus blieb in der englischen Erstausgabe jahrelang liegen und wird inzwischen mit Umschlag für 10.000 Euro gehandelt.
Das Neue kann also zumindest ökonomisch besonders wertvoll werden – aber erst, wenn es schon lange nicht mehr neu ist. In der Architektur hat das Neue dann den Durchbruch geschafft, wenn es unter Denkmalschutz gestellt wird.

8. Das Neue hat es schwer, auch und gerade dort, wo es am ehesten zuhause sein sollte: in den Institutionen der Bildung, an den Universitäten.
Eine Tendenz zur Verhinderung des Neuen setzt bereits mit der Erziehung ein: Diese Erziehung ist immer auch eine Erziehung zur Wahrheit und damit eine Erziehung zur Wahrheit des Erziehers, der Erziehungsberechtigten: Schon die Eltern hatten Angst vor der Neugier ihrer Kinder; die Lehrer vor dummen Fragen ihrer Schülerinnen, die Professoren vor der Infragestellung ihrer Theorien und die Vertreter der Religion haben Angst um das Sorgerecht für unsere Seelen.
In der Erziehung zur Wahrheit ist Konsens – wahrer Konsens – besser als Dissens und eine Wahrheit besser als viele Irrtümer. Es geht um Übereinstimmung mit dem Wissen, das der Vorgesetzte schon hat und eine Abweichung vom *status quo* dieses Wissens wird sanktioniert.

9. Die Gesellschaft und die *scientific community* im besonderen haben eine Reihe von Abwehrmechanismen entwickelt, um sich vor dem Neuen und damit auch vor einer Infragestellung ihrer Identität als Gemeinschaft zu schützen.
Zwar gibt es Preise für Innovation, für herausragende Forschungsleistungen – aber Gewinner sind wohl in den seltensten Fällen junge Wissenschaftlerinnen, die das Denken der Preisverleiher infrage stellen. Das Neue wird in der akademischen Welt erst lange im Nachhinein

gewürdigt, also dann, wenn es Eingang in den Wissenskorpus gefunden hat und dem Bestehenden nicht mehr gefährlich werden kann. Auch Nobelpreise werden häufig für Leistungen verliehen, die bereits Jahrzehnte zurückliegen.

10. An einer Eliteschule werden den Kindern für Fragen zum Lehrstoff Punkte abgezogen, weil sie damit entweder zeigen, dass sie nicht verstanden haben, was gelehrt wurde oder nicht aufgepasst haben.
In einem Seminar wird einer Studentin vorgeworfen, sie wolle Hume kritisieren und habe noch nicht einmal ein Diplom.
Nach Veröffentlichung der »Traumzeit« von Hans Peter Duerr stiegen die Studierendenzahlen in Ethnologie sprunghaft an, aber dem Autor wurde von den Peers seiner Zunft ausgerichtet, er gehöre ins Feuilleton und nicht auf die Universität.
Richard Rorty konnte eines der originellsten philosophischen Werke der letzten Jahrzehnte, »Philosophy and the Mirror of Nature« im Verlag seiner Universität nur nach großen Schwierigkeiten publizieren, auch weil sonst die deutsche Übersetzung vor dem amerikanischen Original erschienen wäre – und Studierenden in Princeton wurde von einer Promotion bei ihm abgeraten mit dem Hinweis, das könne ihrer Karriere schaden.

11. Die Abwehr des Neuen dient auch dem Schutz der Identität der wissenschaftlichen und kulturellen Gemeinschaften. Status quo freundliche Forschung wird unterstützt, kritisches Denken wird sanktioniert. Durch die Verschulung des Studiums, durch immer umfangreichere Voraussetzungen werden Erkenntnisbremsen eingebaut, wird eine Verlangsamung des wissenschaftlichen Wandels erreicht. Die Gesellschaft verträgt Wandel nur beschränkt, ohne Gefahr zu laufen, sich infrage zu stellen und ihre Identität zu gefährden.

12. Trotz vieler Reformversuche und kritischer Alternativen von Heinz von Foerster, Ernst von Glasersfeld und anderen funktioniert das Unterrichtssystem auch an den Universitäten in der Praxis häufig so, dass die Professoren das lehren, was sie selbst schon wissen und die Studierenden müssen dann das so erworbene Wissen bei Prüfungen und Seminararbeiten unter Beweis stellen. Eine grundsätzliche Infragestellung des *status quo* wird nahezu unmöglich.
Konstruktive Fragen sind erwünscht – also Fragen die »uns weiterbringen«, »Verständnisfragen« – aber nicht Kritik, die Grundsätze und Voraussetzungen hinterfragt und uns hinter den erreichten Stand der Dinge zurückwirft.

13. Von akademischen Qualifikationsarbeiten für den Grad eines Bachelors oder Masters wird ausdrücklich nur verlangt, dass sie den Forschungsstand wiedergeben – und das ist aber nichts weiter als der Forschungsstand, den die Betreuer schon haben. Wenn es jedoch um Doktorarbeiten oder gar um Habilitationen geht, dann werden sogar von Gesetzes wegen neues Wissen und neue Erkenntnisse gefordert. Eine Dissertation müsste also zu neuen wissenschaftlichen Erkenntnissen führen, um approbiert zu werden. Ob aber ein solches neues Wissen vorliegt, das über den bisherigen Erkenntnisstand hinausgeht, wird von genau jenen beurteilt, die nur über den bisherigen Wissensstand verfügen. Das Vorliegen neuen Wissens wird also in der Praxis von Wissenschaftlern/BetreuerInnen geprüft, die dieses neue Wissen selbst nicht haben.

Das heißt: Das Wissen *from now on* wird auf der Basis des Wissens *so far* beurteilt: Die neuen Erkenntnisse werden von den bisherigen Erkenntnissen aus beurteilt. Das ist paradox, vor allem unter Zugrundelegung der üblichen Vorstellung von Erkenntnisfortschritt in den Wissenschaften, der zufolge das Mehrwissen in der Zukunft liegt und die nächste Generation grundsätzlich mehr weiß als die frühere. Rückschläge sind möglich, aber im Großen und Ganzen nimmt unser Wissen zu, nicht nur kumulativ sondern auch qualitativ. Solange dieses »neue« Wissen eine bloß kumulative Fortsetzung bisherigen Wissens ist, kann dies wohl noch »positiv« beurteilt werden, wenn aber das neue Wissen dem bisherigen Wissen widerspricht, also bisherige Wissensansprüche zurückweist, dann führt das in Konflikte, die durch professorale Autorität entschieden werden.

Während also bis zum Doktorat nur eine Wiedergabe von schon vorhandenem Wissen verlangt wird, soll ab diesem Zeitpunkt (auch) ein neues Wissen, ein Wissen *from now on* eingebracht werden, das der Betreuer nicht beurteilen kann, weil er es nicht hat.

Das spätere, »neue« Wissen wird also vom früheren, »alten« Wissen aus beurteilt: und wenn es sich in dieses nicht einfügt, dieses nicht bloß kumulativ vermehrt, dann wird es meist abgelehnt werden und in den akademischen Diskurs nicht Eingang finden.

Die Beurteilung von Dissertationen geschieht vom Wissensstand des Beurteilers aus und nicht von jenem des Beurteilten. Inzwischen werden kumulative Dissertationen immer beliebter: hier ist dann der Betreuer in der Regel Ko-Autor der Artikel die zu einer Dissertation zusammengefasst werden. Eine Kritik an den Auffassungen *so far* durch die Dissertantinnen ist damit nicht mehr vorgesehen, ja praktisch unmöglich. Kürzlich hat eine junge wissenschaftliche Mitarbeiterin dies so beschrieben: »Bei uns geht es um Fakten und nicht um Meinungen«, daher komme es auch nicht zu Meinungsverschiedenheiten zwischen ihr und ihrem Betreuer.

14. In Übereinstimmung mit dem wissenschaftlichen Erkenntnisideal beurteilen also Ältere Jüngere dahingehend ob sie von diesen in ihren Erkenntnissen überholt werden oder nicht: da die Beurteilungsmacht bei den Älteren (den Ausbildungsberechtigten) liegt, wird das Ergebnis in den meisten Fällen den Status quo stützen und nicht einen Wandel fördern: das heißt, dass die neuen Erkenntnisansprüche der nächsten Generation solange als möglich zurückgewiesen werden. Diese Beurteilung durch Peers setzt sich auf akademischem Boden auch dort fort, wo es um die Besetzung neuer Professuren geht: auch hier urteilen in den Berufungskommissionen im allgemeinen Ältere über die Leistungen von jüngeren Bewerberinnen. Das gleiche trifft auf die altehrwürdigen wissenschaftlichen Akademien zu, in denen alte Wissenschaftler jüngere darauf hin beurteilen ob ihre Leistungen für eine Aufnahme in ihren Kreis herausragend genug sind.

Max Planck beschrieb die Situation, die sich bis heute wenig geändert hat, so: »Eine neue wissenschaftliche Wahrheit pflegt sich nicht in der Weise durchzusetzen, dass ihre Gegner überzeugt werden und sich als belehrt erklären, sondern vielmehr dadurch, dass ihre Gegner allmählich aussterben und dass die heranwachsende Generation von vornherein mit der Wahrheit vertraut gemacht wird«.

15. Interessant/Problematisch ist diese Situation vor allem deshalb, weil die offiziellen Leitsätze des Wissenschaftsbetriebes propagieren, dass die Wissenschaft ausgerichtet ist auf das Ziel von Wahrheit und Erkenntnis und dabei regelmäßig Fortschritte macht: und der Fortschritt sich entsprechend dadurch auszeichnet, dass sich die Erkenntnis vermehrt und wir der Wahrheit näher kommen. Das sollten aber diesem Modell zufolge wohl jene beurteilen, die der Wahrheit schon am nächsten sind. Und das sind gerade nicht (mehr) die Peers: deren Wissensstand wurde ja durch den neuen Wissensfortschritt des akademischen Nachwuchses veraltet...

Trotzdem gibt es Chancen und Lücken: tolerante Professoren, Tricks mit denen neues Wissen eingeschleust werden kann oder einfach glückliche Zufälle, gar Missverständnisse, die das Neue begünstigen; wenn es aber dazu kommt, dass neue Erkenntnisse und Ideen in den herrschenden Wissensstand Eingang finden – und ihn damit verändern – so geschieht dies meist nicht wegen sondern trotz des akademischen Regelsystems.

16. Das gebräuchliche Vokabular in den Wissenschaften betont die konservative Rolle der traditionellen Wahrheits- und Erkenntnissuche. Es ist ein Vokabular, das vor allem wahrheitsorientiertes Denken forciert, zur Verfestigung des *status quo* beiträgt und damit den wissenschaftlichen Wandel behindert. Dieses Vokabular setzt eine feststehende

Wirklichkeit und Realität im Jenseits der wissenschaftlichen Diskurse voraus, die von den Theorien über sie unabhängig ist. Wie und wieweit diese Realität erkannt werden kann, darin unterscheiden sich die verschiedenen erkenntnistheoretischen Modelle.

Ich nenne dieses Vokabular auch dualistisches Vokabular: es geht um Setzungen im Voraus der wissenschaftlichen Diskurse, die nicht infrage gestellt werden dürfen, damit die Probleme nicht verloren gehen, die wir aus diesen Setzungen beziehen. Dieses Vokabular ist rückwärtsgewandt: Es bezieht sich auf eine vorgegebene Welt und Wirklichkeit und stützt den Stand der Dinge gegen Veränderungen. Zu diesem Vokabular zählen Ausdrücke wie: be*stehen*, entdecken, gegeben (vs. gemacht), fest*stellen*, dar*stellen*, kon*statieren*, ent*stehen*, *Sach*verhalt, Gegen*stand*, Tat*sache*.

17. Ein Vokabular des Wandels hat sich kaum entwickelt und würde eher mit Ausdrücken argumentieren, in denen Verlauf, Prozess und Änderung eine Rolle spielen. Die Wirklichkeit verläuft und besteht nicht, es sei denn es gelingt den Fluss der Dinge zu stoppen, wenn auch nur auf Zeit. Ein Fortschritt wäre nicht mehr ein Fortschritt auf ein Ziel hin mit dem es übereinzustimmen gilt und mit dem im Konfliktfall immer die Eigenauffassungen übereinstimmen – sondern bloß ein Schritt fort von dort wo wir sind/waren. Statt um Referenzen auf Gegebenes geht es um Präferenzen.

18. Der akademische Betrieb versucht eher den jeweils erreichten Wissensstand zu bewahren oder gar zu perpetuieren. Neue Auffassungen haben vor allem dann eine Chance in den bestehenden Wissensstand aufgenommen zu werden, wenn sie diesen nur wenig ändern und in den Kontext passen, den sie vorfinden.
Zwar ist es seit Kuhn modern geworden von neuen Paradigmen schon dann zu sprechen, wenn es bloß darum geht neue theoretische Konzeptionen gegen Kritik zu immunisieren oder einfach Aufmerksamkeit und Förderungen für die eigenen Forschungsprojekte zu erlangen – aber die wenigsten dieser zahlreichen Vorschläge für ein neues Paradigma und/ oder einen Paradigmenwechsel werden von der *Scientific Community* übernommen.

19. Neues Wissen hat es schwer in die Welt der Wissenschaft zu kommen. Wie kommt das Neue in die Öffentlichkeit, in die Welt der Medien? Diese sind ungleich offener für das Neue; sie müssen ja schon deshalb das Neue betonen und fördern, weil sie für alte Erkenntnisse kaum Interesse bei ihren Leserinnen finden würden. Dabei geht es weniger um theoretische Auseinandersetzungen als um Berichte über neue Forschungsergebnisse und Erkenntnisse. In diesen Artikeln werden oft

nicht bloß neue Forschungsergebnisse berichtet sondern auch über die damit verbundene Ablösung von alten Auffassungen und Theorien durch ihre Nachfolgerinnen.

Die neuen Entdeckungen, Erkenntnisse und Ideen treffen ja nicht auf einen leeren Forschungsraum: Es waren ja schon andere Auffassungen, Theorien, Ideen vor ihnen da. Diese Theorien werden durch die neuen Theorien veraltet und verdrängt, manchmal treten diese sogar an »ihre Stelle«. In den Medien – vor allem in den Wissenschaftsseiten von tagesaktuellen Medien und Wissenschaftsmagazinen, weniger in wissenschaftlichen Zeitschriften, treten dabei charakteristische Wendungen und Argumentationsweisen auf. Diese markieren die Differenz zwischen alten und neuen Auffassungen und bringen den Fortschritt, den Erkenntnisgewinn durch die neuen Auffassungen zum Ausdruck.

20. Einige Beispiele:
»Neue Studie: Der Rhein ist älter *als angenommen*.«
»HIV-Vorläufer ist älter *als angenommen*.«
»Fukushima-Reaktor schwerer beschädigt *als angenommen*.«
»Madrid ist 300 Jahre älter *als angenommen*.«
»Stonehenge ist jünger *als angenommen*.«
»Pandemie-Impfstoff gegen die Schweinegrippe wirkungsvoller *als angenommen*.«
Den neuen Erkenntnissen gehen jedoch nicht nur Annahmen voraus, sondern auch Gedanken und Vermutungen: »Die Pinguinpopulation in der Antarktis ist größer *als bisher vermutet*«; »Stonehenge älter *als gedacht*«; oder: »Die Zahl der Diabetiker wächst stärker *als gedacht*«; »Das Gehirn reinigt sich schneller *als geglaubt*«; »Die Sonne fliegt langsamer durch den Weltraum als *gedacht*«; »Klimawandel: Grönlands Gletscher schmelzen anders *als gedacht*«.

21. Auf den ersten Blick wirkt eine solche Berichterstattung einleuchtend, vor allem wenn wir nicht vom Fach sind sondern bloß Konsumenten eines seriösen Wissenschaftsjournalismus. Was macht diese Formulierungen aber interessant? Nun, noch am Tag davor hätte die Überschrift des Berichtes auch anders lauten können, etwa so: »Fukushima-Reaktor weniger beschädigt als angenommen«, »Madrid ist jünger als angenommen« oder »Die Zahl der Diabetiker wächst weniger stark als gedacht« oder »Stonehenge ist älter als angenommen«. Es ist ja kaum jemals der Fall, dass zu einem Thema nur eine bestimmte Position vertreten wird. Aber die verschiedenen Auffassungen werden nicht mit dem gleichen Erkenntnisanspruch nebeneinander vertreten. Es heißt nicht: »Stonehenge ist entweder älter als gedacht oder jünger als gedacht, je nach Denkschule«.

Es heißt auch nicht: »Neue Vermutung: Die Pinguinpopulation in der Antarktis ist größer als bisher vermutet« oder »Neue Annahme: Fukushima-Reaktor ist schwerer beschädigt als bisher angenommen«.

22. Die Vorgangsweise ist einfach die: Die neue, die nunmehrige Auffassung wird im Artikel in den Vordergrund gestellt – meist schon in der Überschrift – und sie wird der älteren Auffassung als Realität vorausgesetzt: auf diese Weise kann die ältere, vorhergehende Auffassung personalisiert werden: zur »bisherigen Annahme«, zur »bisherigen Vermutung«, zu dem was »bisher gedacht« oder »geglaubt« wurde. Statt von einer Personalisierung der überholten Auffassung können wir auch von einer De-Realisierung sprechen: sie verliert den Realitätsstatus, den sie bis zur »Ankunft« der neuen Auffassung noch hatte.

Die neue Auffassung ist ja ebenso eine Annahme wie die bisherige Auffassung: vor allem dann, wenn eine künftige, nächste Studie ergeben sollte, dass zum Beispiel der Fukushima-Reaktor durch das Erdbeben noch stärker beschädigt wurde als bisher angenommen.

Die argumentative Präsentation des Wandels in den Auffassungen geht so vor sich, dass die neue Auffassung depersonalisiert/realisiert wird: zur Tatsache, zur Wirklichkeit, zur Realität, die eben anders ist als bisher gedacht/vermutet/angenommen. Damit steht die neue Auffassung/Theorie zur früheren Auffassung im gleichen Verhältnis wie bis dahin die frühere Auffassung zu einer noch früheren Auffassung. Allein in den letzten dreißig Jahren wurden durch wechselnde Forschungsergebnisse das Alter der Menschheit, die Anzahl der Hominiden, der Klimawechsel und seine Auswirkungen mehrfach neu bestimmt.

23. Die Aufwertung/Realisierung der neuen Auffassung geht einher mit einer Abwertung/Degradierung/De-Realisierung der bisher neuen Auffassung. Durch die »neue« neue Auffassung wird die »up to date« neue Auffassung, zu einer früheren, vorhergehenden gemacht. Für die Abwertung der bisherigen Auffassung zu einer Annahme muss jedoch die »neue« Auffassung der älteren vorausgesetzt werden. Das geht leicht: Sie hat ja die alte Auffassung überholt und ist ihr damit voraus… Durch diese Apriorisierung kann sie als Entscheidungsbasis – mit negativem Ausgang – für die bisherige Auffassung fungieren.

24. Trotzdem: Das Neue hat es schwer. Wie lange dauert es? Ist das Neue vielleicht eine Chimäre und verschwindet, sobald wir es fassen? Der Erwerb des Neuen macht es alt. Ein neues Buch, heute gekauft, ist morgen nicht mehr neu und nur noch einen Bruchteil des Preises wert, sogar ein neues Auto verliert am Tag nach dem Kauf drastisch an Wert. Der neue Weltrekord ist morgen einen Tag alt. Der Moment der Neuheit währt kurz. Was geschieht mit den neuen Ideen am Abend vor dem

Einschlafen, die am nächsten Morgen unwiederholbar verschwunden sind? Hat es sie je gegeben? Wieviel Neuheit ist möglich? Ganz und gar Neues ist nicht denkbar. Wenn der Löwe plötzlich sprechen könnte, sagt Wittgenstein, wir könnten ihn nicht verstehen. Wie kann die Neuheit einer Idee bestimmt werden? Entweder von einer älteren Auffassung aus: vielleicht gar von jener die durch diese neue Idee erst zu einer alten Auffassung gemacht worden ist: dann hat sie schlechte Karten. Oder von einer noch neueren Idee aus mit der sie als neu gegenüber einer noch früheren bestimmt wird. In beiden Fällen wird die Neuheit der Idee a posteriori beurteilt – und hört damit auf, neu zu sein.

25. Ist also das Neue bloß eine Konstruktion, eine *Erfindung* im Nachhinein? Das Ergebnis einer Unterscheidung, die verschwindet sobald sie gemacht wurde?

Anmerkung:
Der Autor ist Philosoph und vertritt, dass Philosophie eine Argumentationstechnik ist, durch die beliebige Auffassungen als wahr oder richtig ausgewiesen werden können, sofern & solange sie vertreten werden, und durch die beliebige Gegenauffassungen als falsch kritisiert oder diskriminiert werden können. Es geht um Transparenz und nicht um Transzendenz.

In den Wissenschaften veralten Theorien, sie werden nach wenigen Jahrzehnten zu einem Teil der Wissenschaftsgeschichte. Dagegen bleiben in der Philosophie Texte aktuell, gleichgültig ob sie vor mehr als zweitausend Jahren geschrieben wurden oder erst jüngst erschienen sind. Es gibt zwar wechselnde Moden, aber keinen Fortschritt. Die Idee des Fortschritts ist nun einmal eine Grundidee von Wissenschaft und wahrheitsorientierte Philosophen sind aus verständlichen Gründen daran interessiert, Philosophie als Wissenschaft zu propagieren. Aber Philosophen geben als Beispiele für den Fortschritt in ihrer Disziplin immer nur an, dass früher vertretene Positionen/Theorien inzwischen aufgegeben worden sind. Nun können sie weder versprechen, dass solche Positionen nicht doch von irgendwelchen Mitgliedern ihrer Zunft weiter vertreten werden noch können sie garantieren, dass eine solche Position nicht doch wieder aktuell werden kann. (Jüngst versuchte ein Philosophieprofessor einen Fortschritt in der Philosophie durch die Feststellung zu illustrieren, dass eine bestimmte Auffassung über Willensfreiheit, die von Moritz Schlick vertreten wurde, heute niemand mehr vertritt... Ich habe das einem Kollegen erzählt, der mir sofort sagte, das würde nicht stimmen, die Position würde weiterhin vertreten.)

Philosophen betonen gerne den wissenschaftlichen Charakter ihres Fachs, um ihre Position im akademischen Betrieb zu stärken. Vielleicht wäre eine andere Strategie zielführender: zu zeigen dass es mit der Wissenschaftlichkeit der Wissenschaften gar nicht so weit her ist. Auch in den Wissenschaften manifestiert sich der Fortschritt bloß darin, dass Auffassungen von neuen Auffassungen abgelöst werden. Die Neuheit dieser Auffassungen liegt jedoch nicht etwa darin, dass sie einer Wahrheit näher sind als die vorhergehenden: sie sind der Wahrheit dann am nächsten wenn wir sie *hic et nunc* vertreten: es sind ja genau diese Auffassungen mit deren Hilfe wir die Realität angeben – mit welchen denn sonst? Dass andere Wissenschaftler andere Präferenzen haben führt dazu, dass für die einen Rückschritt ist, was für die anderen ein Fortschritt ist. Die Wissenschaft als Fortschrittsunternehmen zu betrachten heißt nichts anderes, als den jeweils erreichten Stand der Dinge in ein Jenseits zu transferieren in dem er von Kritikern nicht erreicht werden kann.

Aber das sind Argumentationstechniken und Immunisierungsstrategien, deren Beherrschung uns auch deshalb so selbstverständlich ist, weil sie von der wahrheitsorientierten Philosophie nicht infrage gestellt werden. Trotzdem sind Wissenschaft und Philosophie eng verbunden: Die Wissenschaft bedient sich, wenn auch unreflektiert, der argumentativen Methoden und Techniken der Philosophie. Vor allem in der wissenschaftlichen Grundlagenforschung ist der Philosophieanteil sehr hoch.

Der Versuch eine neue Denkweise, in unserem Fall eine neue Philosophie, in den akademischen Diskurs einzuführen, ist nicht einfach: Eine Entscheidung für eine andere Philosophie ist immer auch eine Entscheidung für andere Probleme. Und es ist schwieriger neue Probleme attraktiv zu machen als neue Lösungen für alte Probleme vorzuschlagen. Unser Problembewusstsein lässt sich ja nicht beliebig erweitern – wer sich für neue Probleme entscheidet, wird bisherige Probleme aufgeben, zumindest werden sie einen geringeren Stellenwert einnehmen. Die Ansicht ist in der Philosophie weit verbreitet, dass der philosophische Nordpol längst entdeckt ist und dass wir uns also auf eine Diskussion der Routen beschränken sollen, die zu ihm führen. Überhaupt hätten wir auch so schon genügend und genügend große Probleme, es bestünde also kein Anlass uns neue ins Haus zu holen.

Das Spektrum der Ablehnung einer neuen Position kann natürlich sehr viel weiter gehen, bis hin zum Ausschluss aus dem akademischen Diskurs.

Franz Ofner, Katharina Neges und Stefan Weber danke ich für eine kritische Lektüre des Textes.

Klaus Mainzer
Der kreative Zufall
Wie das Neue in die Welt kommt[1]

1. Die Welt, in der wir leben, ist nicht vorbestimmt, sondern zufällig

Zufall und Risiko, Krisen und neue Chancen bestimmen unser Leben. Zufällig nennen wir ein Ereignis, das ohne Grund eintritt oder dessen Grund wir nicht kennen. Unvorhergesehene Unfälle und glückliche Wendungen gab es immer schon. Launenhaft scheint dann die Göttin Fortuna das Glücksrad des Lebens zu drehen. In einer überschaubaren und berechenbaren Welt bleiben plötzliche Zufälle noch die Ausnahme. In einer immer komplexer und unübersichtlicher werdenden Welt der Globalisierung wird die Zukunft jedoch immer schwieriger kalkulierbar. Naturkatastrophen, Wirtschafts- und Finanzkrisen globalen Ausmaßes, deren Gründe wir nur ahnen, aber nicht beherrschen, scheinen wie biblische Heuschreckenplagen und Hungersnöte über uns hereinzubrechen.

Zufall hat offenbar mit der Unvollständigkeit unseres Wissens zu tun. Das wird bei Zufallsfolgen in Glücksspielen deutlich. Ist bei einem Münzwurf die Folge 01101000 1101 aus den Seiten 0 und 1 zufällig? Jedenfalls lässt sich die Folge 010101010101 durch ein kürzeres Computerprogramm als dieser Ausdruck beschreiben, nämlich den Befehl, 6 mal 01 zu drucken. Mathematiker definieren deshalb Zufallszahlen als solche Zahlen, für die es kein kürzeres Programm als den Ausdruck selber gibt. In unserem Beispiel gibt es z. B. für die regellose Sequenz 01101000 1101 keine kürzere Beschreibung als die ausgedruckte Sequenz selber.

Betrachten wir den Zahlenstrahl, dessen Punkte die reellen Zahlen repräsentieren. Seit der Schule wissen wir, wie sich dort ganze Zahlen und Brüche nach geordneten Regeln abtragen lassen. Man spricht deshalb auch von rationalen Zahlen. Dazwischen liegen aber überabzählbar viele irrationale Zahlen, deren Dezimalbruchentwicklung von Ziffern hinter dem Komma häufig alle nur möglichen Zufallsverteilungen aufweist. Obwohl die meisten (reellen) Zahlen also Zufallszahlen sind, gibt es jedoch kein allgemeines formales Verfahren, um diese Tatsache zu beweisen. Das hängt mit dem Gödelschen Unvollständigkeitssatz zu-

---

1 Der vorliegende Beitrag ist die veränderte Variante eines gleichnamigen Artikels, publiziert von der katholischen Akademie in Bayern in der Zeitschrift *Zur Debatte*, 2008/1.

sammen, welcher eine der tiefsten logisch-mathematischen Erkenntnisse des 20. Jahrhunderts darstellt. Bereits das mathematische Reich der Zahlen, das über Jahrhunderte als ein Symbol vollkommener Ordnung betrachtet wurde, erweist sich also als Meer des Zufalls, in dem sich nur vereinzelt Inseln der Ordnung (z. B. die rationalen Zahlen) zeigen.

Was weiß die Physik über den Zufall? Grundlegend für alle Prozesse der Natur sind die Zufallsschwankungen der Quantenwelt. Hier treffen wir auf die elementarsten Zufallsereignisse des Universums, die prinzipiell grundlos eintreten. Einstein war darüber so betroffen, dass er den Quantenphysikern den berühmten Ausspruch entgegenhielt: »Gott würfelt nicht«. Statistische Berechnungen über mögliche Aufenthaltsorte von Elementarteilchen schienen ihm bestenfalls als vorläufige Approximationen tauglich, die durch das Unwissen über die wahren (»deterministischen«) Gesetze gerechtfertigt wären. Tatsächlich führt aber die Annahme von verborgenen Vorbestimmungen der Quantenereignisse zu Widersprüchen mit Messergebnissen. Quantenzufälle sind also objektiv und treten unabhängig vom Stand menschlichen Wissens ein. Heutige Physikergenerationen haben sich längst an zufällige Quantenereignisse gewöhnt. Quantenteleportation überträgt Quanteninformation, die erst durch eine Messung zufällig festgelegt wird. Nichts und niemand kann nach den Gesetzen der Quantenphysik diese Information vorher kennen. Quantencomputer werden diese Prozesse für gigantische Steigerungen der Rechenleistung nutzen.

Die heutige Kosmologie erklärt die Expansion des Universums aus einem quantenphysikalischen Uruniversum. Die Quantenkosmologie nimmt dazu einen Grundzustand an, der als Quantenvakuum beschrieben wird. Wegen der Heisenbergschen Unbestimmtheitsrelation kann dieses Vakuum aber nicht absolut leer sein. Es brodelt von Quantenzufallsfluktuationen, bei denen virtuelle Teilchen und Antiteilchen für winzige Bruchteile von Sekunden entstehen und sich gegenseitig wieder vernichten. Eine solche Zufallsfluktuation könnte nur in unseren quantenphysikalischen Modellen der Auslöser der kosmischen Expansion gewesen sein, der quantenphysikalisch prinzipiell nicht vorbestimmt war. Möglicherweise entstehen so viele solcher Universen, die sich je nach Voraussetzungen unterschiedlich entwickeln. Einige entwickeln sich langsamer, bilden Strukturen, kollabieren wieder oder lösen sich in unbegrenzter Expansion auf. Andere (»inflationäre«) Universen zerstrahlen blitzartig, ohne Strukturen bilden zu können. Selbst unser Universum wäre demnach nicht besonders ausgezeichnet, obwohl nach quantenphysikalischen Gesetzen vollkommen erklärbar. In einer zufälligen Quantenfluktuation ist die Evolution des Lebens oder gar des Menschen nicht vorprogrammiert. Es gäbe nur global unterschiedliche Bedingungen, die aber viele Entwicklungen zugelassen hätten.

Was tat Gott vor der Schöpfung, wie Augustinus fragte. Luther antwortete bissig: Da saß er in seinem Paradiesgärtlein und schnitzte Ruten für Leute, die dumme Fragen stellen. Nach der Quantenmechanik saß er im Quantenvakuum und würfelte. Wer das für Metaphorik hält, muss feststellen: Am Anfang war der Zufall, als »es« im Quantenvakuum würfelte. Noch einmal betone ich, dass darin keine Unkenntnis oder Erkenntnisgrenze zum Ausdruck kommt. Der Urzustand kann quantenphysikalisch nach einem Vorschlag von S. W. Hawking grund- und zeitlos bestanden haben. Unsere reelle Zeit beginnt danach erst mit der Zufallsfluktuation, die das sich aufblähende Universum auslöste. Im Rahmen der Quantenphysik handelt es sich also um einen gesetzmäßigen Vorgang. Die Gesetze sind eben statistisch im Sinn der Quantenphysik und die Annahme des Determinismus, wonach Eigenschaften dieser Quantenereignisse und Quantensysteme vorher festgelegt waren, ist widerlegt. Wir stecken immer noch in unseren deterministischen Weltbildern und fragen nach der Vorbestimmung. Schon die Frage ist im Rahmen der Quantenphysik irreführend und Resultat einer überholten Denkgewohnheit.

Dass aus Zufällen Sterne, Leben und Menschen entstanden sein sollen, gilt bis heute vielen Zeitgenossen als unvorstellbar. Stattdessen wird nicht nur in frommen Bibelkreisen der USA ein »intelligent design« propagiert, in dem die Abfolge evolutionäre Entwicklungsschritte von vornherein festgelegt ist. Dahinter steht die anthropomorphe Vorstellung, wonach ein menschlicher Handwerker oder Programmierer intelligenter sein muss als sein Werk oder Programm, um vorher alle Details festlegen zu können. Ein überholtes historisches Beispiel war das mechanistische Weltbild, wonach ein Mechanikergott diese Welt wie eine Maschine gebaut hatte. Auch bei der Entwicklung des Menschen stellte man sich in der Zeit vor Darwin aus denselben Gründen kleine fertige Homunculi vor, die sich aus dem menschlichen Samen wie russische Puppen herausschälten. Daher galten auch Maschinen, die sich selber erzeugen, von vornherein als ausgeschlossen.

2. Wie kann aus Zufall und Chaos Ordnung entstehen?

Viele zufällige Einzelereignisse können zusammen nichtzufällige Eigenschaften haben. Das Universum ist dafür selber ein Beispiel: Im kosmischen Strom der Entropie bilden sich Generationen von Sternen und galaktischen Strukturen. Nach dem Zweiten Hauptsatz der Thermodynamik drückt zwar Entropie den Grad molekularer Unordnung aus, der in abgeschlossenen Systemen bis zu einem Gleichgewichtszustand zunimmt. Aber unter günstigen Umständen kann sich ein offenes System durch Stoff- und Energieaustausch für eine gewisse Zeit gegen den

Zerfall stemmen und Ordnung aufbauen. So entstand auch Leben am Rand des Zufalls.

Die Evolution zeigt, wie zufällige Veränderungen von DNA-Information (Mutationen) über das Überleben von Organismen entscheiden. Was heißt aber hier »Zufall«? Wissenschaftstheoretisch ist genau auf die jeweilige Bedeutung und Definition zu achten. Zufall bedeutet hier, dass eine Veränderung des DNA-Codes nicht eintritt, um das Überleben des daraus entstehenden Organismus zu garantieren. Ob dieser Organismus an die vorliegenden Umweltbedingungen angepasst ist, erweist sich erst hinterher als »zufällig«. Entscheidend ist hier also: Es gibt keine Vorbestimmung, obwohl die DNA-Veränderung selber durchaus kausale Ursachen (z. B. molekulare Veränderungen) haben kann. Kleinste zufällige Anfangsvorteile können schließlich für die Selektion ausschlaggebend werden. Ohne sie wäre keine Vielfalt und Selektion neuer Arten möglich. Evolutionäre Algorithmen kamen aber nicht fertig vorbestimmt in die Welt, sondern sind selber erst in der präbiotischen Evolution entstanden. In diesem Sinne entstanden die Gesetze des Lebens, die wir heute kennen. Unterschiedliche Zufallsmuster waren Katalysatoren bei der Entstehung erster molekularer Verbindungen des Lebens.

Gehirne sind Zufallsgeneratoren von Signalen und Informationen. Millionen von feuernden Nervenzellen erzeugen ein ständiges Zufallsrauschen des Gehirns. Erst koordiniertes Feuern führt zu Clustern und Mustern, die mit Gedanken, Gefühlen und Bewusstsein verbunden sind. Am Anfang kreativer Einfälle in Kunst, Literatur und Wissenschaft steht häufig der Zufall. Gehirne erkennen Muster im Meer des Zufallsrauschens. Sie gaukeln aber auch Ordnungen vor, wo keine sind. So glauben Wissenschaftler gelegentlich, Zusammenhänge in Messdaten zu erkennen, wo keine sind. Im Alltag bilden uns manchmal Geschichten ein, weil es das Gehirn so will.

Die Evolutionsgesetze des Lebens sind jedoch keineswegs an die Chemie dieser Erde gebunden, sondern lassen sich allgemein für geeignete Informationssysteme realisieren. Biologische Information wird in DNA-Sequenzen dargestellt, die einen Organismus so festlegen wie Axiome ein formales System. Hier kommt noch einmal Gödels Unvollständigkeit ins Spiel: Die Welt der formalen Systeme ist wie die biologische Evolution im Werden begriffen und nicht ein für allemal vollständig gegeben. Eine wichtige Eigenschaft lebender Systeme ist die Fähigkeit zur Selbstreproduktion. John von Neumann bewies erstmals für zelluläre Automaten, dass nicht die Art der materiellen Bausteine für die Selbstreproduktion grundlegend ist, sondern eine Organisationsstruktur, die eine vollständige Beschreibung von sich selbst enthält und diese Information zur Schaffung neuer Kopien (Klone) verwendet. Zufällige Veränderungen der Spielregeln unter veränderten Bedingungen führen zu neuen Algorithmen, die andere Algorithmen künstlichen

Lebens erzeugen. In Computersimulationen können wir also alternative Entwicklungen zur faktisch verlaufenen Evolution durchspielen, an deren Ende keineswegs Homo sapiens oder andere bekannte Organismen stehen müssen. Künstliche neuronale Netze simulieren feuernde Nervenzellen mit Lernalgorithmen, die synaptische Verbindungen wie in Gehirnen erzeugen. Künstliche Gehirne, die sich so selber organisieren, werden den Gehirnen von uns Kohlenstoffwesen durchaus ähnlich sein. Auch sie werden Zufallsrauschen besitzen, spontane Einfälle haben und nur begrenzt berechenbar sein – wie wir.

Das eigentlich Revolutionäre an Darwins Evolutionstheorie ist daher nicht, dass sie unsere Entwicklung auf der Erde erklärt. Darwin erkannte vielmehr am Beispiel der erdgeschichtlichen Evolution des Lebens universelle Gesetze, von denen wir heute wissen, dass sie ebenso mathematisch formulierbar sind wie die Newtonsche und Einsteinsche Gravitationstheorie oder die Quantenphysik. Evolutionsprozesse sind in stochastischen Algorithmen darstellbar, in denen Zufallsereignisse eine wesentliche Rolle spielen. Diese mathematischen Modelle erklären, wie sich aus einfachen Anfängen neue komplexe Strukturen entwickeln können, wie sich Strukturen selber reproduzieren und verändern. Die bis heute herausgestellte »Besonderheit« der Evolution als einzigartiges Ereignis ist einfach falsch und verkennt vollkommen den Status dieser Gesetze. Es wäre genau so, als würde Galilei ein bestimmtes Fallexperiment am schiefen Turm zu Pisa herausstellen und nur daran sein Fallgesetz explizieren. Wenn die Voraussetzungen des Fallgesetzes erfüllt sind, dann galt und gilt das Fallgesetz überall und zu jeder Zeit im Universum. So ist es auch mit den Darwinschen Evolutionsgesetzen des Lebens. Die paläontologischen Befunde, über die sich Kreationisten streiten, sind daher randständig.

Darwins nachhaltige Leistung ist, dass seine Gesetze längst in unseren biochemischen Labors ausgenutzt werden und Vorlage für künstliche Intelligenz und Robotik sind. So wurde die Physik bereits seit ihren Anfängen zur Konstruktion technischer Geräte verwendet, die so in der Natur überhaupt nicht vorkamen. So werden Darwins Gesetze heute mathematisiert und auf dem Computer simuliert und variiert, um neue Entwicklungen einzuleiten, die in der erdgeschichtlichen Evolution des Lebens unbekannt waren. Darwins Evolutionstheorie – mit ihren stochastischen Prozessen – lässt sich daher als ebenso »harte« empirisch-mathematische Wissenschaft verstehen wie Physik. Sie wächst geradezu mit Mathematik, Physik und Informatik zusammen.

3. Zufälle beherrschen auch Wirtschaft und Gesellschaft

Wirtschaft und Gesellschaft sind komplexe Systeme aus Millionen von Menschen, deren einzelne Reaktionen und Handlungen uns unmöglich alle bekannt sein können. Dennoch erzeugen ihre vielfältigen Wechselwirkungen Effekte, die wir messen und beobachten. Der französische Mathematiker Louis Bachelier beschrieb bereits um 1900 die Auf- und Abwärtsbewegungen des Kurses einer Anleihe mathematisch wie eine Brownsche Zufallsbewegung, bei der ein Pollenkorn auf einer Flüssigkeit durch die vielen molekularen Stöße vorwärts getrieben wird. Wie beim fairen Münzwurf stellte Bachelier sich den Anleihemarkt als faires Spiel vor. Da in diesem Fall der Ausgang eines Münzwurfs immer vollständig unabhängig vom vorherigen Münzwurf ist, wird auch jede Kursbewegung als unabhängig von der vorausgegangenen angenommen. Die Kursänderungen bilden dann eine gleichförmige Zufallsverteilung. Zeichnet man nun die Änderungen der Anleihekurse über einem bestimmten Zeitraum auf, breiten sie sich in der Form der Gaußschen Glockenkurve aus. Die vielen kleinen Änderungen häufen sich im Zentrum der Glocke, die wenigen großen liegen am Rand. Bacheliers Ideen legten das Fundament für die moderne mathematische Finanztheorie, an der sich heute noch die Praktiker an Banken und Börsen weitgehend orientieren.

Die Wirklichkeit der Finanzmärkte folgt aber nicht dem milden Zufallsrauschen einer Gaußschen Normalverteilung von kleinen Veränderungen, sondern zeigt seit Jahren zunehmend wilde Turbulenzen mit abrupten Wechseln und Diskontinuitäten, die dann wieder verschwinden. Tatsächlich folgen die spontanen Auf- und Abwärtssprünge der Verteilung eines Potenzgesetzes. Die Potenzen zeigen die Grade der Zufallsverteilungen von Ereignissen an, die mehr oder weniger zusammenhängen können. *Es gibt also nicht »den« Zufall, sondern Grade (!) der Zufälligkeit, die sich mathematisch in Gaußschen und nicht-Gaußschen (z. B. Lévy-) Verteilungen zeigen.* Die nicht-Gaußschen Verteilungen sind heute eine große Herausforderung der Forschung, um für extreme Ereignisse (Börsencrash, Erdbeben, Hurrikans etc.) geeignete Modelle zu finden. Wir müssen lernen, ihre Vorzeichen zu erkennen und uns vorzubereiten. Der polnische Mathematiker Benoit Mandelbrot spricht vom Noah-Effekt. Wie auch immer die Einsicht des alttestamentarischen Noah zustande kam: Er erkannte die Zeichen und war auf die Sintflut vorbereitet.

Marktprodukte stehen im Wettbewerb von Angebot und Nachfrage. Zufällige kleine Anfangsvorteile schaukeln sich hoch und entscheiden über den Marktführer. Am Anfang des Wettbewerbs steht der Zufall – nicht nur in der Evolution und Ökonomie, sondern auch in der Politik. Am Ende setzen sich nicht notwendig die besten Varianten durch, sondern diejenigen, die unter günstigen Umständen zufällig übrig bleiben. Danach fragt dann aber niemand mehr: The winner takes all! Das stößt uns in Politik und Beruf manchmal sauer auf. Wir sollten daher aufpassen und Entwicklungstendenzen rechtzeitig erkennen.

4. Der Zufall menschlichen Lebens – eine Erkenntnis heutiger Wissenschaft und Forschung

Natur-, Wirtschafts- und Sozialwissenschaften beschreiben die Welt heute als ein Meer des Zufallsrauschens, in dem Inseln der Ordnung entstehen und wieder vergehen. Auf einer dieser Inseln entstanden auch wir Menschen, mehr oder weniger zufällig. Kosmologie und Evolutionsbiologie erklären die Bedingungen und Voraussetzungen. Ob die Menschheit erdgeschichtlich relevante Zeiträume überdauern wird, steht naturwissenschaftlich keineswegs fest.

Das ist eine wissenschaftlich ziemlich ernüchternde Bilanz. Weder bestätigt heutige empirische Wissenschaft einen Gott als Lenker der Evolution und Menschheitsgeschichte, noch widerlegt sie seine Existenz. Auch das gilt festzuhalten, da einige Evolutionsbiologen (z.B. R. Dawkins) im Eifer des Gefechts Darwins Evolutionstheorie als Bestätigung ihres Atheismus auffassen. Das ist ihre persönliche Glaubenssache. Mit Wissenschaft hat das ebenso wenig zu tun wie Kreationismus und »intelligent design«.

Tatsache ist allerdings, dass heutige Wissenschaft die Jahrhunderte alte Vorstellung widerlegt, dass es zur Erklärung der Entstehung von immer komplexeren Ordnungen bis hin zu menschlichen Gehirnen mit Bewusstsein eines Plans bedürfe, der von einer überlegenen Intelligenz nach der Art eines göttlichen Handwerkers oder Ingenieurs vorher festgelegt werden müsste. Das sind nur Bilder aus einer vergangenen Berufs- und Alltagswelt, die in früheren Jahrhunderten zur Deutung des eigenen Lebens verwendet wurden. Logisch-mathematisch lässt sich heute zeigen, wie in stochastischen Prozessen immer komplexere Strukturen aus weniger komplexen Systemen entstehen können. So erzeugen evolutionäre Algorithmen selber neue Programme, die je nach Brauchbarkeit in bestimmten Situationen ausselektiert werden, um die Voraussetzung für weitere Programmgenerationen zu werden. Immer komplexere Algorithmen können sich selber aus einfachsten zufälligen Voraussetzungen erzeugen und selektieren.

Selektion bedeutet aber nicht, dass dabei irgendeine Instanz oder gar Person »auswählt«. Solche Vorstellungen ergeben sich durch die Substantiierungen bzw. Hypostasierungen, die durch die Grammatik unserer Umgangssprache suggeriert werden. Schaut man sich den entsprechenden mathematischen Formalismus an, dann bedeutet Selektion nur, dass einige Programme in einer Generation übrig bleiben (»überleben«), weil sie zufällig den gegebenen Bedingungen besser angepasst sind als andere. Sie sind also keineswegs die »besseren«. Schauen wir unseren eigenen Organismus mit seinen Gebrechen, Risiken und Verwerfungen an, dann wird uns schnell klar, dass sich hier mehr oder weniger zufällig etwas zusammengewerkelt hat, was man sich am Reißbrett auch besser hätte vorstellen können – eigentlich eine Zumutung für einen allmächtigen Ingenieur. Mit medizinischer Wissenschaft versuchen wir daher, diese Defizite nachzubessern.

5. Was ist der Sinn des Zufalls?

Unser Erfahrungswissen stützen wir heute auf hochspezialisierte Wissenschaften. Sie alle lehren uns den Zufall als grundlegendes Prinzip in Natur und Gesellschaft – von den Zufallsfluktuationen der Quanten, Atome und Moleküle über die Zufallsmutationen der Evolution und die kontingenten Bedingungen des Lebens bis zu den zufälligen Einfällen und Innovationen von Gehirnen und den Synergien von Märkten und komplexen Gesellschaften. Die Welt ist danach statistisch und stochastisch organisiert und nicht deterministisch. Philosophie, die sich mit den Grundlagen des Wissens und der Wissenschaften beschäftigt, hat dann den Zufall als Grundbegriff unseres Wissens über Natur und Gesellschaft zu untersuchen. Mathematik liefert das begriffliche Werkzeug, um eine Skala von Komplexitätsgraden des Zufalls zu präzisieren und damit das Zufallsrauschen der Signale und Informationen dieser Welt zu analysieren.

Was folgt aber daraus für unser persönliches Leben? Was ist der Sinn dieses Unternehmens? Darüber schweigt Wissenschaft, selbst wenn sie alles erklären könnte. Stellt euch vor, morgen hätten wir die »Theory of Everything« (TOE) und »keiner geht hin«, weil in ihr keine Sinnfragen gestellt werden können. Der Zufall meines Lebens wird in stochastischen Gesetzen anonymisiert. Das Unbehagen und Gefühl der Hilflosigkeit gegenüber dem Zufall bleibt daher bestehen – trotz aller wissenschaftlichen Aufklärung. Friedrich Nietzsche erkannte diesen Grundzug menschlicher Befindlichkeit frühzeitig: »Nun stellt die ganze Geschichte der Cultur eine Abnahme jener Furcht vor dem Zufall, vor dem Ungewissen, vor dem Plötzlichen dar. Cultur, das heißt eben, berechnen lernen, causal denken lernen, präveniren lernen, an Nothwendigkeit glauben lernen.« Nietzsche fährt dann fort: »Hat er [der Mensch] früher einen Gott nöthig gehabt, so entzückt ihn jetzt eine Welt-Unordnung ohne Gott, eine Welt des Zufalls, in der das Furchtbare, das Zweideutige, das Verführerische zum Wesen gehört...« (Nietzsche, 1967 ff., S. 132 f.).

Trotz aller technisch-wissenschaftlichen, wirtschaftlichen und sozialen Absicherung in der modernen Risikogesellschaft bleiben Kontingenzerfahrung und Kontingenzbewältigung eine Herausforderung der Religion auch nach der Aufklärung. Der Grund ist fundamental: Der Tod bleibt nämlich für den einzelnen Menschen die äußerste Erfahrung der Kontingenz auch in technisch-wissenschaftlichen Gesellschaften. Warum sterbe ich jetzt? Warum trifft mich diese Krankheit oder dieser Unfall? Warum stirbt ausgerechnet dieser geliebte Mensch? Das Defizit von Wissenschaft gegenüber der Sinnfrage hat nichts mit einer Grenze von Erkenntnis oder einer prinzipiellen Wissenslücke zu tun. Es geht überhaupt nicht um wissenschaftliche Erkenntnis oder Wissen, sondern um die Erfahrung und Bewältigung unseres persönlichen Lebens.

Erinnern Sie sich noch an den Münzwurf? Der Prozess des Münzwurfs lässt sich mathematisch vollständig durch das Gesetz der großen Zahl als stochastische Normalverteilung erklären. Einfacher gesagt: Kopf oder Zahl des nächsten Wurfs treten gesetzmäßig mit der Wahrscheinlichkeit 1/2 auf. Dass aber faktisch dann z. B. »Kopf« eintritt und ich damit vielleicht eine Wette verliere, damit muss ich persönlich fertig werden. Das ist das singuläre Zufallsereignis, über das die Gesetze der Mathematik nichts sagen können. Noch einmal: Sinnfragen haben nichts mit (vorläufigen) Wissenslücken zu tun, sondern sind kategorial verschieden von Wissenschaft. Sie betreffen die Singularität meines individuellen Lebens.

6. In Zufallsfluktuationen kommt es darauf an, den günstigen Augenblick zu ergreifen

Wie sollen wir den Zufall im Alltag unseres Lebens bewältigen? Zufall hat nicht nur mit den letzten Dingen zu tun, dem Anfang und Ende der Welt und unseres Lebens. In jedem Augenblick kann uns der Zufall treffen, können wir aber auch Sinn erfahren. Neben der blinden und launenhaften Glücksgöttin Tyche (τύχη) (römisch: Fortuna) unterscheidet die griechische Mythologie daher noch Kairos (καιρός), den Gott der günstigen Gelegenheit und des rechten Augenblicks. Vom Bildhauer Lysippos (2. Hälfte des 4. Jahrhunderts v. Chr.) wird er als blühender Jüngling dargestellt, dem eine Haarlocke in die Stirn fällt. Die Redensart,»die Gelegenheit beim Schopf packen«, wird auf diese Darstellung des Gottes zurückgeführt. Bereits in jüdischer Tradition wird von Noah berichtet, der aufgrund göttlicher Eingebung gegen die plötzlich hereinbrechende biblische Katastrophe der Sintflut gewappnet war. Auch Joseph in Ägypten wusste einen Traum des Pharaos zu deuten und warnte in einer Periode des Wohlstands vor dem folgenden Zyklus des Niedergangs. Wir sollen uns antizyklisch verhalten und rechtzeitig auf schlechte Zeiten vorbereiten. Der günstige Augenblick der Entscheidung darf nicht verpasst werden. Hier können wir wissenschaftliches Wissen nutzen, um sinnvoll zu handeln. Ohne Zufall entsteht nichts Neues. Nicht immer sind die Ereignisse und Ergebnisse aber zu unseren Gunsten – von Viren und Krankheiten bis zu verrückten Märkten und Menschen mit krimineller Energie. Der Zufall lässt sich zwar nicht berechnen und kontrollieren. Wir können aber seine Systemgesetze analysieren und verstehen. Mit geeigneten Nebenbedingungen lassen sich dann Voraussetzungen schaffen, unter denen zufällige Ereignisse synergetische Effekte von selber auslösen. Gnade uns aber Gott, wenn sich die Fenster für den günstigen Augenblick schließen. Dann hilft kein Wehklagen. Die komplexen Prozesse werden über uns hinweg rollen und uns in ihren Attraktoren verschlingen. Zeichen einer solchen Bedrohung zeigen sich derzeit z.B. in der Klimadebatte. Systeme können aber rechtzeitig dazu gebracht werden, sich selber in unserem Sinn zu organisieren und Resultate zu schaffen, die zu unseren Gunsten sind. Dazu müssen wir ihre Zeitskalen kennen und beachten. Der Zufall erzeugt dann Sinn für uns. Aus dem blinden wird der kreative Zufall. Aus Tyche wird Kairos. Eine Garantie dafür gibt es allerdings nicht. Das ist der Preis des Zufalls. Wir leben nicht in einer Welt, in der alles von selber gut wird. Nichts wird gut, wenn wir nicht aufpassen und sensibel für Veränderungen werden.

Literatur

Nietzsche, F., *Kritische Gesamtausgabe*, hrsg. v. G. Colli, M. Montinari, Berlin 1967 ff. Bd. VIII.2 Nachgelassene Fragmente.

Weiterführende Literaturhinweise

Mainzer, K. (2007): *Der kreative Zufall. Wie das Neue in die Welt kommt*, München: C.H. Beck.
ders. (2010): *Leben als Maschine? Von der Systembiologie zur Robotik und künstlichen Intelligenz*, Paderborn: Mentis.
ders. (2003): *Computerphilosophie*, Hamburg: Junius.
ders. (2007): *Thinking in Complexity. The Computational Dynamics of Matter, Mind, and Mankind*, 5. erweiterte Aufl., Berlin, Heidelberg, New York: Springer.
ders., Chua, L.O. (2012): *Local Activity Principle. The Cause of Complexity and Symmetry Breaking*, London: Imperial College Press.
ders. (2005): *Zeit. Von der Urzeit zur Computerzeit*, 5. Aufl., München: C.H. Beck.
ders. (2008): *Komplexität*, München: UTB-Profile.

Karl H. Müller[1]
Die Grammatik des Neuen

Es schwingt immer schon Paradoxes mit, wenn vom Neuen die Rede ist. Ist Neues zugegen, erscheint es schon nicht mehr neu eben weil es bereits vorhanden ist. Und was neu sein könnte, bleibt schlicht verborgen eben weil es nicht erkennbar ist und deswegen neu wäre. In einem *lucidum intervallum* drückte der amerikanische Verteidigungsminister der Bush-Administration Donald Rumsfeld diese Paradoxie des Neuen im Jahre 2002 folgendermaßen aus:

»[T]here are known knowns; there are things we know we know. We also know there are known unknowns; that is to say we know there are some things we do not know. But there are also unknown unknowns – there are things we do not know we don't know (Wikipedia 2013).«

Karl R. Popper beförderte diese Paradoxie des Neuen zur Grundbefindlichkeit von prinzipiellen Wissensschranken, da das wissenschaftlich Neue sich einerseits nicht prognostizieren lässt, aber andererseits den zukünftigen Gang der Welt stärker oder schwächer beeinflussen wird – darin liegt zudem die Poppersche Historizismuskritik begründet (Popper 1971, 1982).

Ich werde diese Paradoxie des Neuen nicht weiter treiben, sondern unter dem etwas befremdlichen Titel einer »Grammatik des Neuen« viel von ihren Schärfen nehmen, indem die feineren Konstruktionsprozesse des Neuen in das Zentrum der Analyse befördert werden. Um zunächst die beiden scheinbar sphärenfremden Bereiche von Grammatik einerseits und Neuem andererseits einander näher zu bringen, sei ein bekanntes Zitat von Ludwig Wittgenstein angeführt, wo es heißt:

»Das Neue [...] ist immer ein Sprachspiel.« (Wittgenstein 1971, PU, S. 360)

Auf dieser Grundlage – das Neue als Sprachspiel – soll erläutert werden, wie sich eine Grammatik des Neuen aufbauen und entfalten könnte. Mehr noch, dieser Artikel ist so aufgebaut, dass sowohl der Autor wie auch die Leserin oder der Leser mitverfolgen können, nach welchen Phasen und Regeln eine solche Grammatik des Neuen im Speziellen oder anderes Neues im Allgemeinen entsteht.

---

[1] Für hilfreiche Kommentare und Diskussionen möchte ich mich bei Hans Rudi Fischer und J. Rogers wie Ellen Jane Hollingsworth bedanken. Die Grafiken wurden von Michael Eigner (WISDOM) erstellt.

KARL H. MÜLLER

[Bausteine sammeln][2]

Der erste größere Bereich bei der Entstehung des Neuen besteht darin – wie bei der Addition – bereits Bekanntes zusammenzutragen und aneinanderzureihen. Für eine Grammatik des Neuen werden dafür folgende fünf Komponenten oder Bausteine benötigt.

Der erste Baustein kann als radikal-konstruktivistischer *Turn* bezeichnet werden, er bringt einen vollständigen Wechsel von einem Welt-Theater hin zu einer Beobachter-Bühne mit sich. Ausgangspunkt für diesen radikal-konstruktivistischen *Turn* ist die folgende Proposition bei Heinz von Foerster: »Die Umwelt enthält keine Information, die Umwelt ist wie sie ist« (v. Foerster 1985, S.85). Demgemäß zeigt die Umwelt so wenig Neues, wie auch bereits Bekanntes oder Altes, sondern hält so viel an Neuem, Bekanntem oder Altem bereit, wie eine Beobachterin oder ein Beobachter ihr an Neuheit oder Tradition zuschreibt.

Das Neue erscheint unter diesem radikal-konstruktivistischen *Turn* ebenso als externale Attribution wie beispielsweise sein zeitsymmetrisches Pendant, nämlich das Gedächtnis, das bei W. Ross Ashby (1981) ebenfalls als beobachterseitige Attribution und als Hilfskonstrukt für nicht vollständige Beobachterinformationen charakterisiert wird.

Bei diesem radikal-konstruktivistischen *Turn* lassen sich zwei Theoreme des Neuen postulieren, sie lauten:

Theorem 1: Alles Neue wird von jemandem gesagt.
Theorem 2: Alles Neue wird zu jemandem gesagt.[3]

Das Neue besitzt demgemäß jeweils »Name, Anschrift und Gesicht« (Bert Brecht) – und dies sowohl auf der Produzenten- wie auf der Rezipientenseite. Damit haften raum-zeitliche Kontextualisierungen und beobachterseitige Wissensformen am Neuen; wie die Freude beim Wiedersehen eines liebgewordenen Menschen.[4]

Dieser radikal-konstruktivistische *Turn* kann zudem auf den einleitenden Bindebegriff des Sprachspiels ausgedehnt werden, der demgemäß ebenfalls als eine Menge von externen Regelattributionen charakterisierbar wird. Die »unendliche Vielfalt unserer Sprachspiele« lässt

---

2 Die einzelnen Abschnitte dieses Artikels stellen Prozesse oder Etappen in der Entstehung des Neuen dar. Deswegen wurden sie jeweils in eckige Klammern gesetzt.
3 Die allgemeinere Vorlage für diese beiden Theoreme stammt von Humberto R. Maturana und Heinz von Foerster: »Anything said is said by an observer« sowie »Anything said, is said to an observer.« Vgl. dazu u.a. v. Foerster 2003, S.283.
4 Nach Irenäus Eibl-Eibesfeldt (1997) stellt die spontane Freude über das Wiedersehen einer vertrauten Person eine der seltenen universellen Konstanten im menschlichen Verhaltensrepertoire dar.

sich über eine große Vielfalt von Regeln beschreiben, wobei derartige Regeln durchaus fehlinstanziiert sein können. Solche Regeln sind – so auch Ludwig Wittgenstein – hypothetisch oder – im Sinne des radikal konstruktivistischen *Turn* – fallible oder kontingente Zuschreibungen von Beobachtern, die zudem ein Sprachspiel der Anderen schon deswegen nicht vollständig erfassen können, weil sich solche Sprachspiele beständig verändern und in solchen Sprachspielen Regeln generiert werden »as we go along« (PU § 83).

Der zweite bereits bekannte Baustein führt hin zu elementaren Maschinen, deren Grundoperationen und Ergebnissen ihrer Operationen. Den Ausgangspunkt bildet zunächst die Turingmaschine, die über mehrere Bausteine wie ein Eingabealphabet, eine Transferfunktion u.a.m. beschrieben werden kann. Operativ lässt sich eine Turingmaschine durch Identifizieren (»Lesen«), durch Entfernen von einem Element des Bandes, der Ersetzung eines Elements durch ein anderes wie der horizontalen Bewegung nach links oder rechts beschreiben. Wechselt man zum Formenkalkül von George Spencer-Brown, dann ist man mit ähnlichen Operationen konfrontiert, nämlich mit dem Eingrenzen oder Markieren sowie – als den ersten beiden Axiomen des Kalküls – mit dem Entfernen einer Unterscheidung sowie mit der Entgrenzung oder der Aufhebung eines markierten Bereichs. Nimmt man noch als dritten elementaren Apparat die DNS-Reproduktionsmaschine mit ihrem genetischen Code hinzu, dann trifft man auch hier auf Operationen wie das Duplizieren, das Entfernen oder das Verschieben, wobei sich diese Operationen im Lauf der evolutionären Zeit vervielfältigen und sich durch komplexere Operationen wie das *Crossing over* oder die symbiotische Inklusion erweitern.

Als dritter Baustein soll auf ein Terrain gewechselt werden, das auf mentale Prozesse seitens der Produzenten des Neuen abzielt, nämlich auf kognitive Karten. Derartige kognitive Karten wurden zunächst auf mentale räumliche Bilder von Personen (Downs & Stea 1982) angewandt. Sie lassen sich aber auch auf kognitive Problembereiche von Forschern oder Forscherinnen wie beispielsweise die kognitive Organisation von einzelnen Wissenschaftsfeldern ausdehnen.[5] In der Entstehung des Neuen spielen solche kognitive Karten immer wieder eine bedeutsame Rolle – und dies in zweifacher Hinsicht. Einerseits vermögen sie für die Produzenten eine Anfangskonfiguration wie auch ein Zielgebiet für das Neue zu identifizieren, andererseits können sie den bislang eingeschlagenen Weg hin zu diesem Ziel verorten und angeben, ob sich in den bisherigen Arbeiten eine Annäherung oder eine Entfernung von diesem Zielgebiet ergibt.

5 Zu kognitiven Karten vgl. speziell Laszlo, Artigiani, Combs & Csányi 1996; Novak 2010 oder Portugali 2010.

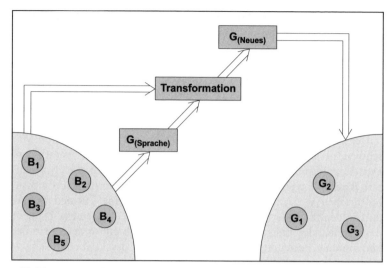

Abbildung 1: Eine kognitive Karte für »Die Grammatik des Neuen«
$B_1 - B_5$: Bausteine; $G_{(Sprache/Neues)}$: Grammatik der Sprache/des Neuen;
$G_1 - G_3$: Geschichten zur Entstehung des Neuen

Beispielsweise könnte für diesen Artikel eine kognitive Karte nach Art der Abb. 1 aufgebaut werden, wobei die horizontale Achse für verschiedene Abschnitte dieses Artikels und die vertikale Achse für unterschiedliche Grade an Theoretizität steht. Gemäß der Abb. 1 bewegt sich dieser Artikel von einer Region an vorhandenen Bausteinen $B_1 - B_5$ – mit einer momentanen Haltestelle beim dritten Baustein – hin zu einer Transformation von sprachlichen Grammatiken in eine Grammatik des Neuen und endet schließlich bei drei unterschiedlichen Anwendungen $G_1 - G_3$ der gerade gewonnenen Grammatik des Neuen.

Auf der empirischen Seite zur Entstehung des Neuen speziell im wissenschaftlichen Bereich kann desweiteren als vierter Baustein auf zweierlei verwiesen werden: einerseits auf die strukturelle Isomorphie in den beiden bekanntesten Entstehungsgeschichten des Neuen, nämlich denen bei Joseph A. Schumpeter und Thomas S. Kuhn[6]; und andererseits auf die langsame Herausbildung eines Sets von selbstähnlichen Schlüsselfaktoren des Neuen, die auf den unterschiedlichen Ebenen – den Mikroniveaus von individuellen Forschern oder Forschergruppen, den Mesolevels von Forschungsorganisationen sowie den Makroebenen von Regionen wie beispielsweise Städten oder größeren Gebieten – wirksam

6 Vgl. dazu Müller 1993, 2000.

werden können.[7] Die Entstehung des Neuen vollzieht sich im Kleinen wie im Großen nach sehr ähnlichen Rezepturen. Die Abb. 2 führt vor Augen, dass auf den Mikro- Meso- und Makroniveaus jene Konfigurationen – ForscherInnen, Organisationen oder Regionen – das höchste Potential für radikale wissenschaftliche Durchbrüche aufbauen, denen es gelingt, einerseits in einer kognitiven Bandbreite von mittlerer Diversität – vorzugsweise in einem Cluster an benachbarten Disziplinen – angesiedelt zu sein und andererseits über ein sehr hohes Ausmaß an Sozialintegration und damit über starke kommunikative Interaktionen zu verfügen.[8]

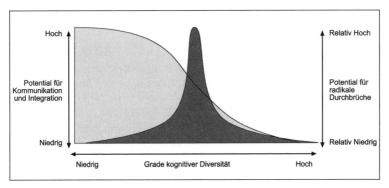

Abbildung 2: Die Wahrscheinlichkeitsverteilung für radikale wissenschaftliche Durchbrüche. Die helle Kurve produziert ein hypothetisches Verlaufsmuster für das maximal mögliche kommunikative Potential für verschiedene Grade an kognitiver Diversität, die dunkle Kurve zeigt die Wahrscheinlichkeiten für radikale Durchbrüche.

Der fünfte Baustein betrifft schließlich die Beschreibungsweise des Operations- und Interaktionsmodus von den Produzenten wie den Produkten des Neuen. Eine spezielle Darstellung für diesen Operations- und Interaktionsmodus kann dabei als rekursiv wie operativ geschlossen bezeichnet werden, bei der das Objekt des Neuen O nach und nach rekursiv und operativ geschlossen aus einer Unzahl von kleinen Schritten Op hervortritt:

$$O_{t+1} = Op_t [O_t] \qquad (1)$$

Und wenn solche Operationen wie Interaktionen in einem operativ geschlossenen und rekursiven Ensemble ablaufen, dann kann an dieser Stelle noch ein wichtiges theoretisches Resultat angefügt werden, näm-

---

7 Vgl. dazu speziell Foerster, Müller & Müller 2011; Guntern 2010; Hollingsworth 2007, 2008, 2009, 2012; Hollingsworth & Hollingsworth 2000, 2011; Lehrer 2012 oder Müller 2000, 2012a,b.
8 Vgl. dazu neben Hollingsworth & Hollingsworth 2011 auch Hage 2000.

lich das Schließungs-Theorem, das in der Foersterschen Fassung die folgende Form annimmt: *In every operationally closed system there arise Eigen behaviors* (vgl. v. Foerster 2003, S. 321). Damit kann es auch bei der Entstehung des Neuen zu Eigenobjekten O* kommen, die – zumindest für den schönen Augenblick – so etwas wie einen lokalen Fix- oder Stabilitätspunkt bilden.

Damit wären zwar fünf notwendige Bausteine für eine Grammatik des Neuen kompiliert worden, allein, das einigende Band, es fehlt an dieser Stelle noch vollkommen.

[Bausteine rekombinieren]

Diese fünf Bausteine sollen nun rekombinativ in eine Grammatik des Neuen transformiert werden, wobei sich diese Rekombinationen über einen Prozess der Analogieformation vollziehen, zumal Analogien einen jener Schlüsselbereiche bilden, die als wesentlich für die Entstehung des Neuen betrachtet werden (Coenen 2002; Fauconnier & Turner 2003; Hollingsworth & Müller 2008; Lakoff & Johnson 1980; Maasen & Weingart 2000). Um somit zu einer Grammatik des Neuen vorzustoßen, sollen daher in einem ersten Analogieschritt Grammatiken im sprachlichen Feld als Referenzbereich genommen werden, die einen passenden Rahmen für die angepeilte Grammatik des Neuen abgeben.

In der Vielfalt von Sprach-Grammatiken sind besonders solche Versionen von Interesse, in denen Grammatiken als Systeme von linguistischen Bausteinen, kognitiv-linguistischen Produktionsregeln und linguistisch-symbolischen Schemen aufgebaut werden[9]. In einer etwas pointierten Beschreibungsform basieren solche kognitiven Grammatiken auf unterschiedlichen Bausteinen wie Buchstaben, Wörtern, Sätzen oder Darstellungsformen und sind daher auf multiplen Ebenen angesiedelt. Zudem verfügen solche Grammatiken über ein Reservoir von Schemen, Mustern oder *Templates*, die das Arrangement solcher Bausteine bestimmen und Produktionsregeln, welche diese Bausteine in die jeweiligen Schemen einfügen. Es scheint zudem sinnvoll, Produktionsregeln *erster Ordnung* für jede dieser Baustein-Ebenen von Regeln *zweiter Ordnung* zu unterscheiden, die als empirische Regeln für Regeln zur Sprachproduktion firmieren.

Und damit kann direkt zu einer Grammatik des Neuen übergeleitet werden, die, analog zu einer Grammatik für Sprachen aufgebaut werden kann.

---

9 Vgl. zu solchen kognitiven Grammatiken vor allem Langacker 2008 und 2009 und zur kognitiven Linguistik Croft & Cruse 2004; Geeraerts 2006 oder Geeraerts & Cuyckens 2007.

Es muss an dieser Stelle gelingen, die bisherigen Bausteine in einem rekursiv-geschlossenen Prozess miteinander zu verweben, der zu dem angestrebten Endprodukt führt. Douglas R. Hofstadter sieht den gelingenden kreativen oder innovativen Prozess genau in dieser rekursiv-geschlossenen Interaktion zwischen einem oder mehreren Akteuren, einer gemeinsamen Metaebene mit ihren kognitiven Karten des Neuen und den Objektebenen der produktiven Arbeit am Neuen.

»Full-scale creativity consists in having a keen sense for what is interesting, following it recursively, applying it at the meta-level, and modifying it accordingly« (Hofstadter 1995, S. 313).

Für die Resultate rekursiv-geschlossenen Operierens kann zudem das Schließungstheorem bemüht werden. Wo immer im Modus rekursiv-geschlossenen Operierens Neues entsteht, das von der Seite der relevanten Produzenten als zumindest vorläufig abgeschlossen bewertet wird, kann von einer lokalen Eigenform des Neuen gesprochen werden. Lokale Eigenformen des Neuen stellen temporär und örtlich gebundene Fixpunkte dar, die in anderen raum-zeitlichen Kontexten durchaus weiter entwickelt werden können.

Den zweiten Schlüsselbegriff zu dieser Grammatik des Neuen stellt der des Bausteins dar, der jedoch – im Gegensatz zur Grammatik von Sprachen – vielfältiger und heterogener beschrieben werden kann. Sprachliche Bausteine wie Buchstaben, Wörter, Sätze oder Satzgruppen gehören sachgemäß zu den Bausteinen des Neuen, solche Bausteine des Neuen können jedoch auch elementare technologische oder maschinelle Komponenten, geometrische Formen, Werkstoffteile, musikalische Noten, elementare Tanzbewegungen, Flaggensignale u. a. m. sein, die sich rekombinativ in neuartige Ensembles transformieren lassen.

Diese Grammatik des Neuen ist notwendigerweise auf multiplen Ebenen angesiedelt, ein besonders wichtiges Niveau in der Entstehung des Neuen liegt dabei auf der Ebene von kognitiven Karten der Produzenten des Neuen, die mental so etwas wie eine »große Vision« (Joseph A. Schumpeter) für die Gestaltung von Neuem bilden. Solche kognitive Karten seitens der Hersteller des Neuen legen auf höchstmöglicher Ebene die Ziele für das Neue fest wie die Wege zu diesem Ziel.

Zentral für die Grammatik des Neuen werden nun die Produktionsregeln, die sich als Menge von relativ wenigen Rekombinationsoperatoren bilden lassen. Diese Rekombinationsoperatoren[10] können auf den unterschiedlichsten Ebenen verwendet werden und lassen sich über eine Generalisierung der Operationen von elementaren Maschinen wie der Turingmaschine, einer Spencer-Brown-Maschine oder der DNS-Maschine gewinnen. Diese Rekombinationsoperatoren schaffen einer-

---

10 Als wichtige Anregung vgl. dazu Schmeikal 2010.

seits eine Veränderung oder auch eine Verknüpfung von Bausteinen wie andererseits eine Zuordnung von Bausteinen auf verschiedensten Ebenen zu den unterschiedlichen, über multiple Niveaus distribuierten Rekombinationsschemen.

Diese Rekombinationsoperatoren für mannigfaltige Ebenen umfassen elementare Operationen wie das Hinzufügen, das Entfernen, horizontale wie vertikale Verschiebungen oder zusammengesetzte Operationen wie das Integrieren, das Einschließen oder das Zusammenführen samt ihren gegenläufigen Operationen des Differenzierens, des Öffnens und des Aufbrechens.

Eine Grammatik des Neuen bedient sich des Weiteren eines Inventars von Transformations- oder Rekombinationsschemen, welche als Schablonen oder *Templates* im Aufbau vom Neuen dienen. So verknüpft das duale Schema von Inputs und Outputs in der Regel zwei Ereignisse oder Prozesse miteinander. Das induktive Schema erweitert Attribute, Ereignisse oder Prozesse in vertikaler wie horizontaler Form. Im russischen TRIZ-System werden beispielsweise vierzig Rekombinationsschemen identifiziert, die zusammengenommen eine »Theorie erfinderischen Problemlösens« konstituieren. Einige dieser TRIZ-Rekombinationsschemen sind speziell auf technische Systeme fokussiert. Andere rekombinative Operationen wie Asymmetrie, Dynamisierung oder Kugelähnlichkeit können in unterschiedlichen Kontexten des Neuen Verwendung finden und erfüllen mehr die Rolle von Heuristiken denn von Schemen.

Es ist wichtig zu betonen, dass sich die angeführten Transformations- oder Rekombinationsschemen ihrerseits als komplexe Sequenzen von Rekombinationsoperatoren konstruieren lassen. Beispielsweise kann das induktive Schema als Sequenz von einer größeren Menge an Hinzufügungsoperationen sowie von horizontalen oder vertikalen Verschiebungen aufgebaut werden und das duale Schema als Sequenz von Hinzufügungs- und Bindungsoperationen.

Ein zentrales Rekombinationsschema für die Entstehung des Neuen stellen Analogieformationen[11] dar, die aus konstruktivistischer Sichtweise über die folgenden Produktionsregeln ablaufen:

Der erste Schritt besteht in der Identifizierung eines speziellen Bereichs, der als Ursprungs- oder Referenzgebiet bezeichnet werden kann. Dieser Referenzbereich wird zweitens neben seiner üblichen Beschreibung oder Normalbeschreibung auch in einer speziellen, reduzierten oder strukturellen Form dargestellt. Der dritte Schritt besteht darin, die-

---

11 Im Artikel ist durchgängig von Analogien und nicht von Metaphern die Rede. Dies kommt daher, dass Metaphern als echte Untermenge der Klasse von Analogieformationen aufgefasst werden: »Nicht jede Analogie begründet eine Metapher, aber jede Metapher setzt eine Analogie voraus« (Coennen 2002, S. 97).

se reduzierte Strukturbeschreibung durch Operationen der horizontalen oder vertikalen Verschiebungen in einen oder mehrere Zielbereiche zu transferieren. Und schließlich muss – viertens – die bisherige Strukturbeschreibung mit den entsprechenden neuen, mit dem Zielbereich stimmigen Attributen und Relationen ersetzt werden. Zu neuartigen Einsichten führt – fünftens – eine solche analoge Transformation dann, wenn diese reduzierten Strukturbeschreibungen explorativ zu bisher ungekannten oder überraschenden Aspekten im Zielbereich führen. Solche Analogieformationen können dabei geschlossen – ein Referenzbereich steht einem oder einer konstanten Anzahl von Zielbereichen gegenüber – und offen gestaltet sein – ein Referenzbereich kann mit einer unbestimmten Zahl von potentiellen Zielbereichen verbunden werden.

Auch die Grammatik des Neuen wird gerade über eine solche Analogieformation gewonnen, indem aus einer reduzierten Strukturbeschreibung für kognitive Sprach-Grammatiken die passenden Ersetzungen von sprachlichen Elementen durch die jeweiligen Bausteine und Kontexte des Neuen vorgenommen wurden.

Und schließlich können der Grammatik des Neuen G_N neben den Produktionsregeln erster Ordnung auch Regeln zweiter Ordnung hinzugefügt werden. Es versteht sich nahezu von selbst, dass die isomorphen Entstehungsgeschichten des Neuen bei Kuhn oder Schumpeter oder die selbstähnlichen Schlüsselfaktoren für die Entstehung des Neuen auf den verschiedenen Skalenniveaus von Mikro-, Meso- und Makroebenen passende Instanziierungen für solche Regeln zweiter Ordnung darstellen.

Damit wäre ein wichtiges Ziel, nämlich die Spezifizierung einer Grammatik des Neuen, vollständig erreicht: Zusammenfassend lässt sich die Entstehung des Neuen in den drei Phasen {[Bausteine$_{i,j}$ sammeln] ↔ [Bausteine rekombinieren] ↔ [Rekombiniertes explorieren]} über eine Grammatik des Neuen mit Bausteinen, Rekombinationsschemen, den Rekombinationsoperatoren und den Regeln zweiter Ordnung als rekursiv geschlossener Transformationsprozess beschreiben, der simultan auf unterschiedlichen Ebenen abläuft.

[Rekombiniertes explorieren]

Insgesamt wurden drei Beispielgruppen für die Entstehung des Neuen ausgewählt, nämlich erstens die Diffusion eines neuen Forschungsprogramms in immer neue Bereiche über eine Iteration von mehreren offenen Analogiebildungen, zweitens multiple Analogieformationen jeweils aus gesellschaftlichen Bereichen in die Zellbiologie und drittens der Aufbau eines neuen metaanalytischen Forschungsprogramms durch den Wiener Kreis ab dem Ende der 1920er Jahre als Ergebnis einer analogischen Transformation eines neuartigen logischen Formalismus, von vielfältigen vertikalen wie horizontalen Verschiebungen sowie von teilweise neuartigen Brüchen.

Die Entstehung des Neuen durch mehrfache offene analoge Verschiebe- und Substitutionsoperationen vollzieht sich dadurch, dass ein bestimmter Anwendungsbereich eines theoretischen Forschungsprogramms als Referenzbereich nach und nach in andere Zielgebiete transferiert wird. Einen interessanten Fall für die Entstehung des Neuen über eine Reihe von derartigen horizontalen wie vertikalen Verschiebungs- und Ersetzungsoperationen stellt die Spieltheorie dar, die im Jahr 1944 als das Resultat einer intensiven mehrjährigen Kooperation zwischen John von Neumann und Oskar Morgenstern unter dem Titel »Theory of Games and Economic Behavior« erscheint. Genau genommen sollten mit der neuen Theorie der Spiele nicht weniger als die bisherigen Fundamente der Nationalökonomie neu gesetzt werden. Aber hier soll es nicht um die Entstehung der Spieltheorie selbst gehen, sondern um eine Reihe von Verschiebungs- und Ersetzungsoperationen, durch die sich die Spieltheorie als neue Analyseform für immer weitere Bereiche von sozialen oder natürlichen Kontexten und Umwelten anbot:

– Horizontale wie später auch vertikale Verschiebungen in den Bereich der normativen Ethik und die Diskussion um rationales Verhalten durch das sogenannte »Gefangenendilemma« aus dem Jahr 1950 durch Melvin Dresher und Merrill Flood, durch Richard B. Braithwaites (1955) Buch zur Spieltheorie als Werkzeug für den Moralphilosophen und später über Robert Axelrods »Evolution von Kooperation« (1984);
– Verschiebungen in soziale Bereiche von Entscheidungen und Aushandelsprozessen durch Duncan Luces und Howard Raiffas »Games und Decision« (1957), das den Nutzen und die potentiellen Vorteile der Spieltheorie speziell für den Bereich von Aushandels- und Kooperationsprozessen demonstriert;
– Verschiebung in die Konfliktforschung mit der gemeinsamen Arbeit von Lloyd S. Shapley und Martin Shubik über den UN Sicherheitsrat (Shapley & Shubik 1954) sowie mit Thomas C. Schellings »The Strategy of Conflict« im Jahr 1960;
– Verlagerung in die Sozialpsychologie, die Anthropologie und die experimentelle Sozialforschung seit den 1960er Jahren, wobei speziell in der Anthropologie neue und faszinierende Probleme auch von Gruppen erfasst werden können, welche bislang keinen Kontakt mit westlicher Zivilisation hatten und über Jahrhunderte ihre tradierten Lebensformen reproduzierten;[12]
– Tiefgehende Verschiebungs- und Ersetzungsoperationen hinein in die

---

12 Vgl. dazu speziell Henrich, Boyd, Bowles, Camerer, Fehr & Gintis 2004.

Biologie: 1961 wird mit Richard C. Lewontins Artikel »Evolution and the Theory of Games« (1961) ein Transfer in den Bereich der Populationsdynamik vollzogen, wodurch die Spieltheorie vollends aus ihren sozial- und wirtschaftswissenschaftlichen Milieus und Anwendungsbereichen heraustritt.

Damit hat sich in den Jahren seit 1944 die Spieltheorie von ihrem nationalökonomischen Referenzbereich über eine Reihe von horizontalen wie vertikalen Verschiebungs- und Ersetzungsoperationen in multiple Zielbereiche, von einem speziellen Forschungsprogramm für eine alternative Nationalökonomie hin zu einer transdisziplinären Forschungstradition für Interaktionsprozesse in Natur und Gesellschaft sowie für metaphilosophische Reflexionen über rationales Verhalten erweitert.

Als Regeln zweiter Stufe wäre anzuführen, dass sich die Ausarbeitung der Spieltheorie im Ambiente des Institute for Advanced Study (IAS) in Princeton vollzieht – Oskar Morgenstern war Ökonomieprofessor an der Universität Princeton, aber alltäglich mit dem IAS verbunden. In den späten dreißiger und vierziger Jahren stellte das IAS mit Albert Einstein, John von Neumann, Hermann Weyl oder Kurt Gödel eines der zentralen Labors für die Entstehung von Neuem dar.

Das zweite Beispiel zur Entstehung des Neuen vollzieht sich über multiple Analogieformationen aus einem Referenzbereich – unterschiedlichen sozio-ökonomischen Ensembles – in einen speziellen Zielbereich, nämlich in die Zellbiologie, wobei diese multiplen Analogien wiederum über horizontale Verschiebungs-und Ersetzungsoperationen durchgeführt werden. Günter Blobel, Roderick MacKinnon sowie John E. Walker erhielten ihre Nobelpreise für Arbeiten auf dem Gebiet der Zellbiologie. Das Besondere daran ist, dass sie in ihren Analysen als Referenzgebiet drei spezielle Bereiche aus dem sozio-ökonomische Feld verwenden – das Adresssystem der Post, die Organisation von Wasserkanälen sowie die Shuttlelogistik für den Transport –, die in insgesamt drei verschiedene Strukturbeschreibungen gefasst werden:

Im Fall von Günter Blobel betrifft der Referenzbereich das Postwesen mit seiner speziellen Organisation des Sortierens von Postsendungen über ein System von Postleitzahlen. Die analoge Zielbeschreibung betrifft die intrazellulare Produktion von Proteinen und die Notwendigkeit, dass diese millionenfach produzierten Proteine an den passenden Stellen in der Zelle ankommen. Für diesen Prozess erwies sich die Strukturbeschreibung des Systems der Postleitzahlen als äußerst fruchtbare Analogie, mit der die innerzellulare Sortierung von Proteinen aufgedeckt und die entsprechenden Sortierungsmechanismen dargestellt werden konnten.

Bei Roderick MacKinnon wird eine zweite Strukturbeschreibung im Bereich der Organisation eines Systems von Wasserkanälen mit seinen sequentiellen Schleusenöffnungen und -schließungen als Referenzbereich aufbereitet. Als Zielbereich fungieren spezielle Proteine, nämlich Ionenkanäle, die den Transport von Kalium-, Kalzium-, Natrium und Chloridmolekülen erlauben. Wiederum zeigte sich die Analogie aus dem sozio-ökonomischen Feld der Wasserkanäle als heuristisch zentral, um den genauen Transportmechanismus im System dieser Ionenkanäle, welche die elektrischen Impulse im Nervensystem generieren, aufzuschlüsseln.

John E. Walker nimmt eine dritte Strukturbeschreibung aus dem sozio-ökonomischen Bereich vor, nämlich aus dem Bereich der Logistik des Material- und Personentransports über rotierende Shuttlesysteme, die über einen festgelegte Route und Haltstellen verfügen, an denen Personen oder Materialen mit einem Shuttle zu anderen Destinationspunkten transferiert werden. Dieser Referenzbereich wird für ein spezielles Zielgebiet verwendet, nämlich für die Synthese von Adenosintriphosphat (ATP), das als universelle Form unmittelbar verfügbarer Energie in jeder Zelle sowie als Regulator energieliefernder Prozesse firmiert. Die ATP-Synthese vollzieht sich über die Kopplung eines energieproduzierenden Systems durch die Oxidation von Nährstoffen mit der Synthese von ATP über Adenosindiphosphat (ADP) und Phosphat, die durch einen rotierenden Mechanismus produziert wird, der 150 Mal in der Sekunde eine 360^0-Drehung vollzieht. Auch hier liefert die sozio-ökonomische Strukturbeschreibung von Shuttles eine passende Vorlage für den Shuttlemechanismus im Bereich der Mitochondrien.

Zudem fällt – als Beschreibung von Regeln zweiter Stufe – auf, dass alle drei Personen in hoch kreativen wissenschaftlichen Milieus arbeiten. Günter Blobel und Roderick MacKinnon führen ihre Analysen an der Rockefeller University durch, die über viele Jahrzehnte als Paradigma einer höchst innovativen Forschungseinrichtung firmiert.[13] Und John E. Walker verfolgt seine Studien an der Universität Cambridge, die auf dem Gebiet der Bio-Medizin im 20. Jahrhundert als innovativste Forschungsorganisation im europäischen Kontext aufscheint.

Und das dritte Beispiel ist auf die Entstehung eines neuen Forschungsprogramms zweiter Stufe fokussiert, nämlich auf den Wiener Kreis in seiner österreichischen Phase zwischen 1928, der Publikation der Programmschrift, und 1936, der Ermordung von Moritz Schlick.

Bei den führenden Protagonisten des Wiener Kreises wie Otto Neurath, Rudolf Carnap, Philipp Frank oder Karl R. Popper lassen sich spätestens ab dem Jahr 1928 radikal neue Landkarten für die gesamte Wissenschaftslandschaft spezifizieren, welche eine Reihe von universell einsetzbaren Prinzipien, Standards und Methoden vorsehen, die auf die Felder der Geisteswissenschaften wie der Naturwissenschaften gleichermaßen anwendbar sind.

13 Vgl. dazu speziell Hollingsworth 2004.

Das zentrale Element für das Programm des Wiener Kreises lag in der Nutzung eines Analogieschemas zwischen der neuen Logik von Frege, Russell und Whitehead als Referenzbereich und einer logischen Wissenschaftssprache als Zielgebiet, womit eine vertikale Verschiebung einherging und die eine Transformation neuer Logikinstrumente in das Gebiet der Wissenschaftsanalyse mit sich brachte.

Auf dieser metaanalytischen Ebene kann man zudem ein mehrfaches horizontales Verschieben beobachten, nämlich die Ausdehnung dieses neuen logischen Werkzeugs für Metaanalysen von Wissenschaftssprachen von deren Syntax hin zur deren Semantik und – wenngleich kaum durchgeführt – zu deren Pragmatik.

Charakteristisch für den Wiener Kreis wurde seit dem Jahr 1928 auch das stark integrative Moment unter dem Dach einer universellen Wissenschaftssprache und einer einheitswissenschaftlichen Methodik. Diese Idee einer einheitswissenschaftlichen Sprache wurde im Lauf der frühen 1930er Jahre mehrfach horizontal in spezielle Anwendungsbereiche verschoben. Im Speziellen wurde diese physikalistische Raum-Zeit-Sprache in die Bereiche der Geisteswissenschaften oder der Psychologie transferiert und sorgte dort für starke Gegenreaktionen seitens geisteswissenschaftlich inspirierter Psychologen.

Diese einheitswissenschaftliche Sprache wurde zudem empiristisch differenziert oder aufgebrochen, da eine spezielle Klasse von empirischen raum-zeitlichen Sätzen – Protokoll-Sätzen – hervorgehoben wurde, da sie sowohl für die Natur- als auch für die Sozial- oder Geisteswissenschaften als uniforme empirische Bestätigungsbasis dienen sollten.

Ein weiteres Charakteristikum des Wiener Kreises bildet schließlich seine konsequent anti-metaphysische Attitüde, die sich als ein Aufbrechen entlang einer völlig neuartigen Linie charakterisieren lässt. Nunmehr erfolgt eine Aufteilung von Aussagen in syntaktisch geordnete wie empirisch gehaltvolle und ihre syntaktisch oder semantisch unsinnigen oder gehaltlosen Pendants. Als besonderer Punkt dieses Bruchs wurden große Teile der zeitgenössischen Metaphysik, insbesondere die Protagonisten des seinerzeitigen Rechtshegelianismus schwergewichtig in die zweite Aussagenklasse subsumiert.

Als Regelbeschreibung zweiter Stufe kann auf das höchst aufschlussreiche Phänomen verwiesen werden, dass der Wiener Kreis primär zivilgesellschaftlich organisiert ist und neben dem universitären Donnerstagseminar von Moritz Schlick über mehrere Vereine – allen voran den »Verein Ernst Mach« sowie private Gesprächszirkel wie den Kreis von Viktor Kraft – verfügt. Solche zivilgesellschaftlichen Arrangements zeichnen sich ihrerseits genau über jene Vorteile aus – beispielsweise flache Hierarchien oder flexible Organisation – wie sie für kreative Forschungsorganisationen konstitutiv sind und besaßen zudem in der

Person von Otto Neurath eine visionäre Leitfigur, die das einheitswissenschaftliche Programm des Wiener Kreises vorantrieb.

Abschließend kann darauf verwiesen werden, dass die Entstehungsgeschichte von »Die Grammatik des Neuen« über das bisherige Repertoire von Bausteinen, Rekombinationsschemen und Rekombinationsoperatoren charakterisiert werden kann. Mehr noch, der Artikel verwendet mit seinen drei konsekutiven Abschnitten genau jene Produktionsphasen, die für die Entstehung des Neuen konstitutiv werden. Dieser Artikel hätte natürlich ungleich kürzer gehalten werden können. David Hume reduziert in seinem »Enquiry Concerning Human Understanding« die Fähigkeiten zur Schaffung von Neuem auf nur wenige kognitive Operationen:

»Though our thought seems to possess this unbounded liberty, we shall find, upon a nearer examination, that it is really confined within very narrow limits, and that all this creative power of the mind amounts to no more than the faculty of compounding, transposing, augmenting, or diminishing the materials afforded us by the senses and experience« (Hume 1993, S. 11).

Die hier aufgebaute Grammatik des Neuen in Form von Rekombinationsoperatoren und Rekombinationsschemen stellt eine etwas verfeinerte und systematisierte Form solcher mentalen Fakultäten dar, zu denen sich noch rekursiv geschlossenes Operieren und lokale Eigenformen oder Eigenobjekte gesellen. Und wo Eigenformen mit im Spiel sind, lässt sich zu guter Letzt neben Wittgensteins »Das Neue ist immer ein Sprachspiel« auch noch eine produktive Foerstersche Schlusspointe setzen: ›Das Neue als Ergebnis geschlossen-rekursiven Operierens bildet stets ein lokales Eigenobjekt‹.

Literatur

Ashby, R. W. (1981): *Mechanisms of Intelligence. Ashby's Writings on Cybernetics*, hg. v. R. Conant, Seaside: Intersystems Publications.
Axelrod, R. (1984): *The Evolution of Co-operation*, New York: Basic Books.
Coenen, H. G. (2002): *Analogie und Metapher. Grundlegung einer Theorie der bildlichen Rede*, Berlin: de Gruyter.
Croft, W., Cruse, A. D. (2004): *Cognitive Linguistics*, Cambridge: Cambridge University Press.
Downs, R. M., Stea, D. (1982): *Kognitive Karten. Die Welt in unseren Köpfen*, New York: Harper & Row.
Eibl-Eibesfeldt, I. (1997): *Die Biologie des menschlichen Verhaltens: Grundriss der Humanethologie*, dritte Aufl., Weyarn: Seehamer.

Fauconnier, G., Turner, M. (2003): *The Way We Think: Conceptual Blending and the Mind's Hidden Complexities*, New York: Basic Books.
Foerster, H. v. (1985): *Sicht und Einsicht. Versuche zu einer operativen Erkenntnistheorie*, Braunschweig: Friedr. Vieweg & Sohn.
Foerster, H. v. (2003): *Understanding Understanding. Essays on Cybernetics and Cognition*, New York: Springer.
Foerster, H. v., Müller, A. Müller, K.H. (2011): *Radikaler Konstruktivismus aus Wien. Eine kurze Geschichte vom Entstehen und vom Ende eines Wiener Denkstils*, Weitra: Bibliothek der Provinz.
Geeraerts, D. (ed.) (2006): *Cognitive Linguistics. Basic Readings*, Berlin: Walter de Gruyter.
Geeraerts, D., Cuyckens, H. (eds.) (2007): *The Oxford Handbook of Cognitive Linguistics*, New York: Oxford University Press.
Guntern, G. (2010): *The Spirit of Creativity. Basic Mechanisms of Creative Achievements*, Lanham: University Press of America.
Hage, J. (2000): »Die Innovation von Organisationen und die Organisation von Innovationen«, in: ÖZG 1, S. 67-86.
Henrich, J., Boyd, R., Bowles, S., Camerer, C., Fehr, E., Gintis, H. (eds.) (2004): *Foundations of Human Sociality: Economic Experiments and Ethnographic Evidence from Fifteen Small-Scale Societies*, Oxford: Oxford University Press.
Hofstadter, D.R. (1995): *Fluid Concepts & Creative Analogies. Computer Models of the Fundamental Mechanisms of Thought*, New York: BasicBooks.
Hollingsworth, J.R. (2004): »Institutionalizing Excellence in Biomedical Research: The Case of the Rockefeller University«, in: D.H. Stapleton (Ed.), *Creating a Tradition of Biomedical Research. Contributions to the History of The Rockefeller University*, New York: The Rockefeller University Press, S. 17-63.
Hollingsworth, J.R. (2007): »High Cognitive Complexity and the Making of Major Scientific Discoveries«, in: A. Sales, M. Fournier (eds.), *Knowledge, Communication and Creativity*, London: Sage Publications, S. 129-155.
Hollingsworth, J.R. (2008): »Scientific Discoveries: An Institutionalist and Path-Dependent Perspective«, in: C. Hannaway (ed.), *Biomedicine in the Twentieth Century: Practices, Policies, and Politics*, Bethesda: National Institutes of Health, S. 317-353.
Hollingsworth, J.R. (2009): »The Role of Institutions and Organizations in Shaping Radical Scientific Innovations«, in: L. Magnusson, J. Ottosson (eds.), *The Evolution of Path Dependence*, Cheltenham: Edward Elgar, S. 139-165.
Hollingsworth, J.R. (2012): »Factors Associated with Scientific Creativity«, in: *Euresis Journal* 2, S. 77-112.
Hollingsworth, J.R., Hollingsworth, E.J. (2000): »Major Discoveries, Creativity and the Dynamics of Science«, in: *Österreichische Zeitschrift für Geschichtswissenschaften* 1, S. 31-66.

Hollingsworth, J. R., Müller, K. H. (2008): »Transforming Socio-Economics with a New Epistemology«, in: *Socio-Economic Review* 3 (6), 395-426.

Hollingsworth, J. R., Hollingsworth, E. J. (2011): *Major Discoveries, Creativity and the Dynamics of Science*, Wien: edition echoraum.

Hume, D. (1993): *An Enquiry Concerning Human Understanding*, ed. by E. Steinberg. Indianapolis: Hackett Publishing.

Lakoff, G., Johnson, M. (1980): *Mataphors wie live by*, Chicago: University of Chicago Press.

Langacker, R. W. (2008): *Cognitive Grammar. A Basic Introduction*, New York: Oxford University Press.

Langacker, R. W. (2009): *Investigations in Cognitive Grammar*, Berlin: Mouton de Gruyter.

Laszlo, E., Artigiani, R., Combs, A., Csányi, V. (1996) (eds.): *Changing Visions: Human Cognitive Maps -- Past, Present and Future*, Westport: Greenwood Press.

Lehrer, J. (2012): *Imagine. How Creativity Works*, Edinburgh: Canongate.

Maasen, S., Weingart, P. (2000): *Metaphors and the Dynamics of Knowledge*, London: Routledge.

Müller, K. H. (1993): »Einladung in die Wissenschaftsdynamik. Wien-Berlin-Prag – einmal ganz anders«, in: R. Haller, F. Stadler (Hg.), *WienBerlin-Prag. Der Aufstieg der wissenschaftlichen Philosophie. Zentenarien Rudolf Carnap – Hans Reichenbach – Edgar Zilsel*, Wien: Hölder-Pichler-Tempsky, S. 671 – 698.

Müller, K. H. (2000): »Wie Neues entsteht«, in: *Österreichische Zeitschrift für Geschichtswissenschaften* 1(11), S. 87-128.

Müller, A., Müller K. H. (2007) (eds.): *An Unfinished Revolution? Heinz von Foerster and the Biological Computer Laboratory*, Wien: edition echoraum.

Müller K. H. (2009): *The New Science of Cybernetics. The Evolution of Living Research Designs*, Bd. 1: *Methodology*, Wien: edition echoraum.

Müller K. H. (2011): *The New Science of Cybernetics. The Evolution of Living Research Designs*, Bd. 2: *Theory*, Wien: edition echoraum.

Müller, K. H. (2012a): »Non-Linear Innovations«, in: E. G. Carayannis (ed.), *Encyclopedia of Creativity, Invention, Innovation, and Entrepreneurship*, Berlin: Springer (forthcoming).

Müller, K. H. (2012b): *The New Science of Cybernetics. The Evolution of Living Research Designs*, Bd. 3: *Research and Design Rules*. Wien: edition echoraum.

Novak, J. D. (2010): *Learning, Creating, and Using Knowledge: Concept Maps as Facilitative Tools in Schools and Corporations*, second edition, New York: Lawrence Erlbaum Associates.

Popper, K. R. (1971): *Das Elend des Historizismus*, dritte Aufl., Tübingen: J. C. B. Mohr.

Popper, K. R. (1982): *The Open Universe. An Argument for Indeterminism. From the ›Postscript to the Logic of Scientific Discovery‹*, Totowa: Rowman and Littlefield.
Portugali, J. (2010): *The Construction of Cognitive Maps*, Dordrecht: Kluwer Academic.
Schmeikal, B. (2010): *Primordial Space: The Metric Case*, Hauppage: Nova Science.
Stadler, F. (1997): *Studien zum Wiener Kreis. Ursprung, Entwicklung und Wirkung des Logischen Empirismus im Kontext*, Frankfurt: Suhrkamp.
Trautmann-Voigt, S., Voigt, B. (2012): *Grammatik der Körpersprache. Ein integratives Lehr- und Arbeitsbuch zum Embodiment*, zweite Aufl., Stuttgart: Schattauer.
Wikipedia (2013), »There are known knowns«, http://de.wikipedia.org/wiki/There_are_known_knowns, retr. March 2, 2013.

Karl-Heinz Brodbeck
Die Schattenseiten der Kreativität im ökonomischen Prozess

Der kreative Prozess in der Wirtschaft ist in gewisser Weise paradigmatisch für kreative Prozesse überhaupt. Die Quelle des modernen Entwicklungsgedankens – der Darwinismus – lässt sich nach Darwins eigenem Bekunden auf den Einfluss eines Ökonomen – Thomas R. Malthus – zurückführen. Der Begriff des Natursystems, die Ökologie, wiederum verweist im Titel auf eine gemeinsame Quelle mit der Ökonomik: die Lehre vom Oikos. Es stünde zu erwarten, dass die Wissenschaft von der Wirtschaft kreative Prozesse in den Mittelpunkt rückt. Ein Blick in die an den Universitäten gelehrte Ökonomik zeigt aber ein ganz anderes Bild. Zwar werden in den Wirtschaftswissenschaften vielfältige systemtheoretische Modelle verwendet. Sie lassen sich jedoch nahezu ausschließlich auf mechanische Denkformen mit starren Interdependenzen zurückführen. Das zentrale empirische Faktum der Wirtschaft, der innovative Prozess, wird – wenn überhaupt – nur als exogenes Datum wirtschaftlicher Entwicklung behandelt. Es gibt neben diesem mechanischen Hauptstrom wirtschaftswissenschaftlichen Denkens, das durch die Finanzkrise nach 2008 grundlegend erschüttert wurde, durchaus auch eine eher verborgene Entwicklungslinie des ökonomischen Denkens, in der das Auftreten des Neuen in der Wirtschaft zum zentralen Prozessbaustein gemacht wurde. Diese Denkform – sie reicht von Bentham über Fichte zu Marx und Schumpeter – hat jedoch bei aller anderweitigen Popularität ihrer Vertreter in der Ökonomik nach dem Zweiten Weltkrieg kaum einen wesentlichen Einfluss gewinnen können.

Dieser Widerspruch zwischen dem in der Wirtschaftspresse allgegenwärtigen Diskurs über Innovationen und dessen nahezu völligem Fehlen in der Mainstream-Ökonomik hat durchaus viele, auch ideologische Ursachen. Es gibt aber auch einen inneren Grund dafür. Einerseits möchten die Ökonomen wirtschaftliche Prozesse vorhersagen, Ursachen identifizieren, die dann von der Wirtschaftspolitik steuernd verändert werden können. Andererseits sind aber kreative Prozesse als Voraussetzung jeder Innovationstätigkeit nicht *kausal* erklärbar. Dies hat dazu geführt, dass die Prognosen sich ausschließlich mechanischer Modelle bedienen. Da die Wirtschaft aber kein mechanisches System ist, scheitern Prognosen aus diesem Grund auch regelmäßig. Wenn man also die Wirtschaft als kreativen Prozess beschreiben möchte, so verbietet sich die mathematisierte mechanische Denkform, die immer noch die Ökonomik dominiert. Der Preis für diesen Verzicht ist das Eingeständnis, dass langfristige Prognosen in der Wirtschaft nicht möglich sind. Gleichwohl lassen sich einige Grundformen innovativer Prozesse herausheben. Um auch deren Schattenseiten in den Blick zu bekommen, möchte ich einige Bemerkungen zur Kreativität überhaupt voranstellen.

Das Neue ist nur neu in Differenz zum Alten. »Gäbe es nichts Neues, so würde nichts Altes« (Meister Eckehart 1978, S. 139). Alt und neu sind zirkuläre Begriffe, die ihre Bedeutung nur in ihrer Relation zueinander gewinnen. Was logisch gilt, gilt auch für reale Systeme: Mechanische Modelle, die Wirkungen aus Ursachen ableiten, können das Neue nicht erklären. Mechanische Erklärungen sind logisch betrachtet, nach Wittgensteins Einsicht, Tautologien. Wenn in solchen Erklärungen etwas auftaucht, das sich nicht auf die Voraussetzungen zurückführen lässt, so liegt ein Denkfehler vor. Nun ist das Neue gewiss kein Denkfehler. Die Kreativität steht nur nicht unter dem logischen Gesetz der Tautologie oder dem mechanischen der Kausalität. Gleichwohl lassen sich einige Aspekte kreativer Prozesse allgemeiner formulieren, ohne dadurch das Neue »erklären« zu wollen.

Neu und alt treten stets *zusammen* auf. Wenn in einem System ein neues Ereignis erscheint, dann muss dafür – nicht im physikalischen, sondern im logischen Sinn – ein Raum bestehen. Nur auf vielfältige Weise offene Systeme können Neues einräumen. Dieser Raum kann allerdings auch *geschaffen* werden durch das Auftreten des Neuen. Das gelingt nur durch eine fundamentale Störung der Mechanik des bestehenden Systems und einer Zerstörung bislang gültiger Strukturen.

In der kapitalistischen Wirtschaft wird durch das Geld und dessen Umlauf nur scheinbar ein mechanisches System definiert: Der Wert des Geldes konstituiert sich durch das Vertrauen der Marktteilnehmer in seinen Wert, die performativ dem Geld vertrauen, weil sie an dessen Wert glauben. Auch hier liegt ein zirkulärer Prozess vor. Geld ist nur vermeintlich eine mit sich identische Größe (»Geldmenge«). Seine *Funktion* im ökonomischen System ist dynamisch; es funktioniert nur durch einen permanenten Wechsel der temporären Eigentümer, durch Kauf und Verkauf. Die Geschwindigkeit des Geldflusses, also die Weitergabe von Geld, hängt allerdings von vielfältigen Motiven der Marktteilnehmer ab: Sie horten Geld aus Angst, versuchen es in Gegenstände mit vermeintlich dauerhaftem Wert zu verwandeln oder beschleunigen in Boom-Phasen das Ausgabeverhalten. Geld ist keine mit sich identische Entität, sondern eine immer wieder neu geschaffene Größe, allerdings mit einem leeren Inhalt: Die Einheit, in der gerechnet wird. Das Banksystem – keineswegs nur in der Moderne – hat durch den Kredit die vermeintliche Identität der Geldmenge in eine reine Variable verwandelt. Der ökonomische, durch das Geld vermittelte Prozess ist also nur dem äußeren Anschein nach ein mechanischer. Bereits beim Geld findet unaufhörlich ein wenngleich auch inhaltsleerer Prozess der Schöpfung von Neuem statt: Neues Geld auf dem Kreditwege.

Aus dieser Systemdynamik des Geldes erwächst eine doppelte Motivation: Einmal ist jeder Teilnehmer an einer Marktwirtschaft genötigt, für Liquidität zu sorgen, um Marktzutritt zu erhalten; Geld ist nämlich in einer von Ökonomen kaum beachteten Funktion stets auch eine Marktzutrittsschranke. Zum anderen aber vermindert sich durch Käufe naturgemäß der Geldbesitz, woraus unaufhörlich das Motiv hervorgeht, nach *mehr* Geld zu streben. Dieses Streben nach mehr Geld ist in den Jahrhunderten der Entwicklung von Geldökonomien institutionalisiert worden. Zunächst im Wucherkredit, dann im Zins, später im verallgemeinerten Gewinnstreben kapitalistischer Unternehmen und wiederum darauf gründend im Kreditwesen, im Finanzsektor, der die Unternehmen finanziert.

Welche Quelle hat aber der Gewinn oder Zins, der zur zentralen Motivation kapitalistischer Gesellschaften geworden ist? Es ist sehr hilfreich, hier die von Aristoteles implizit, von Marx explizit verwendete Formel für den Gewinn zu verwenden, die sich auf den Austausch bezieht und die Form annimmt: Aus Ware-Geld-Ware (W-G-W) wird G-W-G´, wobei die Differenz G´-G der Gewinn oder der Zinsertrag ist. Dieser Gewinn entsteht aus dem Austauschprozess. Wie aber ist das möglich? In einem geschlossenen mechanischen System – jenes System, das die Lehrbücher der Mikroökonomie in den volkswirtschaftlichen Studiengängen zeichnen – kann ein Gewinn nur lokal entstehen, wenn er mit einem Verlust an anderer Stelle einhergeht. Volkswirtschaftlich ist die Summe aller Ausgaben in einem geschlossenen Kreislauf notwendig gleich der Summe aller Einnahmen. Woher also entsteht Jahr für Jahr – außer in Krisen – ein positiver Gewinn?

Unter dem nur scheinbar mechanischen Deckmantel der Geldrechnung, die alle Dinge gleich macht, erwächst in der Motivation des Gewinnstrebens – weniger höflich: der Geldgier – eine unaufhörliche Suche nach solch einer offenen Stelle in der Marktwirtschaft, aus der Gewinne entspringen. Was ist diese offene Stelle? Es war die zentrale Entdeckung von Jeremy Bentham, die unabhängig von ihm auch vom Philosophen Johann G. Fichte gemacht, später auf anderen Wegen von Karl Marx wiederentdeckt und mit Bezug auf Marx von Schumpeter systematisch entfaltet wurde, die eine Antwort auf diese Frage lieferte.[1] Die mechanische Geschlossenheit des Geldkreislaufs ist nur ein durch den leeren Inhalt der Geldrechnung erzeugter Schein. Es gibt *zwei* offene Stellen zur Erklärung des Gewinns: Eine realwirtschaftliche und eine monetäre.

---

1 Vgl. für einen Überblick zu dieser Entwicklungslinie ökonomischen Denkens ausführlich: Brodbeck 1996, Kapitel 17, ders. 2012, S. 1012-1114.

Realwirtschaftlich stellt sich der ökonomische Prozess als ein vielfältiger, arbeitsteiliger Strom von Gütern und Diensten dar, interdependent und durch Rohstoffe und Abfälle an die Natur angekoppelt. Dieses System wird getragen durch Handlungsprogramme der Menschen, die in der Ökonomik Aktoren oder Wirtschaftssubjekte heißen. Solange diese Handlungsprogramme einfach wiederholt werden – im Konsum oder in der Produktion –, ergibt sich ein geschlossener Kreislauf der Güter und Dienste, der nur zur Natur hin offen ist. Veränderungen in der Natur können also diesen Kreislauf beeinflussen – Bevölkerungswachstum, Wetteränderungen, Erschöpfung von Rohstoffen usw. Doch die entscheidende Quelle ist das, was in einem mechanisch abgebildeten System des Kreislaufs gar nicht in Erscheinung treten kann: Es sind *neue* Handlungsprogramme, kreative Prozesse, die in der Regel zunächst die Produktion durch neue Verfahren und Güter, später auch die Konsumgewohnheiten verändern. Die Quelle dieser veränderten Handlungsprogramme lässt sich ihrerseits nicht kausal angeben. Bentham und Fichte dachten an Projektemacher, Marx an allgemein unternehmerische Prozesse, Schumpeter verkörperte das Neue im »dynamischen Unternehmer«, als genialen Träger der Innovation, der seinerseits den Erfinder voraussetzt.

Damit sich neue Produkte oder Dienste aber überhaupt in einem sonst wiederkehrenden Strom von Gütern und Diensten einbinden können, benötigen sie in Geldökonomien vor allem eines: *Geld*. Dieser Geldkredit wird im Banksystem geschaffen und den Innovatoren zur Verfügung gestellt. Durch diesen Kredit monetär ausgerüstet, können Innovatoren Güter und Arbeitsleistungen einkaufen, um neue Produktideen zu realisieren. Dadurch steigt die Nachfrage nach den zur Herstellung neuer Güter verwendeten tradierten Produkten, es steigen deren Preise und *verteuern* so die Produktion der bislang angewandten Produktionsverfahren. Das Neue im Wirtschaftsprozess *definiert* damit zugleich die herkömmlichen Verfahren zu »alten« Produktionsmethoden und die bislang gekauften Konsumgüter zu einer altmodischen Größe. Das Auftreten neuer Produkte und Produktionsverfahren erschafft – wenn entsprechende Käufer gefunden werden – monetär einen *Gewinn*, den Bentham »Zins über den erlaubten Höchstzins hinaus«, Fichte überhaupt nur »Zins«, Marx »Extramehrwert« und Schumpeter »Pioniergewinn« nannten. Sie blickten aber auf dasselbe Phänomen: Gewinne, und damit Zinszahlungen für aufgenommene Kredite, entstehen durch das Auftreten von Neuem, durch Innovationen: Neue Güter, neue Produktionsverfahren, neue Absatz- oder Beschaffungswege, neu entdeckte Rohstoffe. Ich möchte hinzufügen: Es genügt auch oftmals nur der *Anschein* des Neuen, wie ihn die Werbung erzeugt und auch unaufhörlich im Munde führt; entscheidend ist die Zahlungsbereitschaft für Neues, geschaffen durch den Kredit.

DIE SCHATTENSEITEN DER KREATIVITÄT

Obgleich, was Georg Simmel eindringlich beschrieben hat, das Geld ein reiner Gleichmacher ist, an dem nichts Neues hervortreten kann, eine tautologische Form der Ratio, deren Veränderung oder Prozess sich nur in einem *mehr-weniger* ausdrücken kann, ist es doch das *Streben* nach mehr Geld, das in einer kapitalistischen Ökonomie unaufhörlich jeder Form von Neuerung durch den Kredit einen Ort einräumt, an dem sich Innovationen entfalten können, die schließlich zu Gewinnen führen. In diesem Antrieb, dieser institutionalisierten und so zivilisierten Geldgier findet sich der Grund, weshalb die menschliche Kreativität ökonomisch kanalisiert und in klingender Münze sich niederschlagender Form funktionalisiert wird.

Märkte und Geldprozesse bringen keine Kreativität hervor. Insofern steckt auch im mechanischen Irrweg der Ökonomen noch ein Körnchen Wahrheit, wenn sie alle Veränderungen als für das Wirtschaftssystem *exogen* bezeichnen. Kreativität ist in ihren vielen Formen[2] eine für den ökonomischen Prozess tatsächlich exogene Quelle insofern, als Geldprozesse in ihrer leeren Tautologie des bloßen Mehr oder Weniger keine neuen Qualitäten hervorbringen. Gleichwohl *organisiert* die Geldökonomie reale Prozesse und greift in Innovationsprozessen durch umgesetzte Neuerungen unaufhörlich in die *reale* Organisation des ökonomischen Systems ein. Insofern ist also, Schumpeter hat das nachdrücklich betont, Innovation auch ein für die Wirtschaft *endogener* Vorgang. Das System selbst – die Märkte, Vertriebswege, Produktionsformen usw. – wird unaufhörlich neu gebaut und Altes ausgeschieden.

Neuerungen werden auf den Markt gebracht und der Entscheidung der Kunden, der Konsumenten ausgesetzt. Der »Mutation« von Gütern folgt am Markt ihre »Selektion«. Die, traditionell kybernetisch gesprochen, Steuergröße des Systems ist eine auf den ersten Blick sehr einfache: der Gewinn. »Erfolg« im marktwirtschaftlichen Sinn ist ein wenigstens langfristig positiver Gewinn, kurzfristig die hinreichende Liquidität zur Finanzierung notwendiger Zahlungen. Divergenzen zwischen kurzer und langer Frist überbrückt der Kredit, wodurch sich aus dieser Funktion die übermächtige Rolle der Finanzmärkte entwickelt hat.

Die rein ökonomische Schattenseite dieses Mutations- und Selektionsprozesses ist das durch die Neuerung (die Innovation) geschaffene Obsoletwerden bisheriger Güter und Produktionsverfahren. Was sich begrifflich zeigte, die Unablösbarkeit der zirkulären Kategorien »alt und neu«, das zeigt sich im ökonomischen System als Prozess der Innovation und Zerstörung, was Schumpeter in einer berühmten Formel als *creative destruction* (schöpferische Zerstörung) bezeichnet hat (Schumpeter 1950, S. 137 ff.). Unerklärt bleibt in diesem Prozess die *eigentliche* Quelle der Kreativität, aus der neue Güter, Verfahren, Reorganisa-

---

2 Vgl. für einen Überblick: Brodbeck 2006, S. 246-253.

tionen, Entdeckungen usw. hervorgehen.
Hayeks Formel vom Markt als einem »Entdeckungsverfahren« (Hayek 1994, S. 249 ff.) ist wenigstens irreführend. Zwar kann man sagen, dass Produzenten und Konsumenten gelegentlich auf den Märkten nach neuen Produkten suchen und dann fündig werden. Doch »der Markt« ist ein reiner Selektionsprozess, unkreativ bis ins Mark, nur die unaufhörliche Exekution der Geldschranke, welche über Marktzutritt oder dessen Verweigerung entscheidet. Zwar geht diese Selektion jeweils durch die individuellen Entscheidungen hindurch und ist darin unberechenbar, wie der Erfolg oder Misserfolg von neuen Gütern zeigt. Die ausgeübte Macht der Käufer selektiert aber stets durch die reine Geldgröße. Menschen entdeckten Güter, die – gekauft – dann einen Markt bilden, doch der Markt ist keine eigenständige Entität, der eine innovative Qualität zukommen würde. Welche kreative Quelle z. B. bei Hightech-Produkten zu identifizieren ist, lässt sich nicht einfach sagen. Zwar spielten zu allen Zeiten unabhängige Erfinder eine wichtige Rolle. Gleichwohl ist der Innovationsprozess aber auch untrennbar von staatlicher Förderung, von Forschung an Hochschulen und öffentlich geförderten Institutionen. Auch hier lässt sich keine einfache Kausalität feststellen. Der geniale Einzelne kann hier ebenso zum Innovator werden wie das beharrlich arbeitende Team oder das Kollektiv der Forscher. Nur eine negative Bedingung lässt sich angeben: Wenn man Handlungen mehr und mehr einem Kostencontrolling unterwirft, die Selektion also bis in den Schöpfungsprozess hinein verlängern möchte, dann tötet jedes System – Privatwirtschaft oder Hochschule – kreative Prozesse bereits im Keim und ersetzt sie durch das Geldkalkül, das in den Bildungssystemen die Verkleidung von Noten und Punktesystemen angenommen hat.

Ich habe mich bislang bemüht, weitgehend die positiven Aspekte des kapitalistischen Innovationsprozesses zu skizzieren. In Schumpeters Formel liegt hier die Betonung auf der *schöpferischen* Zerstörung. Dieser Prozess hat aber neben dem Obsoletwerden von Produkten und Produktionsverfahren eine noch weit vielfältigere Schattenseite, die meist nur als unabhängiges Ereignis wahrgenommen wird und die Formen der menschlichen Kreativität auch zum Negativen hin darin unterschätzt. Es gibt neben der *kreativen* Destruktion des Innovationsprozesses auch die *destruktive* Kreativität. Zunächst ist zu bemerken, dass der Begriff der »Zerstörung« auch im gleichsam gewöhnlichen Innovationsprozess vielfach nur ein Euphemismus für menschliche Katastrophen ist. Das Auftreten des Neuen *definiert* das Alte, stempelt also, anders gesagt, durch die ökonomisch vollzogene Differenz Menschen und Material *zum Alten*. Das bedeutet, dass jene Lebenswelten, die am »Alten« angebunden waren – Städte oder Stadtteile im Umkreis großer Firmen, Zulieferer usw. – mit dessen Selektion mitselektiert werden. Was eben

DIE SCHATTENSEITEN DER KREATIVITÄT

noch eine pulsierende Metropole war, wird durch innovative Umbrüche zur Problemzone. Hektische Beschäftigung wandelt sich in das Ausgestoßensein an die Ränder des Marktes, in Arbeitslosigkeit und soziale Verelendung, weil man zum »alten Eisen« gestempelt wird. Die Menschen erlernen für ihre Berufe Fertigkeiten, die ihnen zur Gewohnheit werden und sie geradezu definieren. Wenn nun ein Typus von Fertigkeit *selektiert* wird, weil im Umkreis neuer Produkte und Verfahren andere Qualifikationen erfordert sind, dann selektiert der Markt nicht einfach nur Handlungsprogramme. Menschen sind keine Roboter, die nur neu programmiert werden können (»umgeschult«). Sie *verkörpern* ihre Fertigkeiten, bilden Lebenswelten um sie herum. Das im Innovationsprozess also durch das Neue zum Alten Gestempelte fällt aus den Märkten heraus. Der Marktzutritt ist dann auf soziale Hilfe, Hartz IV oder *foodstamps* angewiesen, um wenigstens elementare Lebensbedürfnisse befriedigen zu können. Die Kinder, die in zum Alten definierten und selektierten Familien aufwachsen, sind in ihren Möglichkeiten ebenso eingeschränkt wie ganze Regionen, die durch Innovationsprozesse als Träger herkömmlicher Fabriken zur Problemzone werden. Schon der »normale« Preis der kreativen Destruktion ist also sehr hoch und wird selten im Zusammenhang erkannt. Vieles, was in der gesellschaftlichen Arbeitsteilung zum Aufgabengebiet der Ärzte und Psychiater gehört, wird durch das System der kreativen Destruktion unaufhörlich neu erzeugt. Im globalen Ausmaß trifft dieser Selektionsprozess auch ganze Länder, ja Kontinente.

Doch damit ist die Schattenseite des kreativen Prozesses in der Wirtschaft noch keineswegs erschöpfend charakterisiert. Das, was im System der Geldökonomie als »Steuerungsgröße« operiert – das Gewinnstreben, die Geldgier –, verändert nicht nur laufend die dynamische Struktur der Realwirtschaft, sie verändert auch das, worin die Wirtschaft eingebettet ist und was sie vielfach, wiewohl Voraussetzung ihrer Operationsfähigkeit, ausblendet. Geldökonomien verändern die *Wahrnehmung der Welt*. Die Dominanz der Geldprozesse selektiert die Objektwelt in der dualen Codierung von *berechenbar versus nicht-berechenbar*. Philosophisch spricht sich dies aus in der Dualität von Rationalität-Irrationalität. Vieles am Menschen, das als das eigentlich Menschliche empfunden wird – Emotionen, Träume, innere Bilder usw. – erscheint im verengten kognitiven Fenster einer vom rechnenden Denken der Geldlogik gesteuerten Gesellschaft als »irrational«, »bloß subjektiv« etc. Als objektiv gilt, was intersubjektiv *berechnet* werden kann. Die Geldlogik lieferte hierzu das Modell auch für die Naturwissenschaften. Zwar haben sich dagegen historisch bis in die jüngste Zeit immer neue Widerstände gebildet, die dem berechnenden *common sense* der herrschenden Ratio als »irrational« gelten – man könnte die Romantik, die Künste, aber auch spirituelle Systeme oder einige politische Bewegungen auf diese Weise deuten. Die monetäre Ratio – übrigens auch in Planwirtschaften, die die Geldlogik dadurch aufheben wollten, dass sie das Rechnen zentral im Plan organisierten – hat allerdings diese immer wieder aufkeimenden Widerstände fast stets entweder überwunden oder ökonomisch verwertbar transformiert. Der in der *Kunst* erkennbare Widerstand gegen die destruktive Macht einer nur auf Berechnung angelegten Welt – Adorno hat nachdrücklich darauf hingewiesen (1986, S. 104 ff.) – wurde einfach so integriert, dass aus dem Protest ein Markt gemacht wurde. Die Macht der Ratio und ihre globale Vereinnahmung nahezu aller Formen menschlicher Kreativität scheinen unaufhaltsam.

Dieser Prozess der Modernisierung, von Horkheimer und Adorno als Dialektik der Aufklärung diagnostiziert, greift allerdings noch tiefer. Es gibt, wie gesagt, auch eine *kreative Destruktion*. Man kann keineswegs nur neue Ideen ökonomisch verwerten, man kann auch den ökonomischen Prozess selbst so kreativ manipulieren, dass auch ohne wirkliche Neuerung im Sinn der Realökonomie die Geldgier einen neuen Weg findet. Es sind vor allem zwei in hohem Maße destruktive Formen hier zu nennen: Einmal hat das Gewinnstreben keineswegs nur die realen Produktionsprozesse organisiert, auch *Staaten* wurden dafür funktionalisiert. Die Geldpolitik vieler Länder dient vielfach fast nur dem Banksystem. Geld ist, obgleich leer, in seiner »Substanz« als *Vertrauen* der Menschen in seinen Wert zu beschreiben, ein Vertrauen, das diesen Wert zirkulär erst erzeugt. Wenn nun in alter Zeit Fürsten die von ihnen geprägten Münzen verschlechterten, um über die Seigniorage hinaus ein Einkommen zu erzielen, so wird dieses Vertrauen der Menschen in den Geldwert systematisch missbraucht. Die Veränderung der Münzwerte ist strukturell der *Lüge* gleichzustellen. Diese Form der Lüge ist in der Gegenwart zur Alltagspolitik der Zentralbanken geworden. Geld wird für die Interessen der Börsen und Banken bereitgestellt, nicht für die Erfordernisse der breiten Bevölkerung, der im Gegenzug die Kosten für Krisen durch Austeritätsprogramme aufgeladen werden.

Das Finanzsystem seinerseits hat mehr und mehr – Schlagwort für diese Entwicklung war der *Shareholder-Value* – die Unternehmen über ihre Kreditvergabe in Geiselhaft genommen. Es organisiert nicht nur den Kauf und Verkauf von Aktien oder Unternehmensanleihen, sondern manipuliert durch den Eigenhandel der Banken (*proprietary trading*) die Finanzmärkte. »Erfolg« wird mit Rendite gleichgesetzt, nicht mehr mit dem Verkauf von realen Gütern. Und die Rendite lässt sich kurzfristig am besten steigern, wenn die Kosten ohne Blick auf langfristige Prozesse gesenkt werden. Dadurch wurde nicht nur – Stichwort: Standortverlagerung – auch global der Wettbewerbsprozess zur dominanten Größe, langfristig werden durch solch ein Controlling kreative Prozesse in den Unternehmen, und damit die eigentliche *Quelle* für Gewinne, abgewürgt. Anstatt Geld auf dem »Umweg« der Produkt- und Prozessinnovation zu erzielen, werden Märkte *direkt* manipuliert. Dies reicht von der eher traditionellen Preisspekulation und Marktmanipulation der Anleger bis zu den vielfältigen betrügerischen Finanzprodukten, wie sie im Vorfeld der Krise von 2008 entwickelt wurden. Der globale Markt für Derivate – sie betragen das mehr als Zehnfache des Weltsozialprodukts – stellt ein von den Zentralbanken immer wieder durch neue Liquidität gestütztes *Ponzi-Scheme* (ein Schneeballsystem, finanziert durch Zentralbankkredite) dar. Hier ist die Kreativität in »Finanzprodukten« durch Intransparenz und einem darauf aufbauenden System von fiktiven Werten kanalisiert, das keine neuen Gewinne erzeugt, sondern nur aus anderen Sektoren der Volkswirtschaft durch Verschuldung umverteilt. Dass sich durch eine oftmals sehr undurchsichtige Verquickung der Interessen von Finanzwirtschaft, Rüstungswirtschaft und Verteidigungspolitik eine weitere durchaus *destruktive* Gewinnquelle ergibt, sei hier nur am Rande erwähnt. Insgesamt kann man beobachten dass der Marktprozess als Selektionsprozess nicht nur langfristig kreative Prozesse funktionalisiert und gesamtwirtschaftlich auch fehlleitet, sondern als Institution auch die ihn bislang regelnden Rahmenbedingungen schleift: Der Markt selektiert auch moralische Werte und ist ein »Moralzehrer« (Röpke 1942, S. 88).

Kreative Prozesse in der Wirtschaft werden erst dann wieder Teil eines demokratischen und sozialen Fortschritts, wenn diese destruktiven Elemente erkannt und bezähmt werden. Hierzu ist allerdings eine grundlegende Reform nicht zuletzt auch der ökonomischen Wissenschaften unabdingbar. Erst dann, wenn die mit jeder Neuerung einhergehende *soziale* Definition von »Altem« weitgehend vom ökonomischen Misserfolg entkoppelt wird, können der menschlichen Kreativität jenseits des berechnenden Denkens wieder neue Spielräume eröffnet werden.

Literatur

Adorno, Th. W. (1986): *Gesammelte Schriften 7 – Ästhetische Theorie*, Frankfurt a. M.: Suhrkamp.
Brodbeck, K.-H. (1996): *Erfolgsfaktor Kreativität*, Darmstadt: Wissenschaftliche Buchgesellschaft.
Brodbeck, K.-H. (2006): »Neue Trends in der Kreativitätsforschung«, in: *Psychologie in Österreich* 16, S. 246-253.
Brodbeck, K.-H. (2012): *Die Herrschaft des Geldes*, 2. Aufl., Darmstadt: Wissenschaftliche Buchgesellschaft.
Hayek, F. A. (1994): *Freiburger Studien*, 2. Aufl., Tübingen: Mohr Sie-

beck.

Meister Eckehart (1978): *Deutsche Predigten und Traktate*, hrsg. v. Josef Quint, München: Hanser.

Röpke, W. (1942): *Die Gesellschaftskrisis der Gegenwart*, 4. Aufl., Erlenbach-Zürich: Rentsch.

Schumpeter, J. (1950): *Kapitalismus, Sozialismus und Demokratie*, München: Lehnen.

Thomas Fuchs
In statu nascendi
Überlegungen zur Entstehung des Neuen

1. Vom Anfang

Vom Anfangen soll die Rede sein, also von dem, wo Neues beginnt und sich als Neues zeigt. Wie erfahren wir den Anfang? Und unter welchen Bedingungen entsteht und beginnt das Neue? Als Leitmotiv für die folgenden Überlegungen soll der lateinische Ausdruck »*in statu nascendi*« dienen – »im Zustand des Geborenwerdens« oder des Entstehens.

In der Chemie des 18. Jahrhunderts bezeichnete der Begriff der *materia nascens*, des Stoffs *in statu nascendi*, eine neue Verbindung in dem Moment ihrer Entstehung aus einer chemischen Reaktion. Naszierende Stoffe, wie man heute noch sagt, besitzen meist ein höheres energetisches Niveau, sie sind in einem noch angeregten Zustand und verhalten sich lebhafter, reagibler als die wieder zur Ruhe gekommene Materie. Freilich ist das Geborenwerden, *nasci*, streng genommen ein Vorrecht des Lebendigen. Es bezeichnet den Moment, in dem ein bis dahin verborgenes Lebewesen in der Welt erscheint, sich von seinen Entstehungsbedingungen losreißt und in einen eigenständigen Entwicklungsprozess eintritt. Schließlich ist der Neubeginn auch das, was wir in unserem Leben immer wieder suchen – der Moment, in dem sich Zukunft öffnet, das Unvorhergesehene eintritt, aber auch unsere eigene Spontaneität und Kreativität frei werden kann.

In statu nascendi, in dem Moment oder in der Phase des Entstehens scheint ein besonderes, in die Zukunft weisendes Potenzial zu liegen, eine innewohnende Energie, die noch polyvalent, noch nicht festgelegt und in einzelne Wirkungen ausdifferenziert ist – so wie in den ersten Stadien des Lebens die sich teilenden Zellen noch *totipotent* sind, sich also noch in alle Richtungen entwickeln und spezialisieren können. Das Ei ist rund und noch nicht gegliedert. Am Anfang ist noch alles möglich. Im Erlebnis des Anfangs liegt daher auch eine besondere *Stimmung*, eine erwartungsvolle Ahnung des Kommenden, ein »Zauber«, wie es in Hermann Hesses »Stufen« heißt: die Frische des Morgens, der Anblick der ersten Frühlingsblumen, das Aufgehen der ersten Liebe. Es erscheint uns so, als deute sich im Anfang schon an, was aus dem Anfangenden einmal werden könnte, als sei in ihm wie in einem Keim schon alles implizit enthalten, was sich später entfaltet.

Daher lag es den Menschen schon immer nahe, den Anfang zu achten, ihn mit einem besonderen Bewusstsein zu begehen und mit einer religiösen Zeremonie oder einem anderen Ritual zu verbinden – sei es die Feier der Geburt, der Geschlechtsreife, der Heirat oder auch nur des Neuen Jahres. Initiationen (lat. *initium* = Anfang) sind Rituale, durch die eine Person in eine neue Lebensphase oder eine neue Gruppe aufgenommen wird und dabei ihr bisheriges Leben abschließen und hinter sich lassen soll. Auch die Mythen erzählen immer vom Anfang: von der Schöpfung der Welt, den ersten Menschen, der Gründung Roms. »Denn der Anfang ist auch ein Gott, solange er unter den Menschen weilt, rettet er alles«, heißt es noch bei Platon in den »Gesetzen« (Platon, Nomoi, 775).

Freilich waren diese Anfänge bis in die Neuzeit doch meist nur Einführungen in schon tradierte und vorgegebene Rollen. Erst in der Renaissance wird das mit jedem Menschen mögliche Neue zu einem Wert. Pico della Mirandola (1496/1990) sah die Würde und Sonderstellung des Menschen darin begründet, dass er als einziges Lebewesen nicht auf einen vorgegebenen Rahmen des Werdens und Verhaltens festgelegt sei, sich selbst also immer neu gestalten könne. Im 20. Jahrhundert sprach Hannah Arendt von der »Natalität«, der Gebürtlichkeit des Menschen als dem Ausdruck seiner grundlegenden Fähigkeit, in jedem Augenblick von Neuem beginnen, sich frei entscheiden zu können, und nicht von einer schicksalhaften Vergangenheit determiniert zu sein:

> »Initium ut esset, creatus est homo« – ›damit ein Anfang sei, wurde der Mensch geschaffen‹, sagt Augustin. Dieser Anfang ist immer und überall da und bereit. Seine Kontinuität kann nicht unterbrochen werden, denn sie ist garantiert durch die Geburt eines jeden Menschen« (Arendt 1986, S. 730).

Für Arendt bedeutete Natalität vor allem eine politische Kategorie: die Hoffnung auf einen Neuanfang in den Zeiten des Totalitarismus. Doch die Last des Vergangenen abzuschütteln und sich wie neu geboren zu fühlen, ist zweifellos eine grundlegende menschliche Sehnsucht. Wir bedürfen immer wieder des Neuanfangs, um nicht in der Routine zu erstarren. Aber das Neue, das sich entfalten soll, bedarf auch einer besonderen Aufmerksamkeit, damit es in der Kontinuität des Immergleichen nicht wieder untergeht.

Das wirft die Frage auf, ob und wie man das mögliche Neue überhaupt erkennt. Wieviel Neues ist in unserem Leben oder in unserer Kultur insgesamt schon unbeachtet und damit unentfaltet geblieben, schon im Keim erstickt von den alten Gewohnheiten und Beharrungskräften? Offenbar hat die Möglichkeit des Neuen auch mit einer Wachheit, einer Offenheit und Bereitschaft auf Seiten des Subjekts zu tun. Sie lässt sich wahrnehmungspsychologisch beschreiben als die Fähigkeit, die gewohnte Perspektive einzuklammern und sich zu lösen von den fixen Schemata oder Vorurteilen, die jede Situation als schon bekannt interpretieren, so dass es aus einer solchen Sicht »nichts Neues unter

Abbildung 1: Kairos auf einem Fresko von Francesco Salviati (Palazzo Sacchetti, Rom, 1552-54)

der Sonne« geben kann. Kolumbus entdeckte Amerika, aber tragischerweise erkannte er das Neue gar nicht, so dass es später einen anderen Namen erhielt, nämlich den Amerigo Vespuccis, der als einer der ersten von der »neuen Welt« sprach.[1] Man muss also das Neue auch als neu *wahrnehmen* können.

Doch die subjektive Bereitschaft alleine genügt noch nicht – es bedarf auch günstiger äußerer Umstände, einer bestimmten Konstellation, damit das Neue einen geeigneten Nährboden findet und nicht verdorrt wie das sprichwörtliche Samenkorn, das auf trockenen Boden fällt. Die *Zeit* muss dafür reif sein, wie wir sagen. Bereits die Wikinger entdeckten Amerika, aber niemand nahm davon Notiz. Leonardo da Vincis geniale Erfindungen wurden erst Jahrhunderte später realisiert, denn zu seiner Zeit bestanden dafür nicht die technischen Voraussetzungen. Das Neue ergibt sich also aus einem glücklichen Zusammentreffen von inneren und äußeren Momenten – einer Offenheit und Bereitschaft auf der Seite des Subjekts, und einer dazu passenden Konstellation von äußeren Bedingungen. Diese günstige, für einen bestimmten Moment sich öffnende Gelegenheit nannten die Griechen *kairós*, den rechten Zeitpunkt. Auch er wurde wie der Anfang oft als eine Gottheit dargestellt, nämlich mit einem halbkahlen Haupt und einer Haarsträhne an der Stirne (vgl. Abb. 1) – ein geflügelter Gott, dessen Schopf man rechtzeitig ergreifen

[1] »Mundus novus«, Reisebericht aus Südamerika (1502).

musste, weil man sonst nur noch sein kahles Hinterhaupt zu fassen bekam und die Gelegenheit, die man eben nicht »beim Schopf packte«, ungenützt verstrich.

2. Das Neue als Umschlag und Perspektivenwechsel

Bevor wir nun näher betrachten, was diese Konstellation des Neuen ausmacht, will ich zunächst noch eine begriffliche Unterscheidung treffen. Was ist überhaupt das »Neue«? – Neu könnte man zunächst nennen, was so noch nicht geschehen oder da gewesen ist. Das ist allerdings ein sehr weiter Begriff, der im Grunde jedes Ereignis einschließt, denn nichts wiederholt sich in exakt identischer Weise. Man steigt nie zweimal in den gleichen Fluss. Neu in einem weiten Sinn nennen wir auch das jeweils nächste Ereignis in einem sich wiederholenden Zyklus, etwa die neue Zeitung, das neue Jahr oder das neue Auto. Etwas beginnt »von Neuem«, aber das heißt nur, es war im Prinzip schon einmal da.

Neu in einem prägnanteren Sinn ist demgegenüber das schlechterdings Unbekannte, Unerwartete und Unerhörte: etwa der amerikanische Kontinent für die Europäer, oder aus anderer Perspektive, die Pferde der spanischen Konquistadoren, die die Inkas zum ersten Mal zu sehen bekamen, so dass sie Ross und Reiter für ein einziges schreckliches Lebewesen hielten. Neu im engeren Sinne ist auch das weltgeschichtlich erstmalige Ereignis, etwa die erste Explosion einer Atombombe, die erste Mondlandung, das erste Retortenbaby.

In einem noch interessanteren Sinne jedoch meinen wir mit dem Neuen weder etwas noch nie da Gewesenes noch Unbekanntes oder Erstmaliges, sondern vielmehr einen Einfall, eine Einsicht, eine Erfindung oder ein Kunstwerk, das über unseren bisherigen Horizont hinaus führt und uns eine neue Stufe der Erfahrung oder des Begreifens eröffnet. Es ist das eigentlich *kreative* oder das *originelle Neue* (in »originell« steckt wieder *origo,* der Ursprung oder Anfang). Diesem Phänomen des kreativen Neuen wollen wir uns näher zuwenden. Worin besteht es eigentlich?

Nehmen wir ein Beispiel und gehen dazu wieder weit in der Geschichte zurück. Zu Beginn von Stanley Kubricks Film »2001« hantiert ein Frühmensch spielerisch mit den abgenagten Knochen eines Tieres und zerschlägt damit unabsichtlich einen anderen Knochen. Dabei »dämmert« es ihm, dass Knochen als Werkzeuge gebraucht werden können. In der nächsten Einstellung sieht man, wie zwei Horden von Frühmenschen aufeinander treffen, und der erwähnte Hominide mit einem Knochen einen anderen erschlägt. Kein sehr erfreuliches Beispiel sicherlich, aber das Neue ist eben häufig in seinen Auswirkungen auch ambivalent. Worin besteht es hier? Es geht natürlich um den Werkzeuggebrauch: Ein

Gegenstand erhält eine Funktion, die ihm gewöhnlich nicht zukommt – der Knochen wird nicht abgenagt, sondern dient einem neuen Zweck, nicht mehr im Kontext des Essens, sondern im Kontext des Kämpfens. Hier ist also tatsächlich eine grundlegend neue *Sichtweise* auf ein und denselben Gegenstand aufgetaucht.

Solche Funktions- und Bedeutungswechsel charakterisieren auch die kognitive Entwicklung in der frühen Kindheit, die ja in vieler Hinsicht die Menschheitsentwicklung rekapituliert. Betrachten wir einige zentrale Schritte:

– Vom Greifen zum Zeigen: Etwa um den 9. Lebensmonat beginnen Babys, die Aufmerksamkeit von Erwachsenen durch Zeigegesten auf Dinge zu lenken. Ursprünglich ist das Zeigen eine unvollständige Greifbewegung, die sich auf ein begehrtes Objekt richtet. Das misslingende Greifen veranlasst die Mutter dazu, dem Kind den Gegenstand zu reichen (Vygotsky 1978, S. 56). Damit erhält nun das Greifen für das Kind eine neue Bedeutung: man kann mit dem Finger auch *zeigen* und erhält *so* das Gewünschte. In den Zeigegesten manifestiert sich zum ersten Mal eine grundlegend neue, spezifisch menschliche Kommunikation, nämlich die symbolische Verständigung, die andere Primaten nicht entwickeln können (Tomasello 2002). Das Zeigen ist damit im Grunde das erste Zeichen, denn es steht wie später die Worte für etwas anderes, für einen Gegenstand: das *Deuten* wird zur *Bedeutung*.

– Im zweiten Lebensjahr beginnt wieder eine neue Stufe, nämlich durch *das Spiel*, insbesondere das gemeinsame Symbolspiel: Das Kind lernt zu begreifen, dass man eine Banane zum Spaß wie einen Telefonhörer gebrauchen kann, oder einen Bleistift als Zahnbürste, usw. Meist begleitet das Kind dieses »So-tun-als-ob-Spiel« mit einem wissenden Lächeln und zeigt damit, dass es den Wechsel zwischen der konventionellen und der neuen, »komischen« Bedeutung des Objekts erfasst: Aus einem *Werkzeug* wie dem Bleistift wird ein *Spielzeug*. Das Kind lernt, dass die Bedeutung von Dingen beweglich, veränderlich ist und sich nach dem jeweiligen sozialen Kontext richtet (Fuchs 2012). Das ist die Basis für das einzigartige kreative Potenzial des Spiels – prinzipiell kann ja alles symbolisch für alles andere stehen, nahezu beliebig neu verknüpft werden. Dies ist auch die Voraussetzung für die vielfältigen *Rollenspiele*, die für das Kind im weiteren Verlauf immer wichtiger werden (»ich wäre jetzt der Kapitän, du der Pirat«, usw.), und in denen das Kind spielerisch neue Möglichkeiten erprobt.

– Ebenfalls in der zweiten Hälfte des 2. Lebensjahres lernt das Kind zu begreifen, dass das Spiegelbild den eigenen Körper darstellt. Damit sieht es sich selbst von außen, aus der Perspektive der anderen; es erlangt ein reflexives oder Selbst-Bewusstsein. Zugleich erwirbt es damit ein Verständnis des Bildes *als* Bild, nämlich als *Darstellung* von etwas, was das Bildding selbst *nicht* ist. Das Kind lernt also ein ganz neues Sehen. Wie beim Spiel entsteht auch mit dem Bildbewusstsein ein Raum der Fiktion, des Als-ob, in dem man sich frei vom Realitätsdruck bewegen und etwas Neues gestalten kann (Fuchs 2008).

Was ist das Gemeinsame solcher Sprünge in der menschlichen und kindlichen Entwicklung? Es entsteht jeweils ein neuer Sinn, und zwar *indem etwas in einen anderen Kontext versetzt wird und darin eine neue Funktion oder Bedeutung erhält*: Der Knochen wird zum Werkzeug; die Greifhand wird zur Zeigehand; der Gebrauchsgegenstand wird zum Spielzeug, die bunte Spiegelfläche zum Bild. Das kreative Neue besteht also nicht im noch nie da Gewesenen und Unbekannten; es besteht vielmehr darin, das schon Bekannte *als etwas anderes*, in einem ganz neuen Bezugsrahmen sehen zu können.

Ein besonders interessantes Phänomen, das auf solchen unerwarteten Perspektivenwechseln, auf einem überraschenden neuen Sinn beruht, ist der *Witz*. Nehmen wir ein Beispiel:

Zwei Pinguine laufen durch eine Wüste. Sagt der eine:
»Mann, hier muss es aber glatt gewesen sein!«
»Wieso?«, fragt der andere.
»Na weil sie so viel Sand gestreut haben.«

Warum lachen wir über den Pinguin? Weil hier zwei Perspektiven plötzlich aufeinander treffen: einerseits unser primäres Verständnis von Sandwüsten, andererseits die Perspektive eines Pinguins, für den das Eis die selbstverständliche Grundlage der Welt bildet, so dass ein Boden voller Sand auf eine künstliche Ursache, auf eine bestimmte Absicht zurückgehen muss. Die Wüste kippt für uns in der letzten Zeile gleichsam in einen neuen Kontext. Genau besehen besteht das Erlebnis der Pointe aus zwei Übergängen: (1) vom Gewohnten und Erwarteten zu einem kurzen Moment der Irritation oder der Störung (in dem man vielleicht für einen Augenblick noch stutzt, ein dummes Gesicht macht); (2) von dieser »Verstörung« zur schlagartigen Einsicht, die den Umschlag in die neue Perspektive nachvollzogen hat, wobei sich die Überraschung über den neuen Sinn im Lachen Bahn bricht.

Das kreative Neue entsteht also, indem etwas *als etwas anderes* in einem unerwarteten Kontext erscheint; mit anderen Worten, es entsteht aus dem Kontrast zwischen zwei Bezugssystemen, die das bislang Bekannte und Vertraute in einem anderen Licht erscheinen lassen. Einerseits haben wir es also mit einer *Störung* des Gewohnten, einer Verwirrung zu tun – freilich einer Verwirrung, die den neuen Sinn *in statu nascendi* schon in sich enthält –, andererseits mit dem plötzlichen *Hervortreten dieses Sinns*, sei es in Form einer Pointe, die uns in Lachen ausbrechen lässt, sei es in einem Aha-Erlebnis oder einer plötzlichen

Einsicht, die man in der Kreativitätsforschung auch als »Illumination«, wörtlich Erleuchtung beschreibt. Eine ähnliche Erfahrung kann man bereits mit einfachen Gestaltwahrnehmungen machen, wie etwa mit dem folgenden Bild (Abb. 2):

Abbildung 2: Gestaltbildung (Seckel 2004)

Zunächst erblickt man nur ein chaotisches Feld von Flecken, in dem man vergeblich eine Ordnung zu erkennen oder zu erahnen versucht – das ist der Sinn *in statu nascendi*; auf einmal stellt sich schlagartig die Gestaltwahrnehmung ein – es ist ein Dalmatiner, der im Laub schnüffelt.

Nun mag man einwenden, das sei doch gar nichts Neues, sondern nur ein Wiedererkennen, doch Vorsicht: Auch das kreative Neue ist meist eine Art von Wiedererkennen von Bekanntem, nur eben in einem neuen Kontext, oder in einer neuartigen Verknüpfung. Friedrich Kekulés berühmte Entdeckung des Benzolrings 1861 ging, wie er selbst berichtete, auf einen Traum zurück, in dem er nach wochenlanger Beschäftigung mit der möglichen Struktur der Kohlenstoff- und Wasserstoffatome des Benzols plötzlich das alchimistische Symbol des Ouroboros vor sich sah, der Schlange, die sich in den Schwanz beißt (Abb. 3). Diese uralte Idee brachte ihn auf den Gedanken, sich die Atome in einem Ring angeordnet zu denken. Das Neue bestand also in einer Verknüpfung von Bekanntem und Unbekanntem.

Ganz ähnliche, wenn auch zeitlich meist weiter auseinander gezogene Prozesse können wir auch beobachten, wenn wir die Entstehung

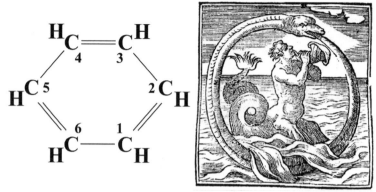

Abbildung 3: Benzolring und Ouroboros

neuer wissenschaftlicher Theorien oder Paradigmen betrachten, wie sie vor allem Thomas Kuhn (1976) untersucht hat. Kuhn zufolge gerät eine wissenschaftliche Gemeinschaft in eine Krise, wenn ihr leitendes Paradigma seine Überzeugungskraft verloren hat. »Anomalien«, also unerklärliche oder widersprüchliche Befunde, untergraben die Autorität der bisher herrschenden Theorie. Es ist dann, »...wie wenn einem der Boden unter den Füßen weggezogen worden wäre, ohne dass sich irgendwo fester Grund zeigte, auf dem man hätte bauen können« – so beschrieb Albert Einstein die Situation der Physik zu Beginn des 20. Jahrhunderts (Schilp 1949; zit. n. Kuhn 1976, S. 96). Nun tauchen konkurrierende Lösungsversuche auf, und ein chaotischer Zustand entsteht, der nach Kuhn einem Rückfall in die frühe, vorparadigmatische Phase der betreffenden Wissenschaft gleichkommt, in ein Stadium, in dem die Theorien noch unschärfer oder uneinheitlicher waren. Dieser Verwirrungszustand der Wissenschaftler entspricht in etwa der zunächst vergeblichen Suche des Auges nach einem Muster im scheinbar chaotischen Fleckenbild des Dalmatiners.

Gerade diese Regression in eine vorrationale Phase birgt jedoch ein schöpferisches Moment in sich: Elementare Bilder, frühere Ideen und Motive der jeweiligen Wissenschaft können in dieser chaotischen Phase wirksam werden und zu einem Gestaltwechsel führen, ähnlich wie wir das bei Kekulé gesehen haben. Meist taucht das neue Paradigma, wie Kuhn schreibt, »ganz plötzlich im Geist eines tief in die Krise verstrickten Wissenschaftlers auf« (ebd. S. 102). »Die Wissenschaftler sprechen dann oft von den ›Schuppen, die ihnen von den Augen fallen‹ oder vom ›Blitzstrahl‹, der ein vorher dunkles Rätsel ›erhellt‹« (ebd. S. 134 f.). Nicht selten kommt die betreffende Erleuchtung im Schlaf. Das revolutionäre Paradigma stellt nun eine neue Sinnkohärenz her, und die Wissenschaftler des betreffenden Fachs können sich wieder ihrer normalen Arbeit zuwenden, die im neuen Paradigma den notwendigen, nicht mehr in Frage gestellten Denk-Rahmen gefunden hat. Man könnte es mit einem Schachspiel vergleichen: Die normale Wissenschaft führt nur Spielzüge aus, die Revolution aber verändert die Spielregeln. Diese Beschreibung gibt im Prinzip die Stadien wieder, die auch in der Kreativitätsforschung allgemein anerkannt werden (Wallas 1926; Holm-Hadulla 2005): (1) Zu Beginn steht entweder eine Phase der *Präparation* (Sammlung von Material) oder eine Situation der Störung *(Perturbation)* und darauf reagierender *Irritation.* Es folgt (2) eine Phase von Chaos, Ratlosigkeit, Suche nach Lösung und Vorbereitung des Neuen, oft auch als Phase der *Inkubation* bezeichnet, die von ganz unterschiedlicher Länge sein kann; (3) die meist plötzliche Einsicht, Inspiration oder *Illumination,* und schließlich (4) die *Verifikation* und Konsolidierung des Neuen, das nun zur Basis und Orientierung für weitere Aktivitäten wird.

Was sind die Voraussetzungen für die wissenschaftliche Revolution auf Seiten der beteiligten Personen? Nach Kuhn ist den Entdeckern eines neuen Paradigmas dreierlei gemeinsam: Erstens konzentrieren sich die Neuerer auf die ungelösten Probleme ihres Fachgebietes, statt sich nur auf das Gesicherte zu begrenzen. Zweitens suchen sie die Lösung gewissermaßen »auf der Seite des Problems«; das heißt, sie geben nicht auf alte Fragen neue Antworten, sondern sie *stellen ganz neue Fragen.* Und drittens handelt es sich gewöhnlich um Personen, die »...so jung oder auf dem von der Krise befallenen Gebiet so neu sind, dass ihre Arbeit sie weniger tief als die meisten ihrer Zeitgenossen an die durch das alte Paradigma bestimmten Weltauffassungen und Regeln gebunden hat« (Kuhn 1976, S. 155). Neue Entdeckungen werden also gemacht von Menschen, die über eine *Beweglichkeit der Perspektive* verfügen, feste Regeln vergessen und in ein freies Spiel von Assoziationen, Vorstellungen, Einfällen und Motiven eintreten können.

Die interessanteste Phase des kreativen Prozesses ist dabei wohl die der *Inkubation*, des »Sinns *in statu nascendi*«. Es ist ein Sinn, der nicht gemacht, nicht gezielt gefunden, sondern nur »empfangen« werden kann. William James vergleicht dies mit der Suche nach einem Namen, den man vergessen hat, der einem aber auf der Zunge liegt. Alle gezielten Bemühungen führen dann meist nur noch weiter in die Sackgasse. Es ist, »als wäre der Name eingeklemmt und als würde jeder Druck ihn nur noch mehr hindern, aufzutauchen. Und dann ist oft das entgegengesetzte Verfahren erfolgreich. Gib alle Anstrengungen auf; denke an etwas völlig anderes – und spätestens nach einer halben Stunde kommt einem der vergessene Name mit einem Sprung […] in den Sinn« (James 1997, S. 224). Ähnlich verhält es sich mit dem Neuen, der gesuchten Klärung oder Lösung: Erst die Preisgabe der Suchhaltung, der Verzicht auf die gezielte Absicht gibt den Raum frei für eine neue Sinnbildung, die sich im Dunkeln »hinter der Bühne« schon angebahnt hat, vom bewussten Denken aber so verschieden ist, dass sie von der willentlichen Bemühung nur gestört werden kann.

Freilich – dieses Neue stammt nicht aus dem klassischen Unbewussten der Tiefenpsychologie, aus dem verdrängten Vergangenen. Ernst Bloch hat diesem Vergangenheitsunbewussten der Psychoanalyse eine andere Form des Unbewussten gegenübergestellt – das »Noch-nicht-Bewusste«; man könnte es auch das Ahnungsbewusste nennen. Es ist das, was sich unter der Oberfläche des Bewusstseins noch latent, aber bereits *in statu nascendi* entwickelt – im »Dunkel des gelebten Augenblicks«. »Das *Noch-nicht-Bewusste* ist so einzig das Vorbewusste des Kommenden, der psychische Geburtsort des Neuen« (Bloch 1959). Die Zeitlichkeit des Neuen stammt nicht aus der Vergangenheit; sie öffnet sich von der Zukunft her.

3. Das Neue in der Interaktion

Nun könnte diese Darstellung den Eindruck erwecken, das Neue könne nur auf eine individuelle Weise entstehen – im Traum, im Unbewussten, im plötzlichen Einfall eines Einzelnen. Doch keineswegs: Denken wir zurück an die Entwicklung in der frühen Kindheit, etwa das Auftreten der Zeigegeste oder des Symbolspiels. Es sind jeweils soziale, interaktive Situationen, in denen sich die neue Perspektive einstellt. Das Kind greift vergeblich, die Mutter gibt ihm das Objekt, und nun begreift es, was es mit seiner Geste erreichen kann: Vermittels des anderen wird sein Greifen zum Zeigen (Greifen → Geben → Zeigen). Ebenso ist das Symbolspiel immer eine gemeinsame Handlung – der eine verwendet einen Gegenstand auf komische Weise, er »*tut so als ob*«, aber nur weil der andere zusieht und mit ihm diese neue Bedeutung teilt. Symbol- oder Rollenspiele, die man nur alleine ausführt, ergäben primär gar keinen Sinn.[2]

Wollen wir das Neue suchen, so tun wir daher gut daran, es in Interaktionen zu suchen. Heinrich von Kleist empfahl, sich beim Entwickeln noch unklarer Gedanken am besten an eine andere Person zu wenden und einfach zu sprechen anzufangen. Dann würde sich der Gedanke gleichsam von selbst entwickeln (Kleist 1964). Warum? Zum einen, weil die Erwartung des Gesprächspartners unser Sprechen mit vorantreibt – wir wollen uns ihm verständlich machen. Zum anderen aber auch deshalb, weil bei jeder Interaktion von vornherein zwei Perspektiven aufeinander treffen, also genau eine der zentralen Vorbedingungen

---

2 Natürlich spielt das Kind dann auch alleine mit seinen Puppen, doch nur weil es die Interaktion mit anderen bereits internalisiert hat.

für das Neue erfüllt ist – der Perspektivenkontrast. Wir treffen auf eine andere Sichtweise und müssen uns auf sie einstellen, sie mit unserer eigenen abgleichen. Interaktionen sind daher das natürliche Laboratorium des Neuen und Unerwarteten.

Interaktionen sind, sofern sie nicht einem vorgegebenen Ritual oder Machtgefälle unterliegen, grundsätzlich unberechenbar. Keiner der Interaktionspartner ist in der Lage, den Prozess vollständig zu steuern. Indem sie in die feedback- und feed-forward-Schleifen der Interaktion hineingezogen werden, gewinnt der Prozess selbst eine Autonomie gegenüber den Partnern (Fuchs & De Jaegher 2009). Die dyadische Interaktion stellt somit ein emergentes System mit neuen Prozesseigenschaften dar, die nicht allein aus dem Verhalten der Partner abzuleiten sind. Es entsteht ein sich selbst organisierender und »improvisierender« Prozess, in dem neue Bedeutungen gemeinsam erzeugt werden, nicht selten übrigens auch über produktive Missverständnisse. Darauf wies bereits Wilhelm von Humboldt hin:

> »Keiner denkt bei dem Wort gerade und genau das, was der andre, und die noch so kleine Verschiedenheit zittert, wie ein Kreis im Wasser, durch die ganze Sprache fort. Alles Verstehen ist von daher immer zugleich ein Nicht-Verstehen, alle Uebereinstimmung in Gedanken und Gefühlen zugleich ein Auseinandergehen« (von Humboldt 1836/1907, S. 64).

Aber eben diese Ambivalenz von Verstehen und Nicht-Verstehen ist die Voraussetzung für die Emergenz neuer Ideen im Dialog. Sinn wird fortwährend erzeugt und transformiert durch den unvorhersagbaren Prozess des Sprechens und des Antwortens, der Antwort auf die Antwort, und so fort. Aus den Nuancen von Austausch, Verständigung, Fehlschlägen und Korrekturen entwickelt sich ein neuer Sinn, nicht in den Köpfen von jeweils einem der Beteiligten, sondern aus dem »Zwischen«, das beide übergreift.

Daniel Stern (2005) hat diesen Prozess in der Psychotherapie untersucht und dabei die »Gegenwartsmomente« als besondere Wendepunkte hervorgehoben, in denen plötzlich, durch eine Geste, eine unerwartete Reaktion oder auch ein Missverständnis ein gemeinsamer Sinn, eine gemeinsame Erfahrung entsteht, die beide Partner zu einer neuen Stufe der Interaktion führt. Solche »Jetzt-Momente« enthalten *in nuce* zentrale Themen der Beziehung: Innerhalb weniger Sekunden stellen und entscheiden sich grundlegende Vertrauensfragen, werden bleibende Veränderungen angebahnt, glücken oder missglücken Therapien. Oft bleiben diese äußerlich vielleicht unscheinbar wirkenden Momente den Patienten noch Jahre später bewusst, als Wendepunkte in der Therapie und in ihrem Leben.

In diesen flüchtigen und kostbaren Gegenwartsmomenten begegnen wir nun am Ende wieder dem *Kairós*, dem Gott des rechten Augenblicks, der aber hier nicht aufgrund günstiger äußerer Konstellationen erscheint, sondern aus dem Zwischen der Beziehung auftaucht: aus der Begegnung zweier Menschen mit all ihren Erwartungen, Wünschen und Erfahrungen, ihren Hoffnungen und Ängsten, ja ihren Lebensgeschichten, die sich zu einem Moment verdichten – zu einem gemeinsamen *status nascendi*, aus dem das Neue entsteht.

Literatur

Arendt, H. (1986): *Elemente und Ursprünge totaler Herrschaft. Antisemitismus, Imperialismus, totale Herrschaft*, München, Zürich: Piper.
Fuchs, T. (2008): »Das Bild als Spiegel. Phänomenologische Überlegungen zur Kunsttherapie«, in: Martius, P., Spreti, F. v., Henningsen, P. (Hg.), *Kunsttherapie bei psychosomatischen Störungen*, München: Elsevier, S. 27-32.
Fuchs, T. (2012): »The phenomenology and development of social perspectives«, in: *Phenomenology and the Cognitive Sciences* (online-first).
Fuchs, T., De Jaegher, H. (2009): »Enactive Intersubjectivity: Participatory sense-making and mutual incorporation«, in: *Phenomenology and the Cognitive Sciences* 8, S. 465-486.
Holm-Hadulla, R. M. (2005): *Kreativität. Konzept und Lebensstil*, Göttingen: Vandenhoeck & Ruprecht.
Humboldt, W. v. (1907): »Einleitung zum Kawi-Werk«, in: *Gesammelte Schriften*, hg. von A. Leitzmann, Bd. 7.1., Berlin: Behr.
James, W. (1997): *Die Vielfalt religiöser Erfahrung*, Frankfurt: Insel.
Kleist, H. v. (1964): »Über die allmähliche Verfertigung der Gedanken beim Reden«, in: *Sämtliche Werke*, hg. von P. Stampf, Berlin, Darmstadt, Wien: Deutsche Buchgemeinschaft, S. 1032-1037.
Kuhn, T. S. (1976): *Die Struktur wissenschaftlicher Revolutionen*, Frankfurt: Suhrkamp.
Schilpp, P. A. (Hg.) (1949): »Albert Einstein: Philosopher-Scientist«, *Library of Living Philosophers*, Volume VII, London: Cambridge University Press.
Pico della Mirandola, G. (1990): *De hominis dignitate. Über die Würde des Menschen*; hg. von A. Buck, Hamburg: Meiner (Original: 1496).
Seckel, A. (2004): *Optische Illusionen*, Wien: Tosa, S. 19.
Stern, D. N. (2005): *Der Gegenwartsmoment: Veränderungsprozesse in Psychoanalyse, Psychotherapie und Alltag*, Frankfurt a. M.: Brandes & Apsel.
Tomasello, M. (2002): *Die kulturelle Entwicklung des menschlichen Denkens. Zur Evolution der Kognition*, Darmstadt: Wissenschaftliche Buchgesellschaft.

Vygotsky, L. S. (1978): *Mind in Society*, Cambridge, MA: Harvard University Press.
Wallas, G. (1926): *Art of Thought*, C.A. Watts & Co., London.

Wolf Dieter Enkelmann
Who Wants Yesterday's Papers?
Zur Philosophie des Neuen

»Kinder! Macht Neues! Neues! Und abermals Neues! Hängt Ihr Euch an's Alte, so holt Euch der Teufel der Inproduktivität,« schrieb Richard Wagner im Jahre 1852 in einem Brief an Friedrich Liszt, der Sohn gewissermaßen an die Vätergeneration. Wie groß ist die Hoffnung und wie tief die Verzweiflung, wie abgründig ist der Schrecken und wie verwegen der Übermut, der hier so fröhlich die Feder führte? Macht Neues: Man kann vieles machen. Es kann einer ein Steak braten, beim Fußball ein Foul begehen oder ein Auto reparieren. Aber etwas Neues kann man nicht *machen*. Entsteht etwas Neues, dann ist das immer kontingent, spekulativ, ein Stück Anarchie. Es geht nur über einen Umweg. Man macht etwas, was auch immer, und dann kommt unversehens oder möglicherweise auch wie gewünscht etwas Neues dabei heraus. Aber genau das, was man sich wünschte, ist es nie.

»Who wants yesterday's papers«, texteten 1967 die Rolling Stones. Nichts ist so alt wie die Zeitung von gestern. Nichts ist so vergänglich wie das Neue. Das ist die Kehrseite der Innovationen. Nichts lässt so viel so schnell veralten wie der Fortschritt. Einen größeren Einfluss auf die Wirklichkeit hatte die Vergänglichkeit nie – wäre es nicht vor allem auch sie selbst, die darüber fortwährend vergeht.

Wir leben, so sagt es die Epochengeschichtsschreibung, in der Neuzeit, und zwar nun schon seit Jahrhunderten. So neu also ist das Neue nicht mehr. Neu wäre eher, gäbe es plötzlich nichts Neues mehr. Wir sollten also eigentlich wissen, was *das Neue* ist und wie es in die Welt kommt. Oder kann man das gar nicht wissen? Solange es nicht da ist, kennen wir es nicht, und wenn wir es erkennen, ist es so neu schon nicht mehr.

Wie dem auch sei, Unternehmen brauchen Innovationen. Das wirtschaftliche Wachstum und unser Wohlstand hängen davon ab – in der Sphäre der Kunst wurde über die letzten Jahrzehnte immer wieder Mal das Ende des Avantgardismus ausgerufen. Was aber würde aus den *Museums of Contemporary Art*, wenn sich dort nur noch bereits Bekanntes mehrte, das Immergleiche? Indes, sind wir da nicht bereits? Überrascht uns noch wirklich, was wir da sehen? Haben wir uns nicht an das Ungewöhnliche schon längst gewöhnt? – In der Politik, da gibt es nur immer *neue* Probleme, bis zum Überdruss, die gelöst werden müssen. Politische Utopien sind abgemeldet. Was bleibt, ist ein ewiger Reparaturbetrieb. Wie sollten wir da nicht politikverdrossen werden?

Aber, nach dem Selbstverständnis der Ingenieure kommt Neues ja sowieso nur durch ihre Kunst und den technisch-wissenschaftlichen Fortschritt in die Welt. Werden wir aber je wieder so fasziniert vor dem Fernseher sitzen wie damals, als zum ersten Mal ein Mensch auf dem Mond herumspazierte? Mal abgesehen von den Technik-Euphorikern, die alljährlich in Long Beach auf den TED-Conferences ihre *Science Fictions* und ihren entfesselten Optimismus feiern – überrascht uns wirklich noch, was uns von dieser Seite an neuesten Errungenschaften vorgeführt wird? Es ist halt wieder nur Technik. Technik gibt's nur als technischen Fortschritt. Das wissen wir schon. Auch bahnbrechende Neuerungen kommen da nicht unerwartet. – *Dem Ingeniör ist nichts zu schwör*, endlich kann er auch Stuttgart von den umständlichen Bahnlinien in den Talkessel der Stadt befreien, doch die Stuttgarter wollen es nicht. Sie bezweifeln den Nutzen, wie viele andere auch machen sie die Gegenrechnung auf. Sind es reaktionäre Fortschrittsfeinde und Verächter des Neuen? Oder treibt sie die Begierige nach etwas, was die Welt mal wirklich noch nicht gesehen hat? – Nach dem neuesten Bericht des *Club of Rome* über die Entwicklungsperspektiven der Welt könnten wir uns aber eigentlich auch gleich aufhängen.

Das *Neue* ist irgendwie alt geworden. Ist es noch etwas, wofür wir uns begeistern können und worauf wir uns freuen dürfen? Mehr als das erscheint es als Zwangsnotwendigkeit der Existenzsicherung des Systems, in dem wir leben, auf das wir angewiesen sind und ohne das wir uns ein Leben, ohne das wir uns *uns* gar nicht mehr vorstellen können. Es muss uns einfach etwas einfallen. Und immer schneller dreht sich das Rad. Wir dürfen den Anschluss nicht verlieren, wir dürfen unseren Vorsprung nicht einbüßen. – Wenn da nur nicht die Langeweile wäre. Wenn es nun gar nichts Neues mehr gäbe, ohne unsere breit aufgestellte Unterhaltungs- und Infotainmentindustrie – langweilten wir uns da nicht zu Tode?

Nun, wir leben nun mal in der *Neuzeit*. Und offenbar gibt es da kein Entkommen. Manche sehen uns in der *Spätneuzeit*. Demnach ginge da dann doch etwas zu Ende. Oder ist es sogar schon geschehen? Vor Jahrzehnten bereits wurde die *Postmoderne* ausgerufen. Aber diese *Nachneuzeit* ist inzwischen auch schon alt. Und ein wirklich epochaler Bruch hat sich kaum eingestellt. Im Wesentlichen war sie ein ästhetisches Phänomen, nur eine Art Lebensgefühl, eine Modifikation der Moderne. Sie blieb ja auch dem Namen nach referentiell an die *Neuzeit* gebunden. Nur die Differenz zwischen Neu und Alt wird mit ihrem *Anything goes* ziemlich belanglos.

So ließe sich denn die Postmoderne, die Nachneuzeit, als die Zeit sehen, in der die Neuzeit sich in den Stillstand eines Altersstarrsinns manövriert hat: Das Neue dient dem Zweck, dass nichts Neues mehr passiert. Die Erneuerung ist die Methode, dass alles beim Alten bleibt. Systemerhaltung. Also: *Endzeit*, Ende der Geschichte, wie es Francis Fukuyama bereits 1992 ausgerufen hatte. Wenn wir noch wirklich etwas Neues erleben wollen, dann sollten wir uns statt in Optimierungstechniken des Fortschritts wohl eher in der *ars moriendi* üben.

Was bliebe uns sonst noch? *Unzeit*? Doch wäre das nicht bereits jenes Alter, das sich starrsinnig sein Alter nicht eingesteht und sich dem, was ihm bevorsteht, nicht stellen will? Zeit der Unzeit, die gibt es auch schon. Von der Weltzeit – »verweile doch, oh Augenblick, du bist so schön« – degeneriert die Zeit zu einer Eigenschaft, zur vierten Dimension des Weltraumes. Zeit, nur vermittels einer Raumvorstellung noch zu fassen. Statt Zeitraum *Raumzeit*. Die Astrophysik führt es exemplarisch vor (vgl. Hawking 1988), pars pro toto für die prinzipielle Weltvergegenständlichung der naturwissenschaftlichen Rationalität überhaupt, in der es keine Schmerzen mehr gibt oder sie zumindest nichts zählen. Denn Schmerz braucht Zeit, wie Lust. So jedenfalls Nietzsche: »Alle Lust will Ewigkeit – will tiefe, tiefe Ewigkeit« (Z III, S. 286).

Also vielleicht doch lieber *Altzeit*. Wir werden immer älter, die Überalterung der Gesellschaft erregt die Bedenken der Sozialpolitiker. Wir sind alt geworden. Nur, die Altzeit hatten wir auch schon. Wir haben das Pferd ja von hinten her aufgezäumt: Vom *Altertum* über das *Mittelalter* in die *Neuzeit*. Wie Krebse laufen wir rückwärts. Nur wussten wir das nicht, früher, weil ja erst wir uns heute diese Bezeichnungen haben einfallen lassen. Keiner hat je selbst im Mittelalter gelebt und auch keiner im Altertum.

Wo, wann haben sie einst stattdessen gelebt? Ohne das moderne historische Bewusstsein unserer Zeit lebten sie im Mittelalter etwa wohl in *ihrer* Zeit als einfach *der* Zeit. Wenn auch in Erwartung der Wiederkunft Christi, in Erwartung der Apokalypse, des Endes aller Zeit, vor allem dieses Jammertals der Vergänglichkeit, die das gewonnene Leben und auch alles andere, wozu man es je gebracht hatte, über kurz oder lang unweigerlich wieder dahinraffen würde. Darauf freuten sie sich. Oder sie fürchteten es, wenn sie das Jüngste Gericht meinten fürchten zu müssen.

Und was kam? Die *Neuzeit*. Tatsächlich etwas Neues, wenn auch wohl nicht das, was man sich erwartet hatte. Und wie kam es? Durch eine Rückkehr ins Davor, durch die Renaissance, durch die Wiedererinnerung und Reformulierung der Antike. Also zurück nach vorn, übers und durchs Alte ins Neue, aus Alt mach Neu. Und so ist in der Tat etwas Entscheidendes vom Alten wiederauferstanden. Was ein für allemal vergangen geglaubt wurde, war wieder da. Aber auch noch etwas anderes, was es so noch nie gegeben hatte, kam dann noch dazu. Naturwissenschaft, Technik, industrielle Revolution, Kapitalismus.

Und das vorchristliche Altertum, die Antike selbst? Die sah sich auch bereits auf einem völlig neuen Weg. Freiheit, Demokratie, Philosophie – die Antike: Ihrerseits auch schon eine neue Zeit. Als Solon, der athenische Gesetzgeber, nach Ägypten gereist war, hatte er sich dort, so erzählt es Platon, sagen lassen müssen: »Ihr Hellenen seid doch immer Kinder, einen hellenischen Greis gibt es nicht. [...] Jugendlich seid ihr alle [...] in euren Seelen; denn ihr hegt in ihnen keinerlei alte, auf altertümliche Überlieferung gegründete Meinung noch durch die Zeit ergrautes Wissen« (Timaios 22b).
Was die Ägypter in Erstaunen versetzte, war den Griechen selbst allemal klar. Aristoteles erachtete frech die Perser allesamt, vom Großkönig dieses Riesenreiches bis zum letzten Nachtwächter, als Sklaven, wobei er besonders an das Verhältnis zwischen Mann und Frau dachte. Sie kannten, so sah er das, die Freiheit, das seiner Meinung nach »von Natur aus Herrschende« (Pol I 2, 1252b) nicht. Weswegen, so Aristoteles weiter, die Perser auch von den Griechen beherrscht gehörten.
Die Perser sahen das natürlich anders, zwangsläufig. Denn sie hatten in ihrer Sprache gar kein Wort für die Freiheit und also auch kein Gefühl für den Unterschied zwischen Freiheit und Unfreiheit. Entsprechend hatten sie auch keine Sklaven, sowenig sie selbst nach eigener Wahrnehmung unter der Sklaverei litten, die ihnen die Griechen unterstellten. Anders als viele der Sklaven in der Freistadt Athen. Aber die Griechen hatten sich, diesen Unterschied auch einzulösen, immerhin programmatisch auf die Agenda geschrieben, und heute ist er ein Weltthema.

Was bedeutet diese Freiheit, die die Welt noch nicht gesehen hatte? Für Platon verkörpert sie sich in der Selbstbewegung der Seele. Freiheit ist die Kunst eines Anfangens, das selbst keinen Anfang hat (vgl. Phaidros 245 c, d). Das Anfangen lässt sich folglich nicht als kausale Folge, als Ableitung oder Fortsetzung seiner Vorgeschichte erklären. Freiheit heißt also, sich darauf zu verstehen, Kausalketten zu sprengen und aus den genealogischen Mechanismen der Reproduktion auszubrechen.
Zunächst einmal zieht Platon damit nur eine simple logische Schlussfolgerung. Denn hätte der Anfang seinerseits einen Anfang, dann wäre er bereits selbst etwas Angefangenes, also im strengen Sinn kein Anfang. Aber es geht ihm natürlich nicht um so einen logischen Taschenspielertrick, sondern um das echte Anfangen, um eine echte Produktion, genauer sogar um die Produktion von Produktion. Wie aber geht das?
Einerseits ist jede Besinnung auf den Anfang notwendigerweise eine rückwärtsgewandte, eine anamnetische Bewegung. Denn in dem Moment, in dem wir uns auch nur bemerken, haben wir immer schon angefangen. Es geht nun aber nicht nur darum, sich zu erinnern, was war und womit das einmal seinen Anfang genommen hat. Es geht darum, dieses Anfangen als solches aufzurufen und gegenwärtig geschehen zu

machen. Man muss sich also gewissermaßen selbst zuvor und in den Rücken seiner selbst kommen. Und das geht nur auf eine Weise, nämlich spekulativ, in einer Art Wette auf die eigene Zukunft. Dann hat man sich vor sich, statt alles hinter sich. Um das noch etwas genauer zu bestimmen: Den Anfang, wie Platon ihn definiert, hat Jacques Derrida in einen anderen Begriff übersetzt, nämlich in eine Gabe, die es nicht und gerade so aber doch gibt (vgl. Enkelmann 2010). Und das lässt sich auf Platons Anfang rückübersetzen. Wenn sich das Anfangen nämlich nicht von irgendeiner Vorgeschichte ableitet, dann ist es selbst auch nicht vorgegeben, also irgendetwas, was es als solches gibt, worauf man zurückgreifen könnte, um mal eben darüber zu verfügen. Das Anfangen ergibt sich vielmehr rein aus der Spekulation auf die Möglichkeit, dass es geschehen kann.

Auf diese Weise nimmt nach Platon etwas seinen Anfang, was es noch nie gegeben hat. Und das erst ist nach Platon Handlungs- und Entscheidungsfreiheit, nicht also das bloße Wählen, ein *rational choice* zwischen verschiedenen je schon vorhandenen Alternativen. Mit Derrida gedacht heißt das: Hören wir auf, endlich herausfinden zu wollen, was möglich ist. »Beginnen wir mit dem Unmöglichen« (1993, S. 15).

Warum aber hebt Aristoteles bei seiner Unterstellung persischer Unfreiheit speziell das Verhältnis zwischen Mann und Frau hervor? Nun, die Antwort ist zunächst relativ einfach. Das persische Reich war dynastisch begründet und gebunden. Beide Geschlechter empfingen ihre Identität und Würde durch die Erfüllung ihrer Funktion in der Gattungsreproduktion. Die Frauen sind dann entweder Mütter oder Huren. Und der persische Großkönig konnte so viel Macht haben, wie er wollte, er war Leibeigener seiner Dynastie, an deren Erhaltung und Reproduktion seine ganze Legitimation hing. Die Griechen kannten das auch. Homers Helden etwa bezogen ihre Existenz- und Handlungsberechtigung allesamt aus ihrer familiären Abkunft. Und wir kennen das ähnlich aus der Geschichte der europäischen Aristokratie.

Der Eros des sinnlichen Begehrens ist also funktional gebunden an diesen dynastischen Zweck und wird dann auch entsprechend streng kontrolliert und bewirtschaftet. Siehe die Ehrenmorde, die hierzulande immer wieder für Aufsehen sorgen. Aber auch die Geschichte Europas begann mit einer allumfassenden und inzestuösen olympischen Götterfamilie, außerhalb derer es keinen Platz zum Leben gab. Alles Werden derart in einen familiär geschlossenen Naturzusammenhang eingebunden zu sehen, ist eigentlich auch naheliegend. Erstaunlich ist eher, dass man das überhaupt hat sprengen können. Noch heute kann man sich zwar auch jenseits der Familie seinen Platz in der Welt suchen, entkommt aber dennoch seiner an- und eingeborenen Abstammung nicht. Entsprechend kommt es sogar in stabilen Demokratien immer wieder zu Kämpfen um die Vormachtstellung zwischen *Family Worthes* und dem anonymen Prinzip der Rechtsstaatlichkeit.

Aristoteles hebt also in seinem harten Urteil über die Perser das Geschlechtsverhältnis deshalb besonders hervor, weil er weiß: Die Freiheit nimmt in der Entbindung des Begehrens aus der familiären Leibeigenschaft des Lebens ihren Anfang, oder sie geht – gemeinsam mit der Individualität – in der Geschlechts*vereinigung* unter. Entsprechend lebt die *polis* von der Kraft individueller Lebensentwürfe und von der *philia*, der Freundschaft als Gemeinschaft einander Fremder. Im *oikos* hingegen, im familiären Haushalt des persischen Großreiches, aber üblicherweise etwa auch auf dem Dorf oder auch in den Familienbetrieben innerhalb der *polis* ist das Verwandtschaftsgefühl das tragende soziale Element. In der *polis* regiert die Differenz, die Heterogenität, im *oikos* die Einheit, die Homogenität. Ein moderner Begriff dafür ist die *Corporate Identity*.

Der imperiale Anspruch gegenüber den Persern, den »Barbaren«, der sich für Aristoteles aus dem zivilisatorischen Fortschritt der Griechen quasi automatisch ergibt und ihm völlig rechtens erscheint, mutet nun aus heutiger Sicht ziemlich fragwürdig an. Angesichts des unsäglichen Unheils, das dergleichen zwischenzeitlich angerichtet hat. Dennoch, es ist an Aristoteles' Urteil etwas Wahres dran. Und es betrifft einen wichtigen Aspekt der Frage, wie Neues in die Welt kommt. Es gibt Zustände, an denen ist weder mit guten Worten noch mit guten Taten etwas zu ändern. Es kann im Leben, von dem keiner wissen will, dass es das falsche ist, zu einer Begriffsstutzigkeit, zu einer Inkommensurabilität von Denkungsarten und Lebenseinstellungen kommen, die jede Bewegung zum Erliegen bringt. Das Verhältnis zwischen Persern und Griechen ist dafür ein paradigmatisches Exempel.

Aber natürlich ließen sich auch in der Gegenwart genügend Beispiele finden, woran sich die nächste Revolution entzünden könnte. Wo die Lage derart verfahren ist, dass es nur noch Sprachlosigkeit, Lüge, Abwehr und Selbstbehauptung gibt, wo die Kräfte der Beharrung alles derart fest im Griff haben, dass jede Abweichung mit Exkommunikation bestraft wird, da kommt das Ende dann irgendwann einmal immer schicksalhaft und mit Gewalt. Und dann darf man sich wahrscheinlich tatsächlich glücklich schätzen, wenn es ein so barmherziges Schicksal ist, das über einen kommt, wie es die griechische Kultur den Persern bereitet hat. Es gibt viel Schlimmeres, Endgültigeres. Von dem, was schon geschehen ist, als Deutsche zu einem solchen Schicksal wurden, gar nicht zu reden.

Unerachtet dieser Überlegungen sah Aristoteles aber schlicht auch eine Unvermeidlichkeit darin, dass sich das »von Natur aus Herrschende« in der Welt durchsetzt, nachdem es einmal erschlossen war. Und die

WHO WANTS YESTERDAY'S PAPERS?

Geschichte gibt ihm allem Anschein nach Recht. Wenn Europa heute wider politischen Imperialismus, kulturellen Chauvinismus und mentalen Eurozentrismus und für weltweite Gleichberechtigung, nationale Souveränität und individuelle Freiheitsrechte eintritt, dann wird gerade so eine ureuropäische Idee zur globalen Weltordnung verallgemeinert.

Mit der *Entbindung* und Freigabe des Begehrens und Wünschens aus dem Bann der Reproduktion ändert sich alles. Denn das Wünschen hat ja an sich zunächst einmal die unglaubliche Eigenschaft, an absolut nichts gebunden zu sein. Nicht einmal der Gesamtbestand dessen, was es alles gibt und dessen man habhaft werden könnte, oder dessen, was alles möglich wäre, setzt ihm eine Grenze. Es ist ohne weiteres möglich, auch Unmögliches zu begehren. Das Wünschen schert sich weder um weltliche Machthaber, noch um Naturgesetze, noch um sonst eine Form des Wissens darum, was alles nicht machbar und niemals zu erreichen ist.

Aber wie funktioniert das? Wie wird aus womöglich unmöglichen Wünschen tatsächlich etwas? Nach Aristoteles verwirklicht der *polites*, der freie Bürger, das Potenzial der ihm eigenen Freiheit seines Wünschens als *zoon logon echon* (Pol I 2, 1253a). Nietzsche übersetzt dieses »Sprache habende Lebewesen« in ein »Thier, das versprechen darf« (G.d.M. II 1) und meint damit ebenfalls das souveräne und freigewordene Individuum. Im Versprechen wird die Produktivkraft, die in der Sprache liegt, mobilisiert. Es ist das Medium der Ermöglichung sogar des Unmöglichsten. Zugleich ist es die Methode, in der sich das Wünschen selbst seine Verwirklichungschance schafft.

Sein Wort zu geben und sich beim Wort nehmen zu lassen, das ist es, worauf es nach Aristoteles wie Nietzsche ankommt. Je mutiger man es wagt, sich von sich etwas zu versprechen, und anderen erlaubt, von einem etwas zu erwarten, um so weitreichender die Folgen. Je verwegener man sich also dazu entschließen kann, sich bei seiner Zukunft zu verschulden, desto mehr kann man auch erreichen. Alles Anfangen fängt mit einem derartigen Kreditverhältnis einer zumindest innerlichen Gläubiger-Schuldner-Beziehung an. Nietzsche nannte sie deshalb aus gutem Grund das ursprüngliche Personenverhältnis, das ein Individuum erst zu demjenigen werden lässt, der es ist.

»Cogito ergo sum«, heißt das bei Descartes: So, wie ich mich ausdenke, bin ich. Das ist die nämliche kreditorische Spekulation auf eine Möglichkeit, die allein dadurch eintritt, dass sie gewagt wird. – Wo derart die Freiheit etabliert ist, wo sich Menschen in dieser Art und Weise spekulativ offen mit sich und anderen *befreunden* (vgl. Enkelmann 2008), ist die Welt vor dem Neuen nicht mehr zu retten.

Für Aristoteles verkörperte diesen Typus idealiter der Glücksritter, der sich erfolgreich auf die *theoria* einlässt, auf den riskanten Irrsinn eines gegenstandslosen, aber deshalb umso fruchtbareren Denkens. Für Nietzsche war es der Künstler, der etwas nie zuvor Gesehenes, etwas Unerhörtes, etwas völlig Unvorstellbares und Undenkbares hervor und zur Erscheinung bringt. So oder so sind das aber dann die gewissermaßen ewigen Wahrheiten, die so entstehen, jedenfalls etwas wahrhaft Einzigartiges, Unwiederholbares, Unüberbietbares, etwas ein für alle Mal Gemachtes, was dann, so scheint es, auch durch nichts und niemanden mehr aus der Welt zu schaffen ist.

Es kann wohl nur, wo es das Wünschen gibt, auch etwas als etwas Neues kenntlich werden. Denn, Neues auch neu zu nennen, ist ein Urteil. Und das gibt es nur, wo etwas entweder gewollt und befürwortet oder abgelehnt und verworfen wird. So gesehen ist das Neue in irgendeiner Weise immer auch Menschenwerk. Wenn nun Aristoteles die Freiheit das »von Natur aus Herrschende« nennt, dann meint das: Von *ihrer* Natur aus und nicht bedingt durch einen natürlichen Determinismus. Was aber heißt das dann für den Begriff der Natur als solchen, für die Natur der Welt?

Wie kommt Neues in die Welt? Könnte man aber nicht auch genau umgekehrt fragen? Müsste man das nicht sogar? Denn wir setzen ja dabei, dass es die Neuigkeit als solche überhaupt gibt, sie je schon als etwas voraus, worauf wir spekulieren können. In der Zeit, in der wir davon nichts wussten, war das aber noch ganz undenkbar und unmöglich.

Daher stellt sich etwa für Platon die Frage, wie kommt Neues in die Welt, kosmologisch. Sie dreht sich um: Wie kommt die Welt – ja wohin? Ins Neue, in ein Dasein, wo es und wie es zuvor keines gab, zu einer Gestalt, die es nicht nur nicht gab, sondern die zudem völlig undenkbar war. Platon ging davon aus, dass die Welt nicht ewigwährend je immer schon da war. Wäre das der Fall, gäbe es sowieso nichts Neues. Alles wäre damit auf ewig festgelegt. Hätte die Welt keinen Anfang, gäbe es auch in der Welt kein Anfangen, keine Freiheit. Allerdings stellte sich dann aber allemal die Frage, wie die Welt zu dieser unglücklichen Verfassung gekommen ist.

Sie hat also nach Platon irgendwodurch ihren Anfang genommen. Und zwar, wen wunderte das jetzt noch, ebenfalls bereits – statt durch einen unbegreiflichen Urknall – durch das *von Natur aus Herrschende*, von dem Aristoteles spricht. Es ist die Freiheit des Begehrens, in dem der Anfang liegt. Platon führt den Weltaufgang auf den Eros, für ihn ein Gott, zurück. Und warum ließ er eine Welt aufgehen? Aus einem grundlosen Grund. Weil er begehrte, zur und zu Welt zu kommen, ohne schon zu kennen, was er begehrte. Das nahm erst langsam in seinem Wünschen Gestalt an. Besser wusste er schon, was er nicht wollte (vgl. Timaios 28a-29b).

Dieses Begehren, das am Anfang von allem steht, was überhaupt je entsteht, will natürlich nicht nur etwas haben und in seine Verfügungsgewalt bringen. Es will etwas werden lassen, es will etwas erreichen. Man muss es ohne jeden Zweifel als eigennützig bezeichnen. Es ist so das Begehren eines *homo* oder eines *deus oeconomicus*. Allerdings dreht sich für ihn nicht alles nur darum, wie er seinen Schnitt machen und seiner Selbstbehauptung möglichst geschmeidig und üppig nütze sein kann. Über solch bescheidene, ängstliche Wünsche geht sein Begehren auf das Maßloseste hinaus. Dass davon dann notwendigerweise auch andere etwas haben, ob sie es nun wollen oder nicht, hält ihn nicht ab. Götter sind nicht missgünstig (Timaios 29e). Entsprechend schuldet sich die *wahre* Welt, wie Platon sie sieht, weder ihrem Gott, noch ist sie in eine ewig währende Bedürftigkeit gefesselt. Sie ist so gestaltet, dass sie, so Platon, imstande ist, sich durch sich, durch ihr eigenes Schwinden selbst zu nähren und in Freundschaft mit sich zusammenzukommen (Timaios 33c, 34b). Soweit der Platonische Mythos vom Entstehen des Neuen.

So mögen auch wir über das Neue nur spekulieren, so wir uns auch darüber freuen können. Es gibt auch neue Verluste, Opfer der Vergänglichkeit. Es fiele uns aber nicht ein, das dann etwas Neues zu nennen. Nicht, wie kommt das Neue in die Welt, ist möglicherweise die akute Frage der Gegenwart, sondern, wie kommt wieder Welt ins Neue, wie kommt es nicht nur zu immer wieder neuen Gebrauchs- und Nutzwerten, zu brauchbaren Menschen, zu Nützlingen für Zwecke, die sich immer mehr hinter jeden Horizont verflüchtigen.

Erstens also: Die Welt als das wahrhaft Unmögliche zu begreifen, ist der wahre Realismus und die einzige Weise, ihrem Wesen gerecht zu werden.

Zweitens: Die Welt ist nach Platon nur als eine wünschenswerte, freie und schöne, als eine gewollte zu begreifen. Sie, wie er es tut, auf das Begehren als ihren Ursprung zurückzuführen, ist natürlich ein Rückschluss aus dieser Wesensart, die er ihr unterstellt. Aber die Welt lässt sich nun mal nur auf sich selbst zurückführen, das heißt: aus dem ihr immanenten Wunsch nach ihr. Aus dieser *contingentia mundi* gibt es kein Entkommen. Die Welt dient keinem Zweck. Sie ist nicht notwendig. Sie ist völlig überflüssig. Wie das Glück, das braucht auch keiner, will aber jeder.

Und drittens: Das Neue gründet damit grundsätzlich im Politischen, in Willensbildung. Auch zum Beispiel technische Innovation basiert nicht einfach in sich selbst, sondern in geschichtlichen, das heißt politischen Voraussetzungen. Alles, was neu begonnen wird und neu entsteht, gründet in der Freiheit des Begehrens. Nur aus der Besinnung darauf entsteht eine neue Zeit, und zwar revolutionär, als Drama der großen Verwandlung in der »Aufhebung der Ökonomie« opportunistischer Anpassung um eigener oder kollektiver Selbstbehauptung willen (Bataille 2001).

Literatur

Aristoteles (1973): *Politik* (Pol), übers. u. hg. v. O. Gigon, München: dtv.
Bataille, G.(2001): *Die Aufhebung der Ökonomie*, München: Matthes & Seitz.
Derrida, J. (1993): *Falschgeld. Zeit geben I*, München: Wilhelm Fink.
Enkelmann, W.D. (2008): *Die Philosophie der Freundschaft – von Aristoteles bis Jacques Derrida. Produktivkraft und ökonomische Relevanz einer ethischen Kategorie*, www.dgphil2008/fileadmin/download/Sektionsbeiträge/ 09-2_Enkelmann.pdf
Enkelmann, W.D. (2010): *Beginnen wir mit dem Unmöglichen. Jacques Derrida, Ressourcen und der Ursprung der Ökonomie*, Marburg: Metropolis.
Fukuyama, F. (1993): *The End of History and the Last Man*, New York: Harper Perennial.
Hawking, S. (1988): *Eine kurze Geschichte der Zeit. Die Suche nach der Urkraft des Universums*, Reinbek: Rowohlt.
Nietzsche, F. (1980): »Zur Genealogie der Moral. Eine Streitschrift« (GdM), in: *Sämtliche Werke. Kritische Studienausgabe in 15 Bdn.*, Bd. 5, hg. v. G. Colli u. M. Montinari, München, Berlin, N.Y: de Gruyter/dtv.
Nietzsche F. (1980): »Also sprach Zarathustra« (Z), in: *Sämtliche Werke. Kritische Studienausgabe in 15 Bdn.*, Bd. 4, hg. v. G. Colli u. M. Montinari, München, Berlin, N.Y.: de Gruyter/dtv.
Platon (1981), »Phaidros«, in: *Werke*, Bd. 5, übers. v. F. Schleiermacher u. D. Kurz, Darmstadt: Wissenschaftliche Buchgesellschaft.
Platon (1972), »Timaios«, in: *Werke*, Bd. 7, übers. v. H. Müller u. F. Schleiermacher, Darmstadt: Wissenschaftliche Buchgesellschaft.

Hans Ulrich Reck
Tücken mit dem Neuen

Betrachtungen zu einem Topos in/zwischen Künsten und Wissenschaften

1. Neuschöpfung: Innovation als Krise in den Wissenschaften, Normalzustand in den Künsten

Lange richtete sich der wissenschaftliche Erkenntnisprozess am aristotelischen Ideal aus: Die Wissenschaften sollten zu einem unrevidierbaren, definitiven Wissen führen. Das Ziel bestand darin, Klarheit mittels wissenschaftlicher Rationalität ohne Ausnahme, ohne einen verbleibenden Rest oder eine offene Leerstelle zu gewinnen. Im Zuge der Moderne tritt an die Stelle des wissenschaftlichen Erkennens jedoch zunehmend ein empirisches, also induktiv erschlossenes Erfahrungswissen. Es ist die Leistung von David Hume nachgewiesen zu haben, dass die Wissenschaften zwar Induktion brauchen, aber nicht rational begründen können, was diese denn wirklich – ihrer Substanz und Eigentlichkeit nach – sei, und wie sie wahrheitstheoretisch gerechtfertigt werden kann. Die empirischen Wissenschaften gehen induktiv, aber nicht-rational vor.

Der Wissenschaftstheoretiker und -historiker Thomas Kuhn hat, unter nicht explizit gemachter Anlehnung an Arbeiten von Ludwik Fleck, in seinem epochemachenden Buch ›Die Struktur wissenschaftlicher Revolutionen‹ (1973) beschrieben, dass es ›normale‹ und ›anormale‹ Forschung gebe, gewöhnliche und außergewöhnliche. ›Normale‹ Forschung vollziehe sich in Kontinuität, außergewöhnliche Forschung bedürfe der außergewöhnlichen Mittel. Das außerordentliche, unvergleichlich starke Kreativitätspotential, das in der Grundlagenforschung zum Vorschein komme, beschreibt er als ›Ausdruck einer Paradigmenkrise‹. Es folgt als eine einfache Einsicht daraus, dass es sich nicht so verhalten kann, dass Innovation ein neues Paradigma durch Absichtssetzungen ausbildet. Ja, ein neues Paradigma kann sinnvollerweise überhaupt nicht angestrebt werden. Vielmehr gilt: Innerhalb des Wissenschaftsprozesses ist Innovation das Strukturmerkmal einer Krise, in der ein Paradigma nicht mehr funktioniert, und bestimmte Erkenntnisse nicht mehr mit anderen zu vereinbaren sind, oder gar neue Fakten überhaupt nicht als gesicherte anerkannt werden können. Es liegt also, meist über einen längeren Zeitraum, eine unbefriedigende Situation vor: Gesetze lassen sich nicht mehr aufrechterhalten, einzelne Tatsachen können weder mit Gesetzen noch mit Hypothesen auf der bisherigen Grundlage in Einklang gebracht werden. Normalerweise versucht man vehement, die neue Sachlage in die alte Struktur zu integrieren, was irgendwann ohne Verkrümmungen und Verkürzungen nicht mehr geht. Wissenschaft ist konsensuell und aus guten Gründen konservativ – im Unterschied zu den Künsten, die stets ein Neues suchen. Per se Neues gibt es in der Wissenschaft dagegen nicht, es ist als solches ungreifbar und gegenstandslos und interessiert schlicht niemanden. So lange es geht, hält man an einem bewährten Modell oder Leitbild fest.

Aber das heißt auch, dass man treu an vertrauten Gegenständen (Hypothesen, Gesetzen, Protokollsätzen, Fakten, Methoden etc.) festhält. Mehr als ein solches in einem bestimmten Forschermilieu oder von einer Fachrichtung geteiltes Leitbild oder methodisch gestütztes Handlungsmodell meint Paradigma zunächst nicht. Eine eher borniert Konservativität gehört dazu: Man tendiert zuweilen über alle Gebühr zu einer schleichenden Verdrängung der Einsicht, dass es beim Bisherigen nicht bleiben können wird. Wenn sich irgendwann eine theoretische Lösung aufdrängt oder die Faktenlage sich insoweit klärt, dass ein verändertes Beschreibungsmodell benutzt werden kann, erst dann wird die Errichtung eines neuen Modells möglich. Erst wenn wissenschaftliche Forderungen mittels Durchsetzung solcher Veränderung befriedigt werden müssen und auch können, erst dann kann man sagen, es habe sich ein neues Paradigma ergeben oder aufgedrängt.

Umgekehrt wissen wir aber auch, dass Innovation in der Kunst und Kreativität in beiden Feldern alles andere als eine Krise darstellten oder gar belegt, sondern vorerst nur einen bestimmten, gut etablierten Modus des Arbeitens. Das berechtigt, Grundlagenforschungen als Prozesse in Wissenschaft und Kunst parallel, analog, eventuell sogar identisch zu setzen. Ein neues Paradigma aber wirft, wenn es sich wissenschaftlich formulieren lässt, in keiner Weise alte Weltbilder insgesamt über Bord, sondern formt diese um, modifiziert sie, perspektiviert sie neu. Am Beispiel: Mit der Fraktalgeometrie oder der Chaostheorie treten keine Evidenz und auch kein Zwang auf, dass das mechanische Denken keine Funktion mehr hätte. Ganz ähnlich haben ja auch die Unschärferelation von Heisenberg oder die Quantenphysik nicht behauptet, dass alle vordem formulierten Gesetze außer Kraft gesetzt wären, sondern nur dass bestimmte Probleme und neu entdeckte Dimensionen existierten, die durch das alte Paradigma nicht mehr beantwortet, ja nicht einmal mehr bearbeitet werden könnten.

Entscheidend für Kuhns Paradigmentheorie ist die Unterscheidung von normaler und außergewöhnlicher, anormaler Wissenschaft. Normale Wissenschaftler bewegen sich gewöhnlich innerhalb von als ehern gültig betrachteten Gesetzen einer Tradition. Alles ist geregelt. Außerordentliche Wissenschaft beruht auf herkömmlich nicht mehr zu verarbeitenden Entdeckungen, die eine Durchbrechung bisheriger Grenzen provozieren, die zuvor nicht beachtet werden mussten, weil sie keinerlei

Problem darstellten bzw. gar nicht vorhanden waren. Kuhn redet auch von verschiedenen ›Paradigmen‹ (die Philosophie gehört im Übrigen nicht zu der Art von Wissenschaft, die er untersucht). Der Paradigmenbegriff, der schon seit längerem fälschlicherweise als ein Wahlbegriff verstanden wird, so dass zunehmend über anzustrebende Paradigmen etc. geredet wird, obwohl der Begriff doch physiognomisch-rekonstruktiv, sich auf Gegebenes und nicht Erhofftes, Vorhandenes und nicht erst Sich-ereignen-Werdendes bezieht, diesen Begriff entwickelt Kuhn (vgl. Kuhn 1973, S. 59) in expliziter Anlehnung an Wittgensteins Familienähnlichkeitskonzept, das Wittgenstein bei der Klärung seines Sprachspielbegriffs einführt und am Beispiel des Gebrauchs von »Spiel« erläutert. Die Gebrauchsweisen von »Spiel« (Kartenspiel, Tennisspiel, Schachspiel etc.) sind wie die Mitglieder einer Familie nur miteinander verwandt. Damit fasst Wittgenstein (PU § 66 ff.) den Tatbestand zusammen, dass es kein »Wesen«, kein Identitätskriterium gibt, das alle Spiele begrifflich umfasste. So wie es keine Klasse von Merkmalen gibt, deren Vorliegen notwendig und hinreichend dafür ist, »daß eine menschliche Tätigkeit als Spiel bezeichnet wird, kann man keine scharfe Definition des aristotelischen Physikers, des Newtonianers oder des Quantenphysikers geben« (Stegmüller 1987, S. 292). Es gibt in diesen Hinsichten nur Familienähnlichkeiten. Das Wort ›Theorie‹ vermeidet Kuhn deshalb, weil man darunter in den 1950er und 1960er Jahren eine formalisierte Theorie verstanden hat, die ohne Anerkennung des Primats der Logik nicht als ausreichend definiert gelten konnte. Zu einem Paradigma gehört eine gemeinsame, nach innen festgelegte, nach außen strikte unterscheidbare, intuitive Grundeinstellung der wesentlichen Protagonisten einer Forschungsgemeinschaft gegenüber einem traditionell abgrenzbaren Bereich von Phänomenen.

Ein Paradigma regelt, welche Fragen in der jeweiligen Forschungsgemeinschaft als wichtig und welche als irrelevant betrachtet werden können, welche Rangfolge Probleme haben und welche Lösungsmethoden als zulässig erachtet werden, weiter welche Hierarchien von Problem- und Lösungsbeschreibungen (nicht zuletzt auch im Hinblick auf die Verteilung der beruflichen Rollenkompetenzen) gültig sind, wobei das aktual Gültige perspektivisch immer auf ein andauerndes, tendenziell schwer oder gar nicht Veränderliches bezogen wird. Ein Paradigma ist prinzipiell jederzeit ausdrücklich (explizit) beschreibbar. Zumindest in der wissenschaftlichen Welt kann ein diesbezüglicher Anspruch von der Rationalitätsbehauptung nicht getrennt werden. Aber auch hier entfaltet ein Paradigma seine Kraft in der Regel in dem Ausmaß, in dem es intuitiv bleiben kann, so wie auch die Grundüberzeugungen der Forschungsprotagonisten nicht eigens begründet, kritisch diskutiert oder metatheoretisch legitimiert werden. Man sieht daran, dass ein Paradigma weit über den theoretischen Bereich hinaus seine Wirksamkeit entfaltet und auch das umschließt, was überhaupt wahrgenommen und beobachtet wird. Dass hier wie überhaupt in diesen Fällen Grundvoreingenommenheiten bestimmend sind (und zwar auf allen Niveaus der Niederungen innerhalb wie außerhalb der Wissenschaften), ist evident gerade für unterschiedliche Standpunkte oder Betrachterperspektiven: »Bei der Betrachtung eines an der Schnur hängenden und schwingenden Steines *sieht* der aristotelische Physiker einen gehemmten Fall, während Galilei denselben Vorgang *als eine Pendelbewegung* wahrnimmt« (ebd. S. 293). Das Paradigma konstituiert die in ihm interpretierten Phänomene mit. Die Phänomene sind nicht einfach oder unabhängig von ihm da, sondern werden zu Phänomenen im ›Lichte einer Theorie‹, als eine konstruierte Empirie also (vgl. Popper 1973). Kuhns These ist eine von der »Theoriebeladenheit aller Beobachtungen« (Stegmüller 1987, S. 294). Es gibt keine neutralen Beobachtungen, keine sprachsystem- oder zeichensystemunabhängigen Protokollsätze oder Basisdaten. Ein Sachverhalt muss schon von einem Paradigma mitkonstituiert sein. Die Initiierung einer neuen wissenschaftlichen Phase ist keine Frage von abstrakter oder allgemeiner Rationalität. Voraussetzung ist, dass Leistungen als genügend wichtig betrachtet werden, um eine beständige Gruppe von Anhängern für eine Theorie zu finden. Ohne diese kollektive Konfirmierung gibt es keine wissenschaftliche Rationalität. Diese begründet nicht den Wissenschaftsprozess, sondern, umgekehrt, geht aus diesem erst hervor. Daran schließen sich etliche Fragen an zum Thema eines ›Grenzfalls der Kunst‹: Sind dort reine Singularität, hermetische Epiphanie, Exklusivität einer einmaligen Vision etc. denkbar? Bedarf das singuläre Werk der Mitteilung an Andere respektive der Teilhabe durch Andere? Grundlagenspezifisch führen künstlerische Prozesse ebenfalls zur hier geschilderten Konzeption eines ›Paradigmas‹, da sie ihrer Natur nach, als Entwurf spekulativer Heuristik und offener Neugierde, stofflich von den selben Eigenschaften oder Bedingungen im Prozess der Grundlegung wissenschaftlichen Erkennens nicht strikt unterschieden werden können. Was sagt uns künstlerische Erfahrung hierzu – exemplarisch verstanden?

2. Betrachtungen zur Psychologie der künstlerischen Schöpfung mit Anton Ehrenzweig

Die provokativste Frage ist, wieso Künstler die Bedingungen und Konstituenten ihrer eigenen Arbeit nicht wissenschaftlich verstehen können oder wollen. Zudem ist es gerade für künstlerische Selbstwahrnehmung unabweisbar, dass auch Destruktionen im kreativen Prozess bestimmende, wesentliche Elemente sind, die ihre Geltung systematisch einfordern. In bedeutsamer Weise verklammert Anton Ehrenzweig in seinem bedeutenden Buch ›The hidden order of art‹ (1967) die beiden Sphären des Schöpferischen und des Destruktiven miteinander. Die Selbstwahrnehmung künstlerischer Erzeugung, also Poiesis oder Kreativität, gelingt nicht ohne Anerkennung grundlegender Parzellierung, Fragmentierung oder Abspaltung.

Ehrenzweig betrachtet den ›künstlerischen Stoffwechsel‹ (Metabolismus) als Moment einer permanenten Metamorphose, in welcher jedes Moment ein ephemeres, aber zugleich spezifisches, also ebenso unwiederbringliches wie unhaltbares Datum darstellt, auf Dauer wenigstens. Der Prozess bewegt sich an der Grenze, der Künstler arbeitet stetig am Limit des Überfordertseins. Ein Grenzgängertum in einem strikt analytischen und nicht metaphorischen Sinne markiert eine wesentliche Eigenschaft künstlerischer Prozesse in Analogie zu dem von Freud akzentuierten psychischen Primärprozess, der in seiner Dynamik abgedrängt wird wegen der Angstpotentiale, die ihm in großer Intensität innewohnen. Die Bereitschaft zur Vermeidung von Filtern macht den Akt künstlerischer Entscheidung existenziell und beschreibt zugleich paradox eine andauernde ›exzessive Normalität‹ des Primärprozesses.

Seit Freud kann man die Architektur und Dynamik der Prozesse, ihrer Schichten und Eigenheiten so beschreiben: Der Primärprozess bereitet den Sekundärprozess vor. Der Primärprozess sei indirekt zugänglich über Traumvorgänge, also forschende Darstellung. Rationalität wird etabliert als Organisation des ebenso diffusen wie gefährlichen Primärprozesses in Übereinstimmung mit den Forderungen des Über-Ichs und der dem Ich zugänglichen Realitätsprüfung. Dennoch kann der sekundäre Prozess nicht einfach als verstümmelte Reorganisation des primären, der primäre nicht als unvollkommene oder ›rohe‹ Latenz des sekundären, verstanden werden.

Ehrenzweig verdeutlicht in seinem Buch immer wieder, an sehr unterschiedlichen Beispielen aus zahlreichen künstlerischen aber auch außerkünstlerischen Sparten: Die künstlerische Struktur ist ihrem Wesen nach ›polyphon‹, Kreativität erfordert eine ›zerstreute Aufmerksamkeit‹, die der Logifizierung der chaotischen Empirie und den grundlegenden Erfahrungen widerspricht. Zudem kann sich schöpferische Aufmerksamkeit an den belastenden Grenzen der Intensität durchaus psychotisch auswirken. Künstlerisch geformt werden kann diese Aufmerksamkeit nur, wenn stets differenzierende *wie* entdifferenzierende Momente des Wahrnehmungsprozesses erhalten bleiben, ohne sich stabil oder restlos in ein Drittes aufzulösen. Deshalb schließt Kreativität auch Elemente von Selbstzerstörung mit ein. Das kann man strukturell (synchron) und historisch (diachron) verstehen. Im Verlaufe des Lebens werden schöpferische Prozesse zunehmend auch durch destruktive markiert. Und in jedem Akt der kreativen Erzeugung realisiert sich nicht so sehr eine geniale Souveränität, die dem dialektischen System der idealistischen Subjektphilosophie (ästhetische Entäußerungsontologie) Genüge tun könnte, sondern vielmehr eine Umformung des Destruktiven in ein gefährdetes und immer nur partiell gelingendes Schöpferisches. Es wurzeln die von Ehrenzweig herausgearbeiteten ›Substrukturen der Kunst‹ demnach nicht zuletzt in den – sie ambivalent nährenden wie gefährdenden – Dimensionen der primären Energien, oder, einfacher: im Primärprozess, der normalerweise abgedrängt, in der künstlerischen Schöpfung aber eine wesentliche Quelle bleibt und demnach nicht wie üblich ›verstellt‹ werden kann – mit allen damit verbundenen Risiken.

Deshalb führen die Ordnungen der künstlerischen Poetiken und Praktiken immer auch in die sie ermöglichende, bestimmende und zugleich verborgene Unruhe zurück, in welcher sie nicht mehr sie selber sind, sondern sich in etwas verwandeln, das nicht ohne Transformation oder auch Deformation aus den chaotischen Qualitäten hervorgeht, um als Werk und in Gestalt sichtbar oder hörbar zu werden. Kunstwerke realisieren sich als Resonanzräume und Effekte dieser Wirkungen. Und eben nicht als deren bewältigende Ordnungen, Transfigurationen, Durcharbeitungen und Sublimationen, wie das eine hermeneutisch-diskursiv verselbständigte – und das bewältigende Verstehen systematisch überzeichnende – Psychoanalyse der exzeptionellen Bewältigungen des Primären durch die Kunst nicht selten in dogmatischer Art als Besonderheit des Ästhetischen in der Psyche des Künstlers herausarbeiten will.

Nicht nur dem normalen, sondern jedem, auch einem künstlerischen Bewusstsein erscheinen die undifferenzierten Sehweisen, die für die primäre Einwirkung der empirischen Zerstreutheit oder Mannigfaltigkeit nötig sind, als chaotisch, bedrängend, nicht selten gar als bedrohend. Aber der künstlerische Umgang mit solchem unterscheidet sich darin vom Alltäglichen, dass nicht Ordnung hergestellt und das Drängende am Primären überwältigt, bewältigt, geordnet wird, sondern dass diesem eine maximale Ambivalenz und eine drängende Unruhe als Eigenschaft der wirksamen Substrukturen erhalten bleiben müssen. Der Grund für den notwendig unbewusst bleibenden, nur als Unbewusstes strukturierungsfähigen Prozess der Kreierung, des Schöpferischen, der Gewinnung des Kunstwerks liegt in der Eigenheit des schöpferischen oder kreativen Prozesses als solchem, nicht in der gesellschaftlichen Codierung von ›Kunst‹.

Ehrenzweig gliedert den schöpferischen oder kreativen Prozess in drei Phasen: erstens ein schizoides Anfangsstadium, »in dem gebrochene Teile des Ichs auf die Arbeit projiziert werden; unerkannte abgespaltene Elemente erscheinen dann leicht als zufällig, brüchig, unerwünscht und quälend« (Ehrenzweig 1974, S. 113). Zweitens in eine ›manische Phase‹, die einen Prüfungsvorgang einleitet, der jedoch immer noch gänzlich unbewusst verläuft. »Im dritten Stadium der Introjektion wird ein Teil der verborgenen Substruktur des Werks auf einer höheren Mentalstufe in das Ich des Künstlers zurückgenommen« (ebd. S. 113 f.; vgl. weiter ebd. S. 129 f., 205 ff., 297 f.). Die erste Phase der freien Projektion und Spaltung ist also »mit schizoid-paranoiden Ängsten angefüllt« (ebd. S. 200). In einer zweiten Phase entwickelt der Künstler ein Modell, das ihm mittels eines Werks ermöglicht, die Vorstellung eines ›Wohlwollens‹ zu entwickeln, mittels dem es möglich ist, »das gespaltene Material aufzunehmen und zu integrieren« (ebd.). »In der dritten Phase der Kreativität findet eine partielle Reintrojektion der ozeanischen Vorstellungen in das Bewusstsein statt. Weil die aber nur partiell ist, bleibt der Rest verdrängt und bildet die unbewusste Substruktur der Kunst. Ferner schließt (...) der Wiedereintritt in das bewusste Ich eine sekundäre Bearbeitung ein. Scharf konzentrierte bewusste Wahrnehmung kann den Schwung undifferenzierter Vorstellungen nicht erfassen. Daraus erklärt sich, warum als Endergebnis der schöpferischen Arbeit nie die volle Integration erreicht werden kann, die in der zweiten, ozeanisch-manischen Phase der Kreativität möglich ist. Depressive Angst ist die unausbleibliche Folge. Der schöpferische Geist muss fähig sein, Unvollkommenheit zu ertragen« (ebd. S. 201).

Fazit der Psycho-Analyse der destruktiven Kreativität durch Ehrenzweig und Punkt des Umschlags des Schöpferischen in ein unvermeidlich Zerstörerisches ist: In der dritten Phase, nämlich der Re-Introjektion, werde die unabhängige Existenz des Kunstwerks zwar am stärksten spürbar, aber auch zu einem Gegenüber, das sich entziehe, sich etwas als Fremdes, Eigenständiges erweise, niemals organisch und symbiotisch als Eigenes, mit diesem unauflöslich vereint, fortleben könne. Der Künstler leidet bis zur Selbstzerstörung daran, dass, was sein Werke ermöglicht, durch ihn nicht mehr unbeschädigt wieder angeeignet werden kann. Eben deshalb ist Kreativität eine Ressource, die verbraucht wird, ein heikles, leicht zu beschädigendes, jedenfalls ein gefährdetes Gut und keineswegs der göttlich gewährte Jungbrunnen ewig sprudelnder Vitalität, wie sich das landläufig vorgestellt wird von Menschen, die das Ihre und vor allem das Ihnen Mangelnde auf die Figur des Künstlers leichthin, allzu gerne und oft zu projizieren bereit sind.

3. Pier Paolo Pasolinis Bemerkung über Gewinnen und Sterben im kreativen Prozess

Der Literat, Filmer, Poet, Essayist, Semiotiker und Gesellschaftskritiker Pier Paolo Pasolini hat das auf seine Weise präzise ausgedrückt (vgl. Reck 2010a, 2012). In einem Interview in Rom 1966 sagt Pasolini auf die Frage, ob er Schwierigkeiten beim Arbeiten habe, ja, er habe immense Schwierigkeiten beim Arbeiten. Immer gehe es darum, zu gewinnen oder zu sterben, das sei anstrengend und herausfordernd, er gehe immer an die Grenze der entwickelten Aufgabe und seiner Obsessionen. Wie er sich denn seine ungewöhnliche Kreativität (gerade in der damaligen Zeit) erkläre, so die nachfolgende Frage. Er wisse noch nicht oder habe sich noch nicht entschieden zu gewinnen oder zu sterben, lautete die Antwort. Besser kann man in Kürze die Dialektik des kreativen Menschen oder der künstlerisch-literarischen Produktivität nicht beschreiben (vgl. Reck 2010b, S. 432-438 und 522-534). Zugleich wird darin eine Tragödie der Poesie umschrieben. Das Porträt, in dem sich die Aussage Pasolinis dokumentiert findet, realisierte Jean-André Fieschi als Beitrag zur Reihe ›Cinéma, de notre temps‹, eine Dokumentationsreihe von INA u. a., die konzipiert und redigiert wurde von Janine Bazin und André S. Labarthe. Gedreht wurde 1966 an verschiedenen Originalschauplätze von Pasolinis Leben und Werk in Rom – in einer Zeit also, in der Pasolini, nicht zuletzt wegen seines Films ›Il Vangelo secondo Matteo‹ (›Das 1. Evangelium nach Matthäus‹, 1964), berühmt zu werden begann.

4. Epilog

Verglichen mit solchen Einsichten bleibt irreführende Episode, was die angewandte Testpsychologie mit ihrem Kreativitätsrummel seit der Mitte des 20. Jahrhunderts angestellt hat. In gigantischem Ausmaß und mit grotesken Folgen wurde – seit der experimentellen Testpsychologie von Guilford und Konsorten mitsamt ihren persönlichkeits-postulativen Kriterien und Kreativitätsspekulationen auf schwankendem Boden (vgl. Reck 2007, S. 549 ff.) – das Kreative durch das bloß Kreatürliche ersetzt, das Schöpferische durch das schiere Dasein-an-sich-selbst, das Erzeugende durch ein Vegetatives, die Mühen der Umwandlung durch die eitle Selbstfeier eines Unmittelbaren, psychisch: durch stabile ›Identität‹.

In der neuzeitlichen Konstruktion emanzipierter ›freier Künste‹ war die durchgängige Auffassung diejenige, der schöpferische Akt der Kunst beruhe entschieden auf der Transformation von Reproduzierbarkeit und vor allem auf der Transzendierung der Gegebenheiten des ›gewöhnlichen‹ Lebens. Genau die konträre Auffassung dazu vertritt seit der eher strategischen denn theoretischen Grundlegung der Kreativitätspsychologie durch Guilford, Gordon und Taylor die angewandte Persönlichkeits- und Testforschung im engeren Sinne. Sie propagiert für das weitere 20. Jahrhundert die Rehabilitierung einer ›Persönlichkeit‹, die allseitig begabt und mit wunderbar vielfältigen Möglichkeiten von Geburt an ausgestattet sei, also Kraft der Gnade eines Unspezifischen, eines rein Menschlichen getragen werde.

Sie behauptet die schiere Gegebenheit das Selbst als Aufweis eines universal Kreativen und verwan delt damit das Empirische in eine Norm, die nicht weiter begründet wird. Entstehungs- und Wirkungsgeschichte dieses zum Leitbegriff gewordenen Topos des 20. Jahrhunderts prägen demnach ein Substitut nicht von Wissenschaft, sondern von Ideologie, die sich dem Versprechen eines Auswegs aus der Krise der Moderne mit allen Mitteln verschrieben hat. Seither wird alles zum Zeugen und Ersatz zugleich eines ›Höheren‹ und wird die erst im 19. Jahrhundert eintretende Überzeugung einer ›pankreationistischen Kultur‹ (vgl. Tatarkiewicz 2003, S. 356-385, hier S. 378 f.) totalisiert und vollendet in den sich spreizenden Gestalten von Kochkünstlern, kreativen Managern und ebensolchen Politikern, die die Welt unter der Ägide eines ›kreativen Neuen‹ mit allen banalen wie destruktiven Konsequenzen auf ihr eigenes Maß zurückstutzen. Hier schlägt jedoch nur ein Zerstörerisches um in Destruktion unterm schieren Vorwand eines Kreativen. Wie die sie begleitende Kreativwirtschaft, die Machtverhältnisse durch fröhliches gemeinsames Turnen und verordnet lächelndes Mitspieltheater in momentan dehierarchisierten, ›kreativ‹ verordneten Zwangspausen dissimuliert, verdeckt solche anmaßende Behauptung des ›Kreativen‹, eines forciert ›Neuen‹ an Stelle eines sorgfältig Bewahrenden für die gesellschaftliche Lebenswelt, das eigentliche existenzielle Drama der wahren Kreativität, die immer auch eine Erfahrung bewusster, problematischer, jedoch auch weiterführender und zuweilen gar ›rettender‹ Destruktivität ist.[1]

Wenn Kunst eine Ressource auch für wissenschaftliche und viele weitere Arten von Erkenntnisbildung ist, dann genau insofern, als sie eine Instanz für die Erfahrung des existenziellen Gespaltenseins der schöpferischen Menschen und damit auch Quelle und Grund von Kritik kraft erfahrener Selbstrelativierung und Selbstkritik ist. Wir bedürfen nicht der sich selber behauptenden ›Kreativen‹ und erst recht nicht eines fortgesetzten Diskurses desselben, sondern derjenigen, die sich auf die Tücken im Umschlag des Schöpferischen in das Zerstörerische verstehen. Und zwar in allen ihren Aspekten, Widersprüchen, Widerhaken und Paradoxien. Nur so kann kritisch begründet werden, was Joseph Beuys in einer Diskussion zur Zürcher Ausstellung ›Der Hang zum Gesamtkunstwerk‹ am Vorabend der Ausstellungseröffnung[2] exponierte, beschreibend wie postulierend zugleich:»Kreativität ist Freiheitswissenschaft«. In diesem Sinne schlage ich als Definition nicht die

---

1 Vgl. an Fallbeispielen und historischen Typologien Reck 2007, S. 257 ff. und 278-284; außerdem Reck 2008, S. 323-340 und Reck 2010c.
2 Ausgestrahlt am 10. Februar 1983 als Sondersendung ›Nachtschalter unterwegs‹ vom WDR.

üblichen strukturellen (wohlüberlegten)[3] oder gar personenbezogenen (schwankenden) Kriterien, sondern ganz generell folgendes vor, was zugleich als Vorschlag für ein Regulativ und eine spekulative Heuristik der Erkenntnisprozesse generell aufrechterhalten werden soll: »Kreativität erschließt – unter anderem mittels Fiktionen – Sachverhalte des Möglichen. Jeder Prozess einer realitätshaltigen Untersuchung des Virtuellen gehört zum genuinen Arbeitsfeld künstlerischer Theorie, aber auch zur Leistung von Modellen, Sachverhalten, Prozessen generativer Kreativität überhaupt – egal in welchen Gebieten. Es gibt also niemals eine zweite, ›eigentliche‹ Welt hinter den Zeichen und Bildern. Denn deren Möglichkeiten haben es immer schon mit dem Realen von möglichen Wirklichkeiten zu tun« (Reck 2007 S. 250). Das herauszubilden gelingt aber nur mittels der Erfahrung von Brüchen, der Einsicht in Dissonanzen und Divergenzen, Asymmetrien und Entgleisungen, wozu Tücken entschieden beitragen, wenn auch nicht selten in schmerzlicher und kränkender, nämlich des-illusionierender Weise.

Literatur

Ehrenzweig, A. (1974): *Ordnung im Chaos. Das Unbewußte in der Kunst. Ein grundlegender Beitrag zum Verständnis der modernen Kunst*, München: Kindler (Original: (1967) *The Hidden Order of Art. A Study in the Psychology of Artistic Imagination*, Berkeley, Los Angeles: University of California Press).

Kuhn, T. S. (1973): *Die Struktur wissenschaftlicher Revolutionen*, Frankfurt a. M.: Suhrkamp.

Kuhn, T. S. (1976): *Die Entstehung des Neuen. Studien zur Struktur der Wissenschaftsgeschichte*, Frankfurt a. M.: Suhrkamp.

Popper, K. R. (1973): *Objektive Erkenntnis. Ein evolutionärer Entwurf*, Hamburg: Hoffmann und Campe.

Reck, H. U. (2007): *Index Kreativität*, Köln: Verlag Der Buchhandlung König.

Reck, H. U. (2008): »Disegno als Zeichen für künstlerische Kreativität. Eine kulturgeschichtliche Betrachtung zur europäischen Künstlerausbildung«, in: Zeichen für Kunst – Zur Organisierbarkeit von Kreativität, hrsg. v. D. Nothnagel, *Zeitschrift für Semiotik* 29(4) (erschienen April 2008), Tübingen 2008, S. 323-340.

Reck, H. U. (2010a): *Pier Paolo Pasolini*, München, Paderborn: Fink.

Reck, H. U. (2010b): *Traum Enzyklopädie*, München, Paderborn: Fink.

Reck, H. U. (2010c): *Spiel Form Künste. Zu einer Kunstgeschichte des Improvisierens*, hg. v. B. Ternes, Hamburg: Philo Fine Arts.

3 Zur Erörterung der strukturellen Definition von ›Kreativität‹ vgl. Reck 2007, S. 561 f.

Reck, H. U. (2012): *Pier Paolo Pasolini - Poetisch Philosophisches Porträt*, 2 CDs Berlin: Edition Apollon.
Stegmüller, W. (1973): *Probleme und Resultate der Wissenschaftstheorie und analytischen Philosophie*, Bd. 2: Theorie und Erfahrung, Halbbd. 2: Theorienstrukturen und Theoriendynamik, Berlin, Heidelberg, New York: Springer.
Stegmüller, W. (1987): *Hauptströmungen der Gegenwartsphilosophie. Eine kritische Einführung*, Bd. III, 8. Aufl., Stuttgart: Kröner.
Tatarkiewicz, W. (2003): »Das Schöpferische: Geschichte des Begriffs«, in: ders., *Geschichte der sechs Begriffe Kunst-Schönheit-Form-Kreativität-Mimesis-Ästhetisches Erleben*, Frankfurt a. M.: Suhrkamp, S. 356-385.
Wittgenstein, L. (1971): *Philosophische Untersuchungen*, Frankfurt a. M: Suhrkamp. (zit. als: PU).

Francesca Rigotti
Wie ein Kind kommt Neues in die Welt
Ein philosophisches Märchen für Erwachsene[1]

Wie der Titel schon sagt, habe ich versucht, eine philosophische Erzählung zu schreiben, ein philosophisches Märchen für Erwachsene. Stilistisch gesprochen ist es eigentlich gar keine Erzählung; es ist eher ein Bericht, der in narrativer Form ausgeführt und ausgestaltet ist, aber doch immer noch ein Bericht. Aber er ist philosophisch und ganz sicher ist er für Erwachsene, also sind wenigstens diese Bedingungen gewahrt. Sein Inhalt steht im ersten Teil des Titels: Das Neue kommt zur Welt wie ein Kind. Ich werde zu erläutern versuchen, in welchem Sinne das so ist und auch, in welchem Sinne dieses Bild die Kreativität deutet.

Mein allgemeinstes Ziel ist es, eine »Philosophie des Gebärens« (oder »Entbindungsphilosophie«) zu umreißen, die ihre eigenen Merkmale hat im Vergleich zu einer »Philosophie der Geburt«. Die systematischen Komplexe, mit denen ich mich hier befassen werde, sind die Spannung zwischen Schaffen und Sich-Fortpflanzen, zwischen dem Gebären des Geistes und dem des Leibes, zwischen Natur und Kultur usw. Dazu werde ich von einer bestimmten Figur ausgehen, der ersten Hauptperson des Märchens, und ich werde mit einer anderen Figur schließen, die man in der Philosophie noch weniger erwarten würde, die aber ganz hervorragend in ein Märchen hineinpasst. Ausgehend von der einen und auf dem Wege zu der anderen werde ich die folgenden Punkte berühren:
- Phainarete als Metapher;
- das Erzeugen des Mannes der Seele nach und dem Leibe nach;
- das Erzeugen der Frau der Seele nach und dem Leibe nach;
- das Vokabular der Kreativität;
- »gemäß der Natur«;
- die Philosophie des Gebärens und die Entbindung der Alkmene.

Stellen wir also die erste Figur der Geschichte vor: Phainarete, die Mutter des Sokrates. Von ihr existiert keine bildliche Darstellung; deswegen müssen wir sie uns vorstellen. Sokrates war der Letzte (aber auch der Erste) von denen, die Söhne einer Mutter waren; von da an war die Philosophie überhaupt nur noch eine Angelegenheit von Vätern und von Söhnen von Vätern.

[1] Übersetzung aus dem Italienischen von Udo Richter, Freiburg

Die Figur der Phainarete treffen wir – in der Philosophie – dort an, wo die Rede auf Sokrates kommt, und zwar im Hinblick auf die sokratische Methode, die *Mäeutik*, also die Kunst der *maia*, der Hebamme. Die mäeutische Kunst besteht darin, zum Forschen und zur aktiven Teilnahme anzuregen, und Sokrates, der Sohn einer Hebamme, sagte von sich, dass er dieselbe Kunst betreibe, aber mit dem Unterschied,»dass sie Männern die Geburtshilfe leistet und nicht Frauen und dass sie für ihre gebärenden Seelen Sorge trägt und nicht für Leiber« (vgl. Platon, Theaitetos 150b). Wenn jemand – in den meisten Fällen ein Dozent der Philosophie – diese Stelle kommentiert, dann interpretiert er sie metaphorisch, das heißt so, dass er sein Interesse auf den Zielbereich richtet, den einzig wichtigen (nämlich auf den Begriff der Mäeutik in der Philosophie des Sokrates) und nicht auf den Quellbereich (nämlich die Obstetrik oder die Kunst, das Gebären zu erleichtern – von *ob-stetrix*, *ob-stare*: davorstehen mit der Bereitschaft, einen Dienst zu erweisen). Die Philosophen interessiert nicht mehr so sehr der Quellbereich, die Metapher, die Hebamme Phainarete, als vielmehr der Zielbereich, der Begriff, der Philosoph Sokrates. Nach dieser kurzen Begegnung, bei der die Hebamme eingeladen wird, ihre Tätigkeit in metaphorischer Weise dem Philosophen zur Verfügung zu stellen, wird sie nämlich höflich wieder entlassen, weil ihre Aufgabe erledigt ist:»Vielen Dank, Madame, wir haben uns sehr gefreut, Sie bei uns zu haben, denn Sie haben uns geholfen, zum Begriff der Mäeutik zu gelangen. Das war es, was uns interessiert hat – und jetzt können Sie gehen.«

An dieser Stelle erlaube ich mir einzugreifen, um eine andere Weise vorzuschlagen, mit den Metaphern zu arbeiten – eine Weise, die nicht darin besteht, dass man die Metapher festhält und den Begriff verabschiedet, was das extreme Gegenteil und gleichermaßen unhöflich wäre, sondern darin, sie sozusagen beide festzuhalten und dabei der Metapher eine viel größere Aufmerksamkeit zuzuwenden, als man üblicherweise für sie übrig hat. Dem werde ich im Folgenden nachgehen.

Phainarete ist also eine Metapher. Vielleicht war sie auch ein Mensch aus Fleisch und Blut, vielleicht war sie wirklich die Frau des Bildhauers und Steinmetzen Sophroniskos und die Mutter des Sokrates und arbeitete als Hebamme. Wir haben von ihr jedenfalls den Namen, was auch keine kleine Sache für eine griechische Frau damals war (vgl. Shaps, 1997). Es ist ein sehr schöner Name, der zusammengesetzt ist aus *phaino* und *arete* und der bedeutet:»eine, die Tugend, Vortrefflichkeit zeigt« oder auch »Tugend, die sich zeigt«, »Tugend, die erscheint« oder etwas dergleichen. Vielleicht war ihre eigene Tugend – denn Phainarete ist eine Frau von vornehmem Stand (*gennaia*) – die Tugend ihres Sohnes, wie bei den Göttermüttern, deren einziges Attribut es ist, dass sie »die Mutter von ...« sind. Damit wir etwas mehr von Phainarete erfahren, lade ich Sie ein, den platonischen Dialog *Theaitetos* zu lesen, wo die ganze

Geschichte in den Abschnitten 148–151 geschildert wird, aus denen wir nur einige Zeilen zitieren können.

Der junge Theaitetos versucht gerade zu bestimmen, was Erkenntnis ist; aber so sehr er sich auch anstrengt und abmüht, gelingt es ihm nicht, die Antwort zu finden, und dennoch gelingt es ihm auch nicht, das Thema einfach fallen zu lassen. In dieser Situation der geistigen Anstrengung sieht ihn Sokrates und ruft aus:

> SOKRATES Du hast eben Geburtsschmerzen, lieber Theaitetos, weil du nicht leer bist, sondern schwanger gehst.
> THEAITETOS Das weiß ich weiter nicht; wie es mir aber ergeht, das habe ich dir gesagt.
> SOKRATES Also du Lächerlicher hast wohl niemals gehört, dass ich der Sohn einer Hebamme bin, einer sehr berühmten und mannhaften, der Phainarete?
> THEAITETOS Das habe ich wohl schon gehört.
> SOKRATES Etwa auch, dass ich dieselbe Kunst ausübe, hast du gehört.
> THEAITETOS Das keineswegs. [148e-149a]
> (...)
> SOKRATES Von meiner Hebammenkunst nun gilt im Übrigen alles, was von der ihrigen; sie unterscheidet sich aber dadurch, dass sie Männern die Geburtshilfe leistet und nicht Frauen und dass sie für ihre gebärenden Seelen Sorge trägt und nicht für Leiber. [150b]

Gehen wir nun vom *Theaitetos* weiter zum *Symposion*, einem anderen platonischen Dialog, in dem nicht nur eine Frau vorkommt (auch Xanthippe kommt im *Phaidon* vor, aber sie spricht dort nicht, sondern sie schreit und ist voller Verzweiflung über das Schicksal ihres Mannes, und deshalb lässt Sokrates sie wegschicken), sondern in dem diese Frau auch ausführlich redet. Das ist natürlich die Priesterin Diotima, und die Passage, die uns interessiert, ist die, wo Dinge gesagt werden, die wie eine Erläuterung der Aussagen des *Theaitetos* klingen. Es gibt zwei Weisen, so sagt Diotima nämlich, wie Menschen (gemeint sind hier eigentlich nur die Männer) etwas zeugen können: *kata ta somata*, dem Leibe nach, und *kata ten psychen*, der Seele nach (vgl. *Symposion* 208c–209a). Einige Menschen ziehen die erste Art der Fruchtbarkeit vor, zeugen Nachkommen und verschaffen sich Fortdauer in ihren Nachkommen, also in der Frucht ihres Leibes; die anderen ziehen die zweite Art vor und verschaffen sich Fortdauer im Gedanken, sei es in der Weisheit oder in der Gerechtigkeit, also in der Frucht ihrer Seele. In beiden Fällen wird jeweils eine Form von Unsterblichkeit erlangt: eine, die durch das Zeugen des Körpers zustande kommt, und eine andere, die durch das Zeugen des Geistes entsteht.

Verlassen wir nun Diotima und achten wir darauf, wie es kam, dass Sokrates von den Göttern die Gabe einer doppelten Fruchtbarkeit erhalten hat: eine dem Leibe nach, die es ihm ermöglichte, zusammen mit Xanthippe seine Kinder in die Welt zu setzen, und eine der Seele nach, die bewirkte, dass er, bei seinen Schülern die Kunst seiner Mutter anwendend, Kinder dem Geiste nach zeugte. Von sich behauptet Sokrates, niemals irgendetwas entdeckt zu haben: »Daher bin ich selbst keineswegs etwa weise, habe auch nichts dergleichen aufzuzeigen als Ausgeburt meiner eigenen Seele.« Er hat lediglich anderen »Geburtshilfe« geleistet dabei, »viel Schönes« hervorzubringen (vgl. *Theaitetos* 150d). Aber Vorsicht: Die erste Art der Zeugung hat ihren Wert, wenn sie in Bezug auf die Gattung verstanden wird: Durch die Reproduktion der Gattung stehen die Städte in Blüte, und das Menschengeschlecht setzt sich ohne Ende in der Zeit fort und verschafft sich Dauer, sodass der Gott stets die Menschheit zur Verfügung hat, damit sie ihm dient und seine Pläne ausführt. Die Gattung fortzupflanzen, so sagt Platon durch den Mund des Sokrates, ist für die Menschen eine der beiden Weisen, wie sie unsterblich werden können. Die andere ist die, der Seele nach unsterbliche Werke zu erzeugen – in der Dichtung, in der Musik, in der Politik. So hinterlassen die Menschen, indem sie die Fruchtbarkeit dem Fleische nach ausüben, materielle Kinder, die dazu bestimmt sind, die unsterbliche Gattung fortzusetzen; und indem sie die Fruchtbarkeit dem Geiste nach ausüben, die über der fleischlichen steht, bringen sie die unsterblichen Werke des Geistes hervor.

Die Menschen erzeugen also dem Fleische nach und dem Geiste nach, der Zeugungsakt ist im Grunde etwas Gutes, auch die Zeugung neuer Menschen ist sehr gut. Bevor wir nun dazu übergehen, zu fragen, was denn nun die Frauen mit all diesem männlichen Erzeugen zu tun haben, öffnen wir eine Klammer, und zwar indem wir bemerken, dass es in der Antike ebenso wie heute fundamentalistische Strömungen gab und gibt, die die Fortpflanzung ablehnen. So predigten beispielsweise in der Zeit des frühen Christentums die Enkratiker, Christen des 2. und 3. Jahrhunderts, Enthaltsamkeit und vollkommene Keuschheit und stützten sich dabei auf einige neutestamentliche Texte.[2] Dass Zeugung und Fortpflanzung nichts Gutes seien, wiederholen heute die Biofun-

---

2 Zum Beispiel 1 Kor 7,1 (»Es ist gut für den Mann, keine Frau zu berühren«); Lk 20,34–35 (Jesus sagt zu den Sadduzäern: »Nur in dieser Welt heiraten die Menschen. Die aber, die Gott für würdig hält, an jener Welt und an der Auferstehung von den Toten teilzuhaben, werden dann nicht mehr heiraten«) und Mt 19,10–11 (»Da sagten die Jünger zu ihm: (...) dann ist es nicht gut zu heiraten. Jesus sagte zu ihnen: Nicht alle können dieses Wort erfassen (...) Manche sind von Geburt an zur Ehe unfähig (...) und manche haben sich selbst dazu gemacht – um des Himmelreiches willen«).

damentalisten, die Sie in der Figur der jungen Lalitha verkörpert sehen können, des Mädchens, in das sich Walter in Jonathan Franzens Roman *Freiheit* (2010) verliebt: Sie ist fest entschlossen, sich nicht individuell fortzupflanzen, eben weil sie die menschliche Gattung nicht reproduzieren will. Die radikalen Umweltschützer, zu denen Lalitha gehört, vergleichen das Zeugen mit dem Konsumismus und wenden sich konsequenterweise gegen beides (vgl. Young, 2001).

Schließen wir nun den Einschub und kehren wir an die Stelle zurück, wo wir ihn geöffnet haben: nämlich zu der Frage, wie es mit den Frauen steht, nachdem wir festgestellt haben, dass die Männer sich einer garantierten doppelten Fruchtbarkeit erfreuen können, derjenigen dem Geiste nach und derjenigen dem Leibe nach. Nun, was die Frauen betrifft, ist es eine ganz andere Geschichte – eine etwas merkwürdige Geschichte, eine Geschichte, die sagt, dass die Frauen wenig oder sogar nichts zu tun hätten mit der Kreation und Produktion von Ideen und beinahe nicht einmal mit der Zeugung und Reproduktion. Im allgemeinen Kontext der Zeugung und der Reproduktion in der archaischen und klassischen griechischen Welt werden die Frauen als eine ganz untergeordnete Rolle spielend angesehen: »Bloßes aufnehmendes Gefäß für den männlichen Samen im Augenblick der Befruchtung, und bloßer Ackerboden für das Heranwachsen dieses Samens während der Schwangerschaft« (Bettini 1998, S. 28). Die allgemein verbreitete Einstellung ist gut zusammengefasst in der Auffassung des Aristoteles, der keinerlei weiblichen Samen annahm und damit jegliche formelle Mitwirkung der Frau bei der Empfängnis leugnete. Eventuelle Ähnlichkeiten der Kinder mit der Mutter oder mit Vorfahren mütterlicherseits wurden gerechtfertigt mit der weiblichen »Phantasie«, durch die die Frau, »leicht zu beeindrucken« wie sie ist, beispielsweise eine weiße Tochter zur Welt bringt, während sie selbst schwarz ist, so wie die Mutter der Clorinda in Tassos *Gerusalemme liberata* (*Das befreite Jerusalem*) (Altieri Biagi 1992, S. 15; vgl. auch Serra 2011[3]). Das sagten also die Wissenschaft und die Philosophie. Was die Mythologie betrifft, erging sie sich in verschiedenen Geschichten von »männlichem Gebären«. Ich erwähne nur zwei davon. In beiden Fällen ist Zeus der Erzeuger, der eine Ehefrau hatte oder viel-

---

3 'E vvote basta sulo 'na guardata,/ e 'a femmena è restata,/ sott' 'a botta, 'mpressiunata.// Seh! 'Na guardata, seh./ Seh! 'Na 'mpressione, seh./ Va' truvanno mo chi è stato/ ch'ha cugliuto buono 'o tiro,/ chillo, 'o fatto è niro, niro,/ niro, niro comm'a che. (E.A. Mario Nicolardi, Tammurriata nera, 1944)
Zu Deutsch ungefähr: Manchmal genügt schon ein Blick/ und die Frau ist tief beeindruckt/ wie vom Blitz getroffen.// Ja, ein Blick, ja/ ja, ein Eindruck, ja!/ Nun wirst du sehen, wer es war,/ der ins Schwarze getroffen hat,/ sodass/es [das Kind] schwarz ist/ schwarz wie was?

mehr zwei, Hera und Latona, der aber auch viele, sehr viele Geliebte hatte, von denen er jede Menge Kinder bekam.

Bei einer seiner galanten Unternehmungen hatte der Vater der Götter, Zeus, alles Mögliche darangesetzt – so erzählen sowohl Homer als auch Hesiod –, die Göttin Metis zu verführen, und schließlich war es ihm gelungen, sie zu schwängern. Der Name war kein Zufall: Die *metis* war nämlich eine Art von Intelligenz: nicht der *logos*, die abstrakte Vernunft, die in die Zuständigkeit der Männer fällt, sondern ihre praktische Kehrseite, die aus Erfahrung und Schlauheit hervor wuchs. Da das Orakel nun aber vorhergesagt hatte, dass Metis von ihm einen zweiten Sohn haben werde, der ihn entthronen werde, verschlang Zeus die arme Metis in einem einzigen Happen. Einige Zeit später begann der Gott jedoch unter fürchterlichen Kopfschmerzen zu leiden. Und was war deren Ursache, wenn nicht die Lanze der Athene, die im Inneren des Kopfes pochte wie der Schnabel des Kükens im Ei? Mit der Hilfe des Hephaistos, der, als Geburtshelfer gekleidet und mit leichte Unruhe einflößenden Instrumenten wie z. B. einer zweischneidigen Axt ausgerüstet, herbeigeeilt ist, wird der Kopf geöffnet, und heraus kommt die Göttin, komplett bekleidet und gerüstet.

Ein weiterer Seitensprung des Gottes, diesmal mit Semele, der Tochter des Kadmos und der Harmonia, steht am Ursprung einer anderen ganz außergewöhnlichen Geburt. Nachdem er das Mädchen geschwängert hatte, machte Zeus sie durch einen Blitz zu Asche, weil die Bedauernswerte ihn gebeten hatte, ihr in seiner wahren Gestalt zu erscheinen und nicht in jenen vielfältig wechselnden, deren er sich bediente, um sich vor seiner Gattin zu verbergen. Zeus nahm sich jedoch des Kindes an, das sie im Schoße trug und das den Blitz ohne Schaden überstanden hatte: Hermes nämlich, der hier den Hephaistos in der Rolle der Hebamme ersetzt, öffnete mit einem Schnitt den Schenkel des Gottes, legte das Kind hinein, ließ es die notwendigen Monate lang wachsen und zog es im richtigen Moment wieder heraus, vollkommen lebendig und wohlgestaltet: den kleinen Dionysos, den zweimal geborenen Knaben.

In beiden Fällen behielt der Göttervater eine Art von Kontrolle über die jeweilige Geburt, indem er die weibliche Rolle des Gebärens für sich usurpierte. Im Übrigen haben die Geschichten von männlichem Gebären, wie auch diejenigen, in denen erzählt wird, dass die kleinen Kinder der Storch bringt oder dass man sie unter den Kohlpflanzen findet, alle eines gemeinsam, nämlich die Eliminierung der einen Hauptperson des Gebärens: der Mutter. Was die geistige Kreativität betrifft, »mangelt es« den Frauen »am Prinzip der Seele«, und dann wird es ihnen schwerfallen, sich durch das Gebären des Geistes fortzupflanzen (vgl. Aristoteles, Über die Entstehung der Tiere, II, 3, 737a 27-29).

Und doch gründet sich unser gesamtes Arsenal von Ausdrücken für die geistige Kreativität auf das Vokabular der Fortpflanzung. *Wie wer-*

den Ideen geboren? Dank der Kreativität werden die großen Ideen »geboren«, einige »konzipieren« sie früher als andere, und wenn sie einmal da sind, können sie »heraustreten und ihren Weg in die Welt antreten«. Die Episoden der Kreativität, die man je für sich persönlich erleben kann, bewirken »Erleichterung und *Befreiung*« (engl.: deliverance = Befreiung /delivery = *Niederkunft, Entbindung*). Setzen wir die Liste fort: *eine Idee verwerfen* (ital.: abortire / engl.: to abort = *abtreiben*), sie nähren und hegen, nachdem man sie konzipiert und hervorgebracht hat; die Geburt eines Projekts; das Konzept/ die Konzeption als Produkt eines fruchtbaren (oder im negativen Falle unfruchtbaren) Geistes, das unter Wehen zur Welt kommen soll, möglicherweise nach einer prägnanten Reflexion (die doppelte Bedeutung von ›pregnant‹ ist deutlicher im Englischen: ›*bedeutungsvoll* sowie *schwanger*‹), der zunächst Phasen der Reifung und der Inkubation kennt, bevor er das Licht der Welt erblickt und Zeugnis ablegt für die Vaterschaft eben der Idee selbst (jedoch niemals für die Mutterschaft) (vgl. Sacks 1980).

Begriffe wie Zeugung, Empfängnis, Schwangerschaft und Entbindung, Genealogie, Vaterschaft usw. bilden ein Diskursfeld, ein homogenes Metaphernfeld, eine »absolute Metapher« im Blumenbergschen[4] Sinne, gemäß der die geistige Produktion durchgängig vorgestellt wird wie eine natürliche Reproduktion, wie es schon Hegel in seinen *Vorlesungen über die Ästhetik* verstanden hatte.[5] Um das zu erläutern, sagen wir in neutraler Weise, dass wir, »weil wir kein Vokabular haben, um den geistigen kreativen Prozess zum Ausdruck zu bringen, dafür auf dasjenige der physischen Hervorbringung zurückgreifen«. Der kreativste geistige Akt, den wir vollbringen können, ist der, einen originellen Gedanken zu haben, während unser kreativster physischer Akt darin besteht, ein Kind zu bekommen.

Nicht jedoch für die Frauen, denen alles verwehrt ist, Kreativität und »Prokreativität« (also »Zeugungsfähigkeit«), *kata ten psychen* und *kata ta somata* – und das *kata ti*, wem gemäß? *Kata ten physin* – gemäß der Natur, der Natur nach.

George Steiner ist ein lebender Autor, ein bedeutender Literaturkritiker, der wunderschöne Bücher geschrieben hat wie beispielsweise *Die Antigonen*, und andere, die mit mehrdeutigen Passagen durchsetzt

---

4 Den Begriff der absoluten Metapher entwickelt Hans Blumenberg (1960, 1979) – sie bringt eine ursprüngliche Konzeption der Welt zum Ausdruck; sie ist ein hermeneutisches Instrument, das unser Urteil über die Dinge leitet und reguliert.
5 Hegel 1970, S. 444: »Eine Hauptvorstellung, welche sich durch die Entstehungsgeschichten hindurchzieht, ist statt der Vorstellung eines geistigen Schaffens die immer wiederkehrende Veranschaulichung des natürlichen Zeugens.«

sind, wie *Von realer Gegenwart* (1990), in dem Kreativität und Prokreativität (dem Leibe nach und der Seele nach, wie Platon gesagt hätte) einander gegenübergestellt werden und wo das Ergebnis nicht eine zweifache Kreativität der Frauen ist. Steiner konstatiert, »dass das Drama so gut wie keine bedeutenden Autorinnen vorzuweisen« habe, und stellt dann die Frage: »Ist die biologische Tatsache der Fruchtbarkeit, der Fähigkeit, gestalthaftes Leben hervorzubringen, die für eine Frau zentral ist, die auf irgendeine Weise, die auf irgendeiner Ebene absolut primordial für das Dasein einer Frau ist, so schöpferisch, so erfüllend, dass sie die Zeugung von fiktiven Figuren, um die es im Drama und zumeist in darstellender Kunst geht, untergräbt, als vergleichsweise blass erscheinen lässt? Könnte die Erfahrung der Geburt ihres Kindes – eine Erfahrung, die ihrer Quintessenz nach männlicher Wahrnehmung unzugänglich bleibt – für eine Frau so unmittelbar in Verwandtschaft zu dem Änigma, zu der Heiligkeit des Seins des Lebens selbst stehen (...), dass sie den Impuls zur Rivalität mit einem ›eifersüchtigen Gott‹, der mir für die Ästhetik so zentral zu sein scheint, so gut wie ausschließt?« (Steiner 1990, S. 271).

Man kann den Worten Steiners nicht entnehmen, ob dieser Ausschluss die Frauen betrifft, die sich tatsächlich fortgepflanzt haben (also nur die tatsächlichen Mütter), oder überhaupt die mit einer Fähigkeit zur Fortpflanzung begabten Frauen (die Mütter *in potentia*, also alle Frauen), und es ist auch nicht so wichtig, das festzustellen. Auf jeden Fall fügt sich Steiner in die Reihe der Autoren ein – eine Reihe, zu der unter anderen Platon, Aristoteles, Abälard, Heloise, Kant, Schopenhauer, Nietzsche und Edith Stein gehören –, die den Frauen explizit die kreativen Fähigkeiten abgesprochen haben, und zwar auf der Grundlage von ganz unterschiedlichen und durchaus lehrreichen Argumenten.

Ich würde dem aber nun gerne nicht eine Kreativität und/oder eine Frauenphilosophie entgegensetzen, die vielleicht schöner und großartiger und vermutlich anders wäre als die männliche. Das nicht. Sondern das, was ich in meinem Buch *Partorire con il corpo e con la mente* (Gebären mit dem Körper und mit dem Geist) (Rigotti 2010) zu tun versucht und was ich hier zum Teil wiederaufgenommen habe, nämlich: ein Modell des Gebärens von Ideen, also der Kreativität, vorzustellen, das sich durch die Fortpflanzungserfahrung der Frauen inspirieren lässt, ohne zwei methodischen Fehlern zu verfallen.

Der erste Fehler besteht darin, die partikulare Erfahrung zu generalisieren bzw. als universal anzusehen, wie es in der Philosophie jahrhundertelang geschehen ist. Sie hat nämlich sowohl die männliche biologische Erfahrung der Penetration, der Vergewaltigung und der Insemination als auch die – ebenfalls männliche – historische Erfahrung des Krieges, der Eroberung und des Abenteuers universalisiert und sie zu natürlichen und unverzichtbaren Elementen des menschlichen Handelns gemacht. Die Philosophen haben ihre eigene Erfahrung als die Wahrheit ausgegeben. Sie haben ihre eigene Erfahrung als die einzige Wahrheit oktroyiert: ihre Erfahrung, die sich historisch darstellte als Kampf, Krieg, Jagd, Arbeit außerhalb des Hauses. Auf diesen Erfahrungen haben sie die Philosophie aufgebaut und haben dabei die Frauen zu Hause gelassen, damit sie für Kinder, Haus und Garten sorgen, haben ihnen das Denken und die Rationalität abgesprochen und ihnen die Möglichkeit verwehrt, ihre Erfahrung in Wahrheit umzusetzen. Einige von ihnen haben versucht, ihre Erfahrung in Wahrheit zu überführen, und haben zu hören bekommen, dass ihre Erfahrung und ihre Wahrheit nichts wert seien.[6]

Männer bekommen keine Kinder, und deshalb bekommen auch Philosophen keine Kinder: Es ist unbestreitbar, dass es die Frauen sind, die die Kinder zur Welt bringen, und nur sie. Das ist ihre Erfahrung und damit eine der Erfahrungen, die sie als Wahrheit hätten anbieten können, wenn ihnen das öffentliche Wort – das geschriebene und das gesprochene – zugestanden worden wäre. Jedoch wurde den Frauen das Private zugewiesen, und so konnten die Frauen für lange Zeit ihre Erfahrung nicht in Wahrheit verwandeln, und so kam die Wahrheit der Erfahrung, Kinder zur Welt zu bringen und aufzuziehen, nicht zur Sprache. Vielmehr setzte sich die Wahrheit der Philosophen durch, die eine Wahrheit ist, in der für Kinder kein Platz ist.

Der zweite methodische Fehler besteht darin, zu meinen, dass die praktische Erfahrung für das Verstehen des Modells notwendig und unverzichtbar sei: Nein, man braucht keine Mutter zu sein, um wie eine Mutter zu denken – genauso, wie man nicht durch die Steppe oder die Wüste zu streifen braucht, um das nomadische Denken zu praktizieren. Man kann einfach aus der – eigenen oder fremden – Erfahrung der Schwangerschaft und des Gebärens schöpfen, um eine Philosophie des Gebärens vorzulegen – nicht eine Philosophie der Geburt: Vorsicht, dass man hier nicht die Ebenen verwechselt.

Die Philosophie der Geburt ist – im Kontrast zu der das abendländische Denken dominierenden Thanatologie – von Hannah Arendt, Hans Saner, Peter Sloterdijk entwickelt worden, die alle energische Bedenken geäußert haben angesichts des Vergessens und der Blindheit gegenüber der Geburt und angesichts der Tatsache, dass keine Philosophie sich der Natalität (der »Gebürtlichkeit«) des Menschen zugewandt habe, also der Tatsache, dass, wie Arendt schreibt, »mit jedem von uns ein Anfang in die Welt kam und dass Handeln im Sinne des Einen-Anfang-Setzens nur die Gabe eines Wesens sein kann, das selbst ein Anfang ist« (Arendt 2000, S. 276; vgl. auch Lütkehaus 2006). Dieser Philoso-

---

6 Zur Erfahrung der Wahrheit vgl. Ursula Le Guin (1989).

phie der Geburt möchte ich eine Philosophie des Gebärens an die Seite stellen – auch sie eine schwere Geburt –, die auf Schwangerschaft und Entbindung als inspirierenden Modellen für die Kreativität gründet.[7] Der Gedanke ist: Wenn man zur kreativen Lösung eines Problems gelangen will, zur Phase der Lösung und Befreiung, die dadurch herbeigeführt wird, dass man kraftvolle Schübe vollzieht, dann muss man die Wichtigkeit der Schwangerschaftsphase anerkennen, die im Dunkeln, in Mühsal und Schwere stattfindet, und muss aufhören zu glauben, die Inspiration komme wie ein leichtes Lüftchen, an das man vorher überhaupt nicht gedacht hat. Sie kommt zwar wie ein Hauch, manchmal sogar im Traum, aber nach einer langen und mühevollen Schwangerschaftsarbeit.

Im Grunde kam Herakles, der größte unter den Halbgöttern und einer, der von Mühen sicherlich etwas verstand, durch eine Episode der Kreativität zur Welt, nämlich dank der schlauen Idee einer jungen Rivalin der Phainarete, Galanthis, die der Mutter des Herakles bei der Entbindung zur Seite stand. Aber bevor wir diese wunderschöne Geschichte hören, die Geschichte der Entbindung der Alkmene, wie sie von ihr selbst erzählt wird (Ovid, Metamorphosen, Buch 9, Verse 273–324), möchte ich noch etwas bei dem Bild des Herakles verweilen, der die Welt auf seinen Schultern trägt. Didi-Hübermann hat aus dem Nachdenken über dieses Bild heraus eine Ausstellung zusammengestellt über Landkarten, Atlanten und die Beschreibung der Welt.[8] Ich dagegen konnte bei dem Bild des Herakles, der die Welt trägt, als er Atlas ersetzen sollte, der die Äpfel der Hesperiden für ihn sammelte, nicht anders, als an eine Art von externer Schwangerschaft zu denken, so als wäre die schwere Kugel auf seinen Schultern ein Gegenstück zu der schweren Kugel des Leibes der Alkmene, der Mutter des Herakles: Es ist nicht leicht für das Neue, zur Welt zu kommen; es braucht Anstrengung, Mühe, Schweiß und Schmerz – so wie es der Alkmene widerfuhr, als sie den Herakles gebar – und auch ein bisschen Schlauheit.

Alkmene von Argos, von Zeus schwanger, liegt seit sieben Tagen und sieben Nächten in Geburtswehen, erschöpft von den Schmerzen. So ruft sie Licinia an, die Göttin der Gebärenden, die zwar kommt, aber bestochen worden ist von Juno/Hera, die eifersüchtig ist wegen ihres Mannes und entschlossen, ihre Rivalin umzubringen. Licinia erscheint also, hört das Stöhnen der Alkmene – und was tut sie? »Sie setzte sich auf jenen

---

7 In Ansätzen habe ich das in dem Essay *Die schwere Entbindung der Entbindungsphilosophie* (2012) entwickelt.
8 Ausstellung mit dem Titel: »ATLAS – ¿Cómo llevar el mundo a cuestas?« / »ATLAS – How to carry the world on one's back?« im Museo Nacional Centro de Arte Reina Sofia, Madrid, im Zeitraum vom 26.11.2010 bis 28.03.2011, kuratiert durch Georges Didi-Huberman.

Altar dort vor der Tür, schlug das rechte Bein über das linke und verschränkte die Finger ineinander wie bei einer gezackten Gewandspange (*digitis inter se pectine iunctis*) und hielt so den Vorgang des Gebärens auf. Sie sprach auch Zauberformeln (...), und diese Formeln hemmten die schon begonnene Geburt.« Die Frauen, die dabei sind, sprechen ihr Mut zu, unter ihnen eine Magd, die ihr beisteht, ein Mädchen aus dem Volke, Galanthis, blond (*flava comas*), hilfsbereit und freundlich. Galanthis begreift, dass hier etwas Seltsames im Gange ist, und während sie immer wieder hinaus- und hineingeht, sieht sie die Göttin, wie sie auf dem Altar sitzt und ihre Finger über den Knien verschränkt hält, und sagt zu ihr: »Wer immer du auch bist, gratuliere der Herrin, Alkmene hat entbunden, Mutter und Kind sind wohlauf.« »Da sprang die Göttin der Geburt auf, voller Bestürzung, und löste die Hände voneinander: Als der Knoten gelöst ist, gebäre ich das Kind (*vinculis levor ipsa remissis*)« (Ovid, ebenda).

Der Schluss ist weniger lustig, denn die Göttin, erbost darüber, dass sie düpiert worden ist, verwandelt die hilfreiche Hebamme in ein Wiesel.

Aber das, was ich betonen möchte, bevor ich Sie der Gesellschaft der jungen, blonden, schlanken, freundlichen und intelligenten Galanthis überlasse, ist: Gerade sie, eine Hebamme oder jedenfalls eine Helferin bei der Geburt, bringt zunächst die langen Wehen der Gebärenden mit der Sitzhaltung der Licinia in Verbindung, zieht dann die passenden Schlüsse daraus und *löst* das Problem, das heißt sie *löst* gewissermaßen den Knoten in den Beinen und Händen der Göttin *auf* und ebenso den Knoten der Verwünschungen. Indem sie das tut, während Alkmene dem Leibe nach entbunden wird, hat diese junge Frau, gerade sie, eine Hebamme, ebenfalls geboren, und zwar der Seele nach.

Literatur

Altieri Biagi, M.L. (1992):»Introduzione«, in: Altieri Biagi, M.L., Mazzotta, C., Chiantera, A., Altieri, P. (Hg.), *Medicina per le donne nel Cinquecento*, Torino: Utet.
Arendt, H. (2000): *Über die Revolution*, München, Zürich: Piper.
Aristoteles: *De generatione animalium/Über die Entstehung der Tiere*, II, 3, 737a.
Bettini, M. (1998): *Nascere. Storie di donne, donnole, madri ed eroi*, Torino: Einaudi.
Blumenberg, H. (1960): *Paradigmen zu einer Metaphorologie*, Bonn: Bouvier.
Blumenberg, H. (1979): *Schiffbruch mit Zuschauer. Paradigma einer Daseinsmetapher*, Frankfurt a.M.: Suhrkamp.

Franzen, J. (2010): *Freiheit*, Reinbek bei Hamburg: Rowohlt.
Hegel, G.W.F. (1970): *Vorlesungen über die Ästhetik*, in: *Werke*, Bd. 13. Frankfurt a.M.: Suhrkamp.
Le Guin, U.K. (1989): *Dancing at the Edge of the World. Thoughts on Words, Women, Places*, New York: Grove Press.
Lütkehaus, L. (2006): *Natalität. Philosophie der Geburt*. Kusterdingen: Die Graue Edition.
Ovid, *Metamorphosen*, Buch 9.
Platon, *Symposion*.
Platon, *Theaitetos*.
Rigotti, F. (2010): *Partorire con il corpo e con la mente*. Torino: Bollati Boringhieri,
Rigotti, F. (2012): »Die schwere Entbindung der Entbindungsphilosophie«, in: *Familiendynamik. Systemische Praxis und Forschung* 1, S. 34-41.
Sacks, E. (1980): *Shakespeare's Images of Pregnancy*, London: MacMillan, S. 1 und passim.
Serra, F. (2011): *Le brave ragazze non leggono romanzi*. Torino: Bollati Boringhieri.
Shaps, D. (1997): »The Woman Least Mentioned: Etiquette and Women's Names«, in *The Classical Quarterly* N.S. 27(2), S. 323–330.
Steiner, G. (1988): *Die Antigonen. Geschichte und Gegenwart eines Mythos*, München, Wien: Hanser.
Steiner, G (1990): *Von realer Gegenwart*. München, Wien: Hanser.
Young, T. (2001): »Overconsumption and Procreation: Are they Morally Equivalent?«, in *Journal of Applied Philosophy* 18(2), S. 183–191.

Birger P. Priddat
Entscheiden, Erwarten, Nichtwissen
Über das Neue als das unerwartete Andere

Entscheidungen – gerade die ökonomischen – sind Entscheidungen innerhalb eines Erwartungshorizontes. Der Horizont erscheint immer vor einem: wir sehen die Zukunft vor uns, d. h. zeiträumlich. Überhaupt ist es bemerkenswert, dass wir die Zeit als Raum betrachten: als ob wir uns in die Zukunft hinein bewegen. Gewöhnlich betrachten wir die Zukunft als offenen Horizont. Wenn wir aber genauer werden, bezeichnen wir auf dem Horizont bereits bestimmte Punkte, die wir anvisieren: die Zukunft erscheint dann als Fluchtpunkt, den wir als eine Zukunfts-Perspektive imaginieren, auf den alles hinausläuft. So arbeiten wir bereits mit zwei Zukünften: den offenen, unbestimmten, und den bestimmten, auf die wir uns – fluchtpunktgenau – ausrichten, als ob wir entscheiden könnten, was da kommen wird.

Ein Horizont beschreibt eine Grenzlinie, hinter der weitere Möglichkeiten liegen, aber unerkennbar. In dem Sinne ist der Horizont eine unüberschreitbare Linie, eine Selektion des Möglichkeitsraumes. Was dahinter liegt, ist die Totalität aller möglichen Möglichkeiten, aber uns unerkenn- und unbestimmbar.

Um entscheiden zu können, legen wir in den Horizont, der den Raum des uns für möglich Erscheinenden ausmacht, eine zweite Linie, die die davon unterschiedene, kleinere Menge der wahrscheinlichen Möglichkeiten ausmacht. *Das Wahrscheinliche ist jenes Mögliche, das wir uns als verwirklichbar vorstellen können.* Die dahinter liegenden Möglichkeiten sind lediglich intelligibel, denkmöglich.

Der probabilistische Raum bildet einen Erwartungshorizont. Denn wir erwarten nur, worauf sich zu warten lohnt, d. h. warten auf etwas, von dem wir erwarten, dass es sich verwirklicht.

Da es sich um zukünftige Ereignisse handelt, besteht Unsicherheit, inwieweit oder in welchem Maße das Erwartete eintreten wird. Das Unsichere wird als Risiko wahrscheinlichkeitsbegrifflich eingeschätzt (p als Eintrittswahrscheinlichkeit, z. B. 80 %; 1–p als Nichteintritt des Ereignisses, z. B. 20 %). Das Wahrscheinliche ist das, was am ehesten den ›Anschein der Wahrheit‹ hat, wie das Wahrscheinliche in der alten Rhetorik benannt wurde (Campe 2002). Heute werden die Wahrscheinlichkeiten für die Entscheidungen als numerische Eintrittswahrscheinlichkeiten gewertet: als das, was sich mit der Wahrscheinlichkeit p realisiert.

Die Risikoentscheidung ist notorisch eine Entscheidung im Feld von erwarteten Ereignissen; man entscheidet sich für p und 1–p zugleich

(z. B. 80 % : 20 %). Wir entscheiden uns aber in der Hoffnung, dass p dominiert. Allerdings gibt es keine Wahrscheinlichkeitsverteilung der Wahrscheinlichkeitsverteilung: wir wissen nicht, ob im erwarteten Erscheinungszeitpunkt p oder eher 1–p gelten wird. p wird zwar als ›häufiger‹ imaginiert, aber ›Häufigkeit‹ enthält keine Angabe darüber, wann etwas eintritt. Wir ›glauben‹, dass p eintreten wird. Nur deswegen wagen wir die Entscheidung unter Risiko: statt zu wissen oder nur zu glauben, glauben wir zu wissen (Wittgenstein 1970, S. 12). Dadurch werden wir erst entscheidungsfähig: wäre die Wahrscheinlichkeit des Eintritts 50:50, wäre es zufällig, was je eintritt. Die geschätzte Asymmetrie von p > 1–p (z. B. 80 % : 20 %) ermutigt uns zu einer Erwartung positiven Ausgangs. Aber das Risiko bleibt, selbst wenn es nur 10 % oder 1 % des Nichteintritts wäre. Alles beruht auf subjektiven Häufigkeits-Schätzungen.

Genauer gesagt simulieren wir nur Häufigkeiten; für die meisten Entscheidungen haben wir gar keine Statistik langer Zeitreihen in die Vergangenheit zur Verfügung, um Häufigkeitsmuster zu ermessen. Wir meinen, uns auf Erfahrungen zu beziehen, aber es sind keine konkreten Häufigkeitserinnerungen, sondern eher *Meta-Erfahrungen*, dass wir meinen, immer wieder, d. h. irgendwie häufig, positive Ergebnisse unserer vergangenen Entscheidungen zu erinnern.

1. Das Unerwartete

Doch wenn nicht eintritt, was wir für wahrscheinlich entschieden hatten, tritt deswegen *nicht nichts* ein. Nur das, was wir erwartet hatten, tritt nicht ein, *aber etwas anderes*.

In der Wahrscheinlichkeitslogik ist 1–p nur eine Leerstelle für den Nichteintritt dessen, was wir erwartet hatten. Was dann eintritt, ist – nach unserer subjektiven Meinung – schlechter als erwartet. Wenn wir nur 1–p erwarten würden, würden wir uns für die Option gar nicht entscheiden. Wenn wir uns allerdings entscheiden, bleibt 1–p als Risiko unvermeidlich bestehen. Aber wir verhalten uns so, als ob wir völlig überrascht sind, dass etwas anderes als erwartet eintritt. Dabei hat sich der Erwartungshorizont auf den Eintritt von p verengt, und 1–p wird ignoriert. Im Grunde lautet die Entscheidung dann trivial-pragmatisch: p oder nicht-p.

Man sieht, wie leichthin wir ausgeschlossen oder ignoriert haben, dass andere Möglichkeiten eintreten können. Die Reduktion von Unsicherheit ist – streng genommen – keine Reduktion von Komplexität, sondern eine Simulation einer Komplexitätsreduktion, damit wir entscheidungsfähig werden.

ENTSCHEIDEN, ERWARTEN, NICHTWISSEN

Wenn andere Möglichkeiten dann doch eintreten, sind sie unerwartet. Also muss man 1–p ebenso erwarten wie p, weil man zwar überzeugt sein mag, dass p häufiger eintritt, aber man weiß nicht, wann 1–p eintritt. Die Erfahrungen, auf die wir uns stützen, erinnern mehr nur die Erfolge und nicht die Nicht-Erfolge, deren Häufigkeiten weder memoriert noch imaginiert werden.

Wenn wir, als rationale Entscheider, p wie 1–p als letztlich ungeklärten Nexus erwarten müssen, kann uns 1–p nicht als unerwartet erscheinen. Wir müssen den Nichteintritt ebenso erwarten wie den Eintritt. Da hilft uns die Häufigkeitsbetonung von p nichts, weil wir nicht wissen, ob sie den erwarteten Eintritt dominiert. Dass das Erwartete nicht eintritt, gehört also systematisch zur Erwartung selber. Was wir weder wissen noch erwarten können ist das, was dann anderes eintritt. Der Nichteintritt gehört in den Erwartungsraum, das Unerwartete nicht.

Beides sind Formen des Nichtwissens. *Ereignisse, die man nicht wissen kann, sind im strengen Sinne nicht-möglich bzw. unmöglich.* Denn wenn wir das Mögliche als etwas bezeichnen, das wir uns zumindest (intelligibel) vorstellen können, ist das, was wir uns nicht einmal vorstellen können, nicht möglich. Es wäre unsinnig, das, was wir uns überhaupt nicht als möglich vorstellen können, irgendwie doch als möglich zu bezeichnen.

Nicht- oder unerwartete Ereignisse entwickeln sich nicht, sondern brechen vertikal, gleichsam von oben, auf die Akteure ein, die nach vorne, horizontal (in die Zukunft) schauen. Die Zukunft verorten wir, in eigentümlicher Geometrie, horizontal ›vor uns‹. Das, was unerwartet jäh auf uns als Ereignis einbricht, kommt nicht ›von vorne‹, sondern ›von oben‹. Damit kommt es nicht ›aus der Zukunft‹, sondern ist *plötzliche Gegenwart*. Ihm fehlt jedwelches Zukunftshafte. Das jäh Einbrechende ist reine Gegenwärtigkeit. Es hatte nie eine Zukunft.

Denn selbst wenn wir es als 1–p erwartet haben können, können wir es nur als Negation dessen, was wir diskret erwartet haben, antizipieren, nicht aber als das diskret andere Ereignis, das stattdessen – unerwartet – eintritt. Der Nichteintritt des Wahrscheinlichen kann nicht als etwas bestimmtes Anderes erwartet werden. Die Wahrscheinlichkeitszuschreibung richtet die Entscheidung auf das Erwartete und dessen Negation aus, aber nicht auf etwas anderes Erwartetes. Etwas Anderes als das, was die Entscheidung bestimmt, ist in der Entscheidung nicht enthalten.

2. Das Unmögliche

Das hat Bedeutung für die Form der Zeit: nur das, was wir vorhersehen – also horizontal in einer möglichen Zukunft verorten – gilt als mögliches Ereignis. Wir meinen, das Möglichkeitsfeld bis zum Erwartungshorizont vor uns zu überblicken, uns vorzustellen (vor uns hin zu stellen). Wenn aber dann unerwartet etwas, was wir nicht vorhergesehen haben, eintritt, kommt es nur scheinbar aus einer Zukunft, die wir nicht gesehen haben (als ob die imaginierte Zukunft noch eine andere Zukunft dahinter gelagert hätte). Reden wir so, verlängern wir nur unser horizontales Zeitbild. Tatsächlich kommt das Unerwartete, das reell Neue, nicht aus einer Zukunft, sondern vertikal unmittelbar ›wie ein Blitz aus heiterem Himmel‹ – als eine Umdrehung (Revolution) der Gegenwart. Es ist auch ein Ereignis, aber unerwartet, also un-möglich. Im unmittelbar Unerwarteten wird etwas wirklich, was bisher nicht von dieser Welt war. Ein solches Ereignis war in unserem Zukunftsbild / Weltbild nicht enthalten gewesen.

Deshalb können wir daraus auch nicht rückschließen, dass es in einer uns unbekannten, nicht gewussten Zukunft enthalten, gleichsam gelagert gewesen sein muss (unserem Horizont vorgelagert). Es ist *de facto* eine Revision von Gegenwart bzw. aktueller Wirklichkeit – eine Revision der Geltungsannahmen der Entscheidung. Alles, was da unerwartet jäh geschieht, ändert die Gegenwart schlagartig.

Das Unerwartete hat mit der alten Entscheidung nichts zu tun. Das Unerwartete ist kausal mit der Entscheidung nicht verknüpft. Man könnte lediglich sagen: das unerwartete Ereignis ist die Ursache für die Nichtgeltung der Entscheidung – oder genauer: der Ent-Geltung der Entscheidung. Die Ent-Geltung der Entscheidung war aber in der Entscheidung weder gemeint noch enthalten.

Die Entscheidung, die wir als eine Haltung von Zukunftserwartung entworfen hatten, als eine Prospektion, wird im Unerwarteten *instantemente* für ungültig erklärt, und zwar so, als ob sie nie eingenommen wurde – in einem Akt der unmittelbaren Herstellung nachträglicher Entscheidungsbedeutungslosigkeit.

Wir allerdings bemühen uns, in der Überraschung irgendwelche kausalen Beziehungen zu retten: dass wir falsch entschieden hätten, nicht genug Information gehabt hätten etc. Aber es wird zur Tatsache, dass im Unerwarteten die Vergangenheit der Entscheidung in jäher Gegenwärtigkeit gelöscht ist. Unsere Kausalitätsbemühungen, die Relation Vergangenheit / Gegenwart zu rekonstruieren, um zu lernen etc., sind lediglich Kontinuitätserrettungsversuche bzw. Anschlusschancenherstellungen. Wir befinden uns durch das Unerwartete in einer anderen Gegenwart, auf die die vergangene Erwartung niemals gesetzt hatte.

ENTSCHEIDEN, ERWARTEN, NICHTWISSEN

Was nützt es dann, der Vergangenheit *post hoc* eine andere Zukunft verschaffen zu wollen? In dem überraschenden unerwarteten Ereignis haben wir den Anschluss zur Vergangenheit, damit zur Entscheidung verloren. Denn wenn das Unerwartete etwas Anderes ist, als wir entschieden sehen wollten, ist es bezugslos anders.

Das Unerwartete ist die Negation jeder Routine. Es ist kein manifestes Ereignis, sondern kontingent. Was heißt das? Dass uns, bei aller Gewohnheit, Gewohnheiten ausbilden und wiederholt sehen zu wollen, das oft nicht gelingt. Das, was dann unerwartet eintritt, ist unserem Handeln nicht geschuldet. Ein solches Ereignis transzendiert unsere Entscheidungen. Das ist ein erstes Resultat: dass Vieles, was in der Welt sich ereignet, nicht auf unsere Entscheidungen rückführbar ist. Wir müssen uns von der Einbildung verabschieden, dass wir alles entscheiden, selbst dann, wenn wir es entscheiden.

Das, was so eintritt, kommt immer unmittelbar, immer gegenwärtig, also unerwartbar, un-möglich. Deswegen kann es nicht einer Zukunft der Vergangenheit zugeordnet werden, weil es in ihr nicht vorkam. Es ist immer Gegenwart: zukunftsloses Nichterwartethaben. Es korrigiert nicht die vergangenen Erwartungen, sondern erklärt sie als niemals gültig gewesen. Es löscht, als unwahrscheinliches Ereignis, alle Wahrscheinlichkeitszuschreibungen. Es tritt dann nicht nur das Wahrscheinliche nicht ein, sondern etwas Unwahrscheinliches. Das ist ein zweites Resultat: dadurch, dass wir alle zukünftigen Ereignisse wahrscheinlichkeitsbemessen, werden sie nicht wahrscheinlicher. Allerdings hilft uns diese Pragmatik, unter Unsicherheit überhaupt zu entscheiden. Das ist auch das einzige, zugleich das wichtigste.

Unerwartete Ereignisse sind *out of decision*: un-möglich. Denn erst *post hoc* stellt sich heraus, ob das, was ich entschieden habe, eintrifft. *Trifft es nicht ein, sondern etwas unerwartetes Anderes, habe ich gar nichts entschieden.* Das unerwartet Andere ist ein Drittes, weder ein Eintreffen noch ein Nichteintreffen dessen, was ich mir erwartend vorgestellt habe. Es ist eine un-mögliche Wirklichkeit.

Das jähe Ereignis »sprengt den Horizont aller Erwartungen« (›wie ein Blitz aus heiterem Himmel‹ (Derrida 2003)). Das Unerwartbare ändert die Welt, d.h. alles, was wir bisher erwarten konnten, wird um ein Ereignis erweitert, das alle bisherigen Ereignis-Erwartungsrelationen disloziert bzw. übersteigt. In einem gewissen Sinne ›bricht eine Welt zusammen‹ (wie für die Besitzer von Lehman-Papieren z.B. oder wie die derivativen Wettpositionen der J.P. Morgan-Bank im Mai 2012 (um 2 Milliarden Dollars)). Die aktuelle Welt wird durch eine neue Wirklichkeit bereichert, *die durch keine Vorstellung, d.h. durch keine Vorstellung von Möglichkeiten angekündigt wurde.* Über etwas Unangekündigtes haben wir keine ›Information‹. Soweit zur kalkulativen Rationalität der Ökonomen.

Das, was unerwartet kommt, hat mit der Entscheidung nichts zu tun. Sie ist leer gelaufen. Das, was als Ereignis eingetroffen ist, ist etwas Anderes. *Natürlich macht es, post hoc, einen Unterschied zu dem, was wir erwartet hatten, aber den Unterschied hatten wir nicht erwartet.* Er schien uns als nicht möglich. Da wir ihn aber gar nicht erwartet hatten, hatten wir ihn weder als wahrscheinlich noch aber auch als möglich erwartet. Der Unterschied war uns un-möglich, also außerhalb unserer Vorstellungen.

3. Identität

Was hier geschieht, ist nicht nur ein Irrtum oder ein kognitives Versagen, sondern erschüttert den *mental state* bzw. das *belief-system* der Entscheider – ein existentiales Momentum. Darauf waren wir nicht vorbereitet (wir waren vielleicht vorbereitet darauf, dass das, was wir erwartet haben, nicht eintritt, aber nicht auf das, was stattdessen eintritt).

»Wenn die Entscheidung ein Ereignis sein soll, wenn sie meine Macht, meine Vermögen, meine Möglichkeiten und den gewöhnlichen Gang der Geschichte unterbrechen soll, *dann muss ich von meiner Entscheidung getroffen werden*« (Derrida 2003, S. 44; Hervorhebung von B.P.).

Wir haben es mit einem Dreischritt zu tun: das, was wir (a) zu erwarten zu wissen glaubten, wird im Unerwarteten (b) als Nicht- oder Unwissen decouvriert, um (c) als neues Wissen, als neue Einsicht, als Rekonstellation der Situation präsent zu werden.

Wissen lagert nicht (in einer imaginären Zukunft), sondern entsteht: in der jeweiligen Gegenwart, die es kreiert. Diese Aussage wird für die Ökonomie wichtig: *dass wir kein Wissen über Zustände haben, die vor unserem Handeln und Entscheiden, in der Zukunft, liegen, sondern im Entscheiden erst das Wissen generieren, das wir meinen, um entscheiden zu können, schon zu haben.*

Das, was als neues Wissen im unerwarteten Ereignis auftritt, ist allerdings eine neue Vermessung der Konstellation, darin unserer eigenen Position. *Der Navigationspunkt, den wir anvisiert hatten, erweist sich im unerwarteten Ereignis als inexistent; dafür taucht etwas Neues auf, das wir nicht kartiert haben. Dadurch verändert sich die Karte wie auch unsere Positionierung.* Denn das, was uns unerwartet aufscheint, ist eine jähe Verschiebung unseres Entscheidungsortes – an den Rand des Ereignisses, das wir in dem Moment als etwas entdecken, was wir weder entschieden haben noch entscheiden konnten. Das Unerwartete marginalisiert das Subjekt des Entscheidens, rekonstelliert uns in einer Matrix, in der wir uns erst wiederfinden müssen. Es dekonstruiert uns als identisches Entscheidungssubjekt.

Denn wenn eine Entscheidung zutrifft, sind wir uns darin unseres Selbst bewusst; trifft sie nicht zu und tritt etwas Unerwartetes ein, ist unser Selbstbewusstsein irritiert bis gestört. Wir stehen in einer Nichtidentität; das ist gar nicht psychologisch gemeint, sondern bezeichnet die Akteursdifferenz, plötzlich in zwei Gegenwarten zu stehen: der antizipierten, erwarteten und der unerwartet eingetretenen. Wir haben es mit einer kognitiven Dissonanz zu tun, deren Auflösung nicht sogleich opportunistisch auf die Anerkenntnis der neuen Gegenwart hinausläuft. Zumal man auf eine andere emotional eingestimmt ist. Zwei Gegenwarten auszuhalten bedeutet *situational stress*. Die vorgestellte, erwartete Realität erweist sich als irreal; dafür hat sich eine neue Realität platziert, die zwar da, aber noch nicht real ist, nicht sogleich als real akzeptiert ist. Die Spannung, in der sich das nichtidentische Subjekt befindet, ist zwischenzeitlich die zwischen zwei *irrealia*, die erst zu einer neuen Realität und darin aufscheinenden neuen Möglichkeiten konsolidiert werden müssen.

Es geht dabei nicht allein darum, dass etwas ganz Anderes eintritt als erwartet, sondern dass man sich selber in einem Zustand der Diskontinuität des eigenen Handelns und Überlegens antrifft: Abbruch der eigenen Erwartung. Doch ist die Diskontinuität / der Abbruch nicht vollständig: nur weil wir durch unsere Entscheidung etwas Bestimmtes erwartet haben, kann das Unerwartete als Unerwartetes erscheinen. Im Erwartungsabbruch erscheint aber zugleich etwas Anderes.

Das, was dann erscheint, ist neu. Neu heißt hier streng: nicht gedacht, nicht vorgestellt, nicht vordem für möglich gehalten. Also unmöglich im Sinne irgendeiner Erwartbarkeit. Denn zum Neuen gehört, dass wir es vordem nicht wissen. Aber es ist da und bildet den Keim einer neuen Wirklichkeit, die erst dann als reell neu akzeptiert ist, wenn sie anhält, d. h. unser nächstes Handeln bestimmen kann.

Damit unterstellen wir eine gewisse Kontinuität: jede Entscheidung erbringt ein Ergebnis, wenn auch nicht das, was man erwartet. Aber sie lässt sich immer so interpretieren, *dass ein Ergebnis folgen wird*. Es ist nicht notwendig kausal mit der Entscheidung verknüpft, wird ihr aber, als Folgendes, irgendwie zugerechnet.

Entscheidungen versuchen, Zukunft in der Gegenwart festzulegen, eine sichere Kontinuität herzustellen. Das folgt folgender Regel: wenn ich etwas entscheide, was kommen soll, entscheide ich immerhin, dass etwas kommt. Ich will zwar entscheiden, dass das kommt, was ich erwarte, aber wenn das nicht kommt, kommt immerhin etwas. Dass dieses etwas etwas Anderes ist, etwas unerwartet Anderes, überrascht mich vielleicht, aber nur im Vergleich zu dem, was ich erwartete. Wenn ich aber so erwarten kann, dass immerhin etwas kommt bzw. sich ereignet, kann ich mir generell vorstellen, dass sich immer etwas ereignet, *auf das ich generell disponiert sein kann.*

Die Welt ist epistemologisch potentiell diskontinuierlich, aber ontologisch kontinuierlich. Wir können wissen, dass sich immer etwas ereignen wird, aber nicht, was. Dass es häufig das ist, was wir erwarten, wiegt uns in der falschen Gewissheit, die uns überrascht sein lässt, wenn es anderes kommt. Diese Gewissheit ist eine Fiktion, die wir einnehmen, um – pragmatisch – entscheiden zu können, aber sie ist epistemologisch unterbestimmt. ›Fiktion‹ deshalb, weil sie uns nicht wissen lassen kann, was sich reell ereignen wird, uns aber handeln / entscheiden lässt, *als ob wir das wüssten*. Wir operieren so mit einer notwendigen Fiktion, deren Qualität wesentlich darin besteht, uns überzeugt zu haben, so entscheiden zu sollen, nicht aber darin, richtig zu sein. Wir bewegen uns so in einer rhetorischen Dimension, nicht in einer epistemischen. Es geht um Überzeugungen (*beliefs*), richtig zu handeln.

Die Verfahren, die wir dazu verwenden (wahrscheinlichkeits-festlegende Risikohandhabung), sind auto-suggestiv, selbst-überzeugend – legitimiert durch die Erfahrung, dass viele Entscheidungen *round about and so far* angemessen waren. Vieles gelingt, übrigens selbst dann, wenn es gelingt, extrem selten so genau, wie wir uns das vorstellten, eher nur ungefähr in der Richtung der Vorstellung. Selbst dann, wenn das, was wir uns beim Entscheiden vorstellten, nur ungefähr eintritt, tritt es anders ein, als wir es uns vorstellten. Es ist dann allerdings kein unerwartetes Anderes, sondern ein mehr oder minder bzw. tendenziell erwartetes. Wir sehen, dass jede Vorstellung über das, was kommt, *übergenau* ist im Verhältnis zu dem, was je eintritt. Und dass die Abweichung eher normal ist und sich nur graduell vom Eintreten von etwas ganz Anderem unterscheidet. Denn was wir uns vorstellen, ist subjektive Schätzung, also potentiell sich verschätzend, weil fiktional.

4. Kontinuität

Wir können sagen, dass Entscheidungen eine Handlung darstellen, die die Welt als Kontinuum interpretiert. Die Entscheidungen sollen sicherstellen, dass sich etwas ereignet. Die im Entscheiden mitlaufende wahrscheinlichkeitszuschreibende Kulturtechnik hingegen, sich versichern zu wollen, was genau sich ereignet, bleibt kontingenzoffen. Aber weil sich selbst dann etwas ereignet, wenn das, was wir entschieden haben, verfehlt wird, bleiben wir in der Welt und haben eine Meta-Erwartung: dass weiterhin etwas geschieht. Es hat dann nur nichts mit unserer Entscheidung zu tun, außer dass wir durch unsere Entscheidung ermessen können, dass es nichts damit zu tun hat. Eben das aber fällt schwer, auseinander zu halten.

An der Entscheidung zeigt sich eine Brücke zu anderen Ereignissen, aber nicht notwendigerweise durch die Entscheidung. Die Entscheidung zeigt sich *post hoc* als zutreffend oder als different. Jedes Mal zeigt sie etwas, aber auch, ob wir etwas damit zu tun haben oder nicht (im Sinne der *propter hoc*-Intention). Da sich immer etwas ereignet, auch wenn es nicht unserer Entscheidung entstammt, ereignet es sich aus anderen Entscheidungen: aus den Entscheidungen anderer, oder des Systems, in dem wir entscheiden (z. B. des Marktes, der Familie, der Politik). Selbst wenn wir Entscheidungen Anderer beobachten, können wir nicht vorhersehen, was das System als System ›entscheidet‹. Selbst wenn wir unsere Entscheidungen an die Anderer koppeln (Herden- oder Schwarmeffekt), können alle zusammen das verfehlen, was dann tatsächlich kommt. Die Ankopplung ist wieder nur mehr ein weiteres Verfahren der Gewissheitsgewinnung, überhaupt in ungewissen Lagen entscheiden zu können. Es ist ein Einklinken in eine kollektive Überzeugung einer *community of practice* (in einem *shared mental model* über die Welt).

Jede Entscheidung legt zukünftige Ereignisse fest, gleichsam als Versicherungsoperation, keine andere Zukunft haben zu wollen als die so entschieden erwartete. Man darf nicht vergessen, dass jede Entscheidung eine Selektion von nur einer einzigen Möglichkeit aus vielen möglichen ist. Dabei ist ›die Zukunft‹ nur der Joker, um in der Gegenwart die Entscheidung zu treffen. Das, was jetzt, in der aktuellen Gegenwart, entschieden wird, soll sich nicht ›in der Zukunft‹, sondern in der dann aktuellen Gegenwart realisieren. *›Zukunft‹ ist nur der Name für die Differenz zweier Gegenwarten, die durch versichernde Operationen bzw. Verfahren überbrückt bzw. kontinuiert wird.*

Trivialerweise ist der Eintritt von etwas Unerwartetem nicht vorher möglich, sondern nur in der jeweiligen Gegenwart (nicht vorher heißt: nicht antizipierbar). Was dann unerwartet eintritt, ist reine Gegenwart: d. h. Vergegenwärtigung / Verwirklichung eines un-möglichen Ereignisses, das eine *double presence* offenbart: die Geltung der Differenz zweier Gegenwarten – einer alten erwartungsgesättigten und einer neuen interruptiven welt-verändernden.

So haben wir zwei Tatbestände vorliegen: 1. die längst erörterte Unmöglichkeit der Vorhersage von etwas überraschend Unerwartbaren, und 2. den der Verzweigung der Gegenwart. Die alten Erwartungen erweisen sich plötzlich als *irrealis*. Das, was so unerwartet kommt, ist eine andere Wirklichkeit als die imaginierte. In der Entscheidung wollten wir eine bestimmte Möglichkeit verwirklichen, d. h. eine bestimmte Wirklichkeit herstellen. Durch das, was unerwartet kommt, stellt sich eine andere Wirklichkeit her. Es ist ein Herstellen ohne Vorstellen. Wir werden, von unserem identischen Handlungsbewusstsein abgekoppelt, in eine andere Wirklichkeit geworfen.

Können wir das aber nicht wissen? Können wir, bei aller Erwartungslosigkeit, nicht dennoch erwarten, dass so etwas geschehen kann? Muss dann nicht, bei aller Entschiedenheit in der Entscheidung für eine bestimmte Möglichkeit, immer die offene Möglichkeit der Negation dieser bestimmten Möglichkeit mitlaufen? Und zwar nicht in der reduktiven Form der Erwartung des Nichteintritts des Gewollten, sondern in der extensionalen Form einer ambiguitätstoleranten Erwartung von etwas ganz Anderem? Müssen wir nicht damit ›rechen‹, dass so etwas kommt? Nur weil wir entscheiden, nehmen wir eine bemessene Position im Möglichkeitsraum ein. Alles, was kommt, wird jetzt danach bemessen, ob es das realisiert, was wir fixiert haben. Aber es realisiert sich Vieles, das keine Rücksicht auf unsere Bemessungen nimmt (so wie wir durch die entschiedene Bemessung selber keine Rücksicht darauf nehmen, dass alles Mögliche kommt, nicht aber notwendig das Entschiedene). Was bedeutet das nun? Dass die Annahme der Differenz zwischen dem, was wir erwarteten, und dem, was unerwartet neu erscheint, eine *zweite Entscheidung* ist, die der ersten folgt, wenn sie sich als gescheitert bzw. als unzutreffend erwiesen hat. Die erste Entscheidung muss, weil sie mit dem Nichteintreffen dessen rechnen muss, was sie entschieden hat, in einer zweiten Entscheidung das Andere akzeptieren, wenn es stattdessen eingetreten ist. Diese zweite Entscheidung ist nötig für die *De-Fiktionalisierung*, d. h. für die Enttäuschung der Enttäuschung, die Erwartung nicht erfüllt bekommen zu haben. Denn wären wir nur enttäuscht, hingen wir den alten Erwartungen weiterhin an, und wären nicht bereit, uns der neuen Wirklichkeit zu stellen, behinderten uns an neuen Erwartungen. Diese Enttäuschung zu enttäuschen ist der notwendige Schritt, um uns in der Welt der neuen Wirklichkeit bewegen zu können.

Es geht darum, die neue Wirklichkeit als Basis neuer Entscheidbarkeiten zu sehen, nicht als Abbruch oder Störung alter. Es ist die Chance, sich mit neuen Wirklichkeiten auseinander-zu-setzen, d.h. sich von alten Wirklichkeitsvorstellungen in sich selber abzusetzen. Es ist eine *situation of cultural stress*, in der wir in unseren Gewohnheiten unterbrochen werden, indem wir auf etwas gestoßen werden, was wir weder wollten noch uns vorstellten. Es ist der Einbruch des Neuen, nicht als freundlicher Gast, sondern als Fremdes, mit dem wir uns auseinander zu setzen die Chance bekommen, um selber ›neu‹ zu werden, in neuer Erwartungsidentität.

Es ist, wenn man schon Kreativität will, eine *creatio ex nihilo*, aus dem Widerständigen neu zu beginnen, neu sich zu orientieren, frei von der Genügsamkeit des Gewohnten, Vergangenheitskonstituierenden. Es ist die anfordernde Seite des Auf-Etwas-Anderes-Geworfen zu sein. Erst aus dem entspringt die Varianz. Dass wir nicht das entscheiden, was wir uns vorstellen, in Anschluss an das, was wir uns immer schon vorstellen, sondern dass uns etwas vorgestellt wird, was wir uns nicht vorstellen – als Widerständiges, aus dem heraus wir neue Lösungen gewinnen können.

Nicht die erste Entscheidung, die Wahl zu realisierender Möglichkeiten – als Festlegung unserer Erwartungen – befreit uns, sondern die zweite Entscheidung der Akzeptanz des Unerwarteten, die uns den Bruch mit den Kontinuitäten ermöglicht, die wir in der ersten Entscheidung fixiert hatten. Nicht die Wahl des Erwartbaren und Wahrscheinlichen macht uns frei, sondern die – zweite – Wahl des Unwahrscheinlichen: *Diskontinuität als Produktivität.*
Das Unmögliche wird zur Chance des neuen Möglichen. Es verlangt allerdings eine »Transformation des Denkens, der Erfahrung oder des Sprechens von der Erfahrung des Möglichen und des Unmöglichen« (Derrida 2003, S. 41).

Das Neue erscheint nicht als freundliche Erweiterung der Welt, sondern in einem widerständigen Akt, den wir meistern müssen, indem wir die Anschlusschancen wahrnehmen, d.h. den Abbruch der Erwartungen als Chance wahrnehmen, umzudenken, um neuen Möglichkeitsraum frei zu gewinnen.

Literatur

Campe, R. (2002): *Spiel der Wahrscheinlichkeit. Literatur und Berechnung zwischen Pascal und Kleist*, Göttingen: Wallstein.
Derrida, J. (2003): *Eine gewisse unmögliche Möglichkeit, vom Ereignis zu sprechen*, Berlin: Merve.
Pelzer, P. (2012): *Risk, Risk Management and Regulation in the Banking Industry*, London: Routledge (vor allem chap. 7).
Waldenfels, B. (2006): *Schattenrisse der Moral*, Frankfurt a.M.: Suhrkamp.
Wittgenstein, L. (1970): *Über Gewißheit*, Frankfurt a.M.: Suhrkamp.

Elena Esposito
Wie viel Altes braucht das Neue?

1. Das Rätsel des Neuen

Zum Neuen, merkwürdigerweise, möchten wir immer etwas Neues sagen. Im Organisationsbereich ist die neueste Tendenz, organisatorische Innovation nicht von dem aus zu betrachten, was sich erneuert (vom Replacement), sondern von dem aus, was bleibt (die Recombination): nicht also vom Neuen, sondern eher vom Alten aus. Das einflussreiche Buch von David Stark (2009) geht von diesem Ansatz aus und stützt sich auf andere Forschung (Lester & Piore 2004), die den (überraschenden aber nunmehr sehr bekannten) Effekt untersucht, dass der Erfolg von Innovation ein Hindernis für weitere Innovation zu sein scheint.

Ein Verdienst dieser Diskussion ist, die dunklen Seiten des Neuen und der Innovation zu zeigen, die eigentlich seit Jahrhunderten bekannt sind und immer Bedenken und Unbehagen produziert haben. In den letzten Jahrzehnten sind sie jedoch etwas im Schatten geblieben, verdeckt von einer so mitreißenden wie unreflektierten Euphorie für Neuheit[1]. Wenn vom Neuen die Rede ist, sollte man eigentlich von einem grundlegenden Umstand ausgehen: das Neue ist und bleibt ein Rätsel – nicht nur, weil es oft schwierig ist, Neuheiten zu verstehen, sondern auch weil das Konzept vom Neuen streng genommen unverständlich ist: das Neue, wenn es echt ist, negiert sich selbst. Mit Luhmanns Worten: »Neuheit ist zunächst ein ontologisches Unding: Etwas *ist*, obwohl, ja weil es alles *nicht ist*, was bisher war« (Luhmann 1995, S. 323). Eine authentische Neuheit sollte *anders* als alles Bekannte und Vertraute sein, aber dann könnte sie auch nicht verstanden (und vielleicht noch weniger geschätzt) werden. Das Neue, welches das Alte vernichtet und überwindet, muss das Alte zugleich aufheben, sonst gäbe es nichts zu überwinden und könnte nicht als neu gelten (Günther 1970, S. 38).

Um neu zu sein, muss das Neue immer auch alt sein: die zwei Seiten der Unterscheidung alt/neu sind nur zusammen gegeben und machen den Begriff in seinen verschiedenen Verwendungen unvermeidlich unklar und das Phänomen rätselhaft. Das Neue ist auf zweierlei Wege an

---

[1] Es gibt mehrere Gründe für diese Unaufmerksamkeit: eine Komponente ist sicherlich die überwältigende Entwicklung der Computer- und Digitaltechnologie, wo theoretische Reflexion keine treibende Rolle hatte: Zur Technologie und ihren sozialen Aspekten, neben der Forschung im Rahmen der social construction of technology (SCOT) (MacKenzie & Wajcman 1985), siehe die Beiträge in Hörl 2011.

das Alte gebunden: zum einen weil es nicht erkennbar wäre, ohne eine bekannte (dann alte) Komponente, und zum anderen weil es die Welt älter macht. Vor Entdeckung des Neuen war das, was es vorher gab, einfach das, was es war, weder alt noch neu. Wenn aber das Neue ins Spiel kommt, wird der vorherige Zustand sofort alt und muss auf andere Weise (als Tradition oder als Klassiker) gerechtfertigt oder in der unaufhaltsamen Suche nach Innovation einfach disqualifiziert werden. Das Neue scheint wie in einem Spiegel mit seiner Negation konfrontiert: es behauptet sich und leugnet sich zugleich selbst.

Dieses Rätsel wird der rote Faden unserer Rekonstruktion der Semantik des Neuen sein, anhand dessen wir die Schwierigkeiten zurückverfolgen werden, die die Auseinandersetzung mit dem Neuen mit sich brachte. Dies erklärt z. B. die Verwirrung der frühen modernen Gesellschaft, als die Neuheit, die verworfen und gefürchtet wurde, geschätzt zu werden begann: wie kann man das Neue suchen, wenn es nicht gefunden werden kann, ohne das Alte auch zu finden? Sicherlich nicht indem man sich auf die Welt bezieht, sondern eher auf das System, das beginnt (aus Gründen, die angegeben werden sollen), Diskontinuität und Devianz zu schätzen. Die Unterscheidung zwischen neu und alt ist im System, nicht in der Welt, und zeigt, wie das System die eigenen Operationen organisiert (wir werden es in Absatz 2 sehen). Das Neue »an sich« ist inhaltsleer: das erklärt seinen riesigen Erfolg in unserer Gesellschaft. Das setzt aber eine paradoxe Dynamik in Bewegung: die Suche nach immer neuen und immer anderen Neuheiten, bis die Suche nach Innovation selbst vorhersehbar, also alt wird (Absatz 3). Man bräuchte eine neue Art, zu erneuern, die zur gleichen Zeit berücksichtigt, was geändert und was destabilisiert wird, was erneuert wird und was älter wird bzw. veralten muss. Die gleichzeige Präsenz beider Aspekte, also wieder des Neuen und des Alten, erklärt das Scheitern vieler Innovationsprojekte: man denkt an das, was erneuert wird und nicht an das, was zerstört wird, aber diese zweite Seite ändert die Bedingungen des Systems auf eine Weise, die der Erneuerer nicht kontrollieren kann und führt das System in eine andere Richtung als die gewünschte: die Evolution stimmt nicht mit der Planung überein. Wir werden zum Schluss (Absatz 4) einen anderen Modus zum Umgang mit Innovation vorschlagen, der die Art und Weise berücksichtigt, wie die unvorhersehbare Zukunft, die wir vergeblich zu kontrollieren suchen, immer auch von der Vergangenheit abhängt.

2. Wann und wie wird das Neue interessant?

Das Neue schien rätselhaft, seitdem man im späten Mittelalter begann, nicht-reduktiv über die Bedeutung und den Wert der Neuheit zu reflektieren. Die Frage war, »ob es überhaupt möglich und erlaubt ist, Neues zu denken und zu schreiben« (Spörl 1930, S. 315). Früher interessierte das Neue nicht: Es wurde pauschal als Devianz und Fehler, Störung und Unterbrechung der Tradition und der von Zeit und Schrift konsolidierten Bezugspunkte betrachtet – ein negatives Konzept, das eine nicht geschätzte und nicht gesuchte Form der Veränderung angab (Meier 1980, S. 451; Spörl 1930, S. 299 ff.; Graus 1987, S. 156 ff.). Diese Ablehnung bleibt bis Montaigne (2011, Original 1580, Essay I.XXIII »Über die Gewohnheit und dass man ein überkommenes Gesetz nicht leichtfertig ändern sollte«) und Bacon (1995, Essay XXIV »Über Innovationen«) üblich, allmählich muss man sich aber mit zunehmender Häufigkeit und Relevanz mit Neuheit auseinandersetzen. Die moderne Gesellschaft produziert immer mehr Neuheiten und gibt ihnen immer mehr Bedeutung – wie kann diese (selbst neue) Entwicklung erklärt werden? Wie kann man Neues suchen, wenn man dabei immer auch Altes beobachten muss?

Man muss zuerst die Perspektive verschieben: solange man weiterhin denkt, dass das Neue »da draußen« (»out there«) in der Umwelt ist (Stark 2009, S. 17) und darauf wartet, entdeckt zu werden, bleibt das Rätsel unlösbar: man wird das Neue nie finden können. Das Neue betrifft dagegen das Verhältnis des Systems zu sich selbst: wie *Information* (von Foerster 1972) ist das Neue nicht *in* der Welt gegeben. Die Neuheit befindet sich im System: sie tritt auf, wenn, aus welchem Grund auch immer, entschieden wird, Diskontinuität und Bruch mit der Tradition hervorzuheben, und Anschlussfähigkeit dadurch anders läuft. Man soll sich denn nicht auf das Neue »an sich« ausrichten (ein Unding, das auf das Alte verweist), sondern wie gesehen auf die *Unterscheidung* zwischen Alt und Neu, die wie alle Unterscheidungen nicht in der Umwelt gegeben ist, sondern von Systemen verwendet werden, um die eigenen Operationen zu orientieren (und sowohl das Neue als auch das Alte einschließt). Die Unterscheidungen sind *in* den Systemen, und man muss sich dann an Systeme richten, wenn Neuheit gesucht wird. Neuheit wird sich als eine der beiden Seiten der Unterscheidung *zwischen* etwas zeigen, das als neu qualifiziert und etwas, das gleichzeitig und aus denselben Gründen alt wird.

Zuerst muss man fragen, wo dieses System das Neue findet. Wenn eine Neuheit entdeckt wird, gehen die nachfolgenden Operationen des Systems, die Suche nach Anschlüssen und Entwicklungen, von etwas aus, das auch davor vorhanden war, jedoch im Zustand des Möglichen:

von redundanten Möglichkeiten, die im System bereits gegeben sind, aber jetzt neu organisiert werden und ein anderes Modell von Struktur und andersartigen Anschlussmöglichkeiten produzieren (Luhmann 2008, S. 39; 1987, S. 320). Die Neuheit entsteht aus der Rekombination (Stark 2009, S. 4 ff.) im Kontext von genügend Vertrautem, um einen Effekt der Überraschung zu produzieren (Luhmann 1995, S. 55-56). Das System ordnet die eigenen Redundanz um und produziert den Neuheitseffekt – aber aufgrund von Potenzialen, die im Voraus gegeben waren, also alt und neu zugleich sind: es kommt darauf an, welche Seite der Unterscheidung gewählt wird.[2]

Was man sich fragen soll, ist, warum, wann und wie ein System für die eine Seite der Unterscheidung statt für die andere optiert: für das Neue, was Störung, Mühe und Belastung ist, statt für das Alte, was konsolidiert und dem man vertraut. Warum entscheidet das System, sich auf das Neue zu richten und die Anschlussfähigkeit von der Offenheit aus statt von der Schließung, der Unbestimmtheit und somit der Stabilität zu organisieren? Für unsere Gesellschaft ist die Wende ziemlich klar und hat großes Unbehagen bei den Beobachtern im 17. Jahrhundert verursacht – in der Zeit des Übergangs von einer negativen zu einer positiven Bewertung des Neuen, das jetzt gefällt und gerade deshalb gefällt, weil es neu ist (Luhmann 1997, S. 1001). Die Neuheit wird nicht einfach zu einer zusätzlichen Eigenschaft, die geschätzt werden kann, wenn sie nützlich ist und zu guten Ergebnissen führt (ein neues Gerät, eine neue Schönheit), sondern wird zu einem Wert an sich. Das Neue gefällt als neu, unabhängig von den Eigenschaften der Neuheit – die Eigenschaft des Neuen wird fast zu einer Voraussetzung, um andere Eigenschaften schätzen zu können: nur das, was neu ist, scheint zu gefallen («il n'ya proprement que ce qui est nouveau qui plaise à nos yeux«: Grenaille 1642, S. 130).

Die Transformation der Beziehung zwischen Varietät und Redundanz ist offensichtlich mit der Verbreitung des Buchdrucks verbunden, insbesondere der Massenmedien, spezialisiert auf die ständige Produktion von Neuheiten (news). Zeitungen (und heute Fernsehen und Internet) erneuern jeden Morgen die früheren Innovationen und verbreiten in der

---

2 Das hatte Pascal schon gesehen in einer Zeit großer Bestürzung und Alarmiertheit aufgrund der scheinbar unerklärlichen Verbreitung der Suche nach und Aufwertung von Neuheit (1957, S.1101): Neuheit ist Änderung in der Disposition der Materialien, d.h. Reorganisation dessen, was es schon vorher gab. Bei Pascal jedoch, der die Sorgen seiner Zeit aufgrund der Ausbreitung der Unordnung ausdrückte, zielte die Bemerkung darauf ab, das Neue abzuwerten und seine subversive Kraft zu entschärfen, indem es auf bekannte und vertraute Daten zurückgeführt wurde: das Neue ist eigentlich schon alt.

Gesellschaft ein Gefühl der Vergänglichkeit und zur gleichen Zeit eine unbekannte Erwartung der Veränderung: man lernt, damit zu rechnen, dass morgen etwas Neues gesagt wird[3]. Man gewöhnt sich an Änderung und lernt, der Instabilität strukturierende Kraft zu geben. Das Phänomen, das am deutlichsten diese drastische Haltungsänderung zeigt, ist die Mode, die in der heute bekannten Form vor Ende des 16. Jahrhunderts nicht existierte – es gab nicht einmal das Wort.[4] Die (typisch moderne) Mode unterscheidet sich von dem früheren Interesse für Kleidung, welches sich natürlich auch mit der Zeit und mit den sozialen Transformationen veränderte, weil ihr Fokus gerade Neuheit ist, und gerade auf deren grundlegender Instabilität basiert: die Mode gefällt, nicht weil sie schön oder schöner als die frühere Mode ist (jeder weiß, dass das nicht der Fall ist), sondern einfach weil sie »in«, also neu ist – und als solche wird sie in der nächsten Saison alt («out«) sein. Wer Mode folgt weiß, Dinge zu schätzen, die er im Vorjahr nicht geschätzt hätte und im folgenden Jahr nicht schätzen wird, und weiß, dass er sie gerade deshalb mag. Die Mode ist die Apotheose und die Aufwertung der Vergänglichkeit und ist deshalb fähig, alle zu binden und eine gemeinsame Referenz zu bilden (Esposito 2004). In der Form der Mode, zeigt Neuheit seine strukturierende Kraft für die moderne Gesellschaft und eine radikale Veränderung der Perspektive in Bezug auf Tradition und auf ihre Strukturen: jetzt beruht Stabilität auf Variation und Destabilisierung (Luhmann 1997, S. 492 ff.). Von der künftigen Mode wissen wir nur, dass sie anders als die jetzige sein wird, wir wissen: das einzige, womit wir rechnen können (die einzige Stabilität), ist nunmehr die Veränderung.

3. Das Altern der Innovation

Diese Lösung ist sehr mächtig und strukturell wirksam, wie der Erfolg und die Verbreitung der Ausrichtung an das Neue in allen Bereichen der Gesellschaft zeigen. Sie ist aber nicht ohne Probleme, die in immer unterschiedlicher Form das grundlegende Rätsel der Neuheit wieder zeigen, welche in jeder Verwirklichung gegeben und negiert wird. Das ontologische »Enigma« des Neuen (als »Unding«) nimmt hier eine operative Konnotation an: wenn jetzt das Neue geschätzt und gesucht wird, was soll man suchen? Das Neue als solches ist noch nicht erkannt und

---

3 Ein in der Kommunikationssoziologie – von den Studien zum newsmaking bis zur cultivation theory – bekanntes Phänomen.
4 Erst zu Beginn des 17. Jahrhunderts beginnt man, zu dem männlichen Begriff »le mode« den weiblichen »la mode« zu verwenden und der Begriff »fashion« überlagert den alten Begriff der »Machart«.

definiert worden, und der Forschungsprozess verwandelt sich in eine paradoxe »recognition of the incognita« (Stark 2009, S. 4). Die Destabilisierung ist inhärent destabilisierend; das Neue erfordert nicht nur, seine Inhalte zu erneuern, sondern auch sich selbst zu erneuern, auf neue Weise zu erneuern[5].

Es ist wieder die Mode, die diese Dynamik am deutlichsten zeigt. Die Mode, wie wir wissen und wie die Dandys bereits zu Beginn des neunzehnten Jahrhunderts wussten[6], muss nicht zuerst schön sein, sondern anders als das, was es davor gab, also abweichend, tendenziell provokativ. Deshalb werden ihre Formen immer extremer und führen das Streben nach Innovation und Überraschung an die Grenze, bis das Neue selbst nicht mehr überraschend ist und die Provokation vorhersehbar wird. Bei Kleidung ist es offensichtlich: keine extravagante Mode, keine schwindelerregend hohen Absätze und keine schamlose Nacktheit wirkt so provokativ wie die hervorgekehrte Normalität Pradas – die sich aber nur begrenzt wiederholen lässt. Die Suche nach dem Effekt wird zwischen diesen beiden Extremen und in ihren Verwicklungen gespielt. In den anderen weniger vorgeführten aber oft komplexeren Bereichen muss die Suche nach dem Neuen sich mit einem ähnlichen »Formverbrauchseffect« (Luhmann 1995, S.77) auseinandersetzten: man gewöhnt sich an das Neue und der Überraschungseffekt muss auf einer anderen Ebene passieren. Man sucht gleichsam eine paradoxe Neuheit zweiter Ordnung, bei der es nicht ausreicht, abzuweichen, sondern man immer anders abweichen muss, von der Abweichung selbst abweichen bis zur Reproduktion des Erstaunens und der Unbestimmtheit der offenen Zukunft.

Aber auch auf dieser Ebene taucht die Paradoxie des Neuen-Alten wieder in anderer Form auf und verhindert die (auch paradoxe) Suche nach einer Ordnung oder nach einem Rezept: wenn die Gesellschaft die Abweichung (oder das Streben nach Originalität, oder die Neuheit) begünstigt, tut wer abweicht nichts anderes, als den Erwartungen zu entsprechen, d.h. die Regel zu bestätigen. Von der Abweichung abzuweichen ist nicht mehr abweichend; wer sich ständig ändert, tut immer dasselbe. Die Suche nach Neuheit ist nicht mehr neu; eine komplexere Orientierung wäre nötig. Die Suche nach Neuheit kann keine Regel sein, weil ihr weder gefolgt noch nicht gefolgt werden kann. Wir bräuchten eine andere Einstellung, die erlaubt, unter den unzähligen ständig produzierten Innovationen, die interessanten von den irrelevanten zu un-

---

5 Eine klassische Formel markierte das Problem in einem Gebiet, die Kirche, das an sich wenig zu radikaler Erneuerung geneigt ist: »ecclesia reformata, semper reformanda«.
6 Der Dandy will nicht gefallen sondern überraschen: Barbey d'Aurevilly 1845 (1989, S.124).

terscheiden. Wir bräuchten eine höhere Unterscheidungsfähigkeit, die erlaubte, die Einheit der Unterscheidung alt/neu zu beobachten und aus der fruchtlosen Oszillation zwischen beiden Seiten herauszukommen. Es reicht dann nicht, eine Seite der Unterscheidung mit der gegenübergestellten Seite (das Alte mit dem Neuen) zu vergleichen – man würde nichts lösen. Man kann dagegen versuchen, die Unterscheidung als Ganzes mit ihren zwei Seiten (die Suche nach dem Neuen/Alten) mit anderen Unterscheidungen zu artikulieren, um festzustellen, ob daraus wirksamere Empfehlungen gewonnen werden. So kann man zum Beispiel fragen, wie das Neue auf das System einwirkt, das es produziert, und was die Folgen sind: was wird alt und was erneuert sich, und wie kann der Prozess gesteuert werden? Es geht immer um die Verwaltung des Neuen, von der wir am Anfang dieser Reflexion ausgegangen sind, bezogen aber jetzt auf die Komplexität der Unterscheidung.

4. Strukturänderung und Strukturauflösung

Die Unterscheidungen, wie wir gesehen haben, beziehen sich immer auf Systeme: es gilt dann in Bezug auf Systeme und ihre Strukturen, dass man sehen soll, wie die Unterscheidungen wirken – darunter auch die Unterscheidung neu/alt. Von einem System verwendet, überführt sich die Unterscheidung neu/alt operativ in der Unterscheidung Strukturänderung/Strukturauflösung (Luhmann 2011, S. 10ff.): die Erneuerung (die positive Seite) ändert die Strukturen des Systems, das sich erneuert, »löst« aber zugleich (die negative Seite) die früheren Strukturen auf, die nicht mehr als Bezug gelten – sie werden alt und müssen überwunden werden. Beide Seiten sind wieder nur im Zusammenspiel gegeben: um zu ändern, muss man auch auflösen, aber Absichten und Ergebnisse beider Prozesse sind anders.

In der Regel konzentriert sich die Aufmerksamkeit der Beobachter nur auf eine Seite der Unterscheidung – seit einigen Jahrhunderten auf die Seite, die als positiv gesehen wird, also die Strukturänderung: die Suche nach Neuheit. Die moderne Gesellschaft findet, wie gezeigt wurde, in der Neuheit eine paradoxe Form der Stabilisierung und neigt dazu, mehr Neuheiten als evolutionär plausibel zu produzieren, angetrieben von einer »semantischen Hypertrophie der Variation« (Luhmann 1997, S. 472), die dazu führt, die andere Seite des Prozesses zu vernachlässigen: nicht nur die unvermeidliche Redundanz, sondern auch die Auswirkungen der Innovation auf die früheren Formen der Stabilität. Man sieht die positive Seite der Konstruktion des Neuen und beachtet die korrelierte negative Seite der Zerstörung und Destabilisierung nicht: man sieht die Strukturänderung, ohne die unvermeidlich korrelierte Strukturauflösung zu beachten. Man denkt an Konstruktion eher als an Zerstörung – zerstört aber sowieso, oft unwissentlich: Innovation hat nicht die Vernichtung der Tradition als Zweck, so wie Pädagogik auf Bildung der Erwachsenen und nicht auf Zerstörung der Kinder (auf Lernen, nicht auf Verlernen) zielt und Mode nach Varietät der Formen, nicht nach ihrer Alterung strebt. Die andere Seite ist jedoch immer vorhanden und reproduziert sich in den Operationen der Systeme: man zerstört und macht älter, und der Innovator befindet sich in der Lage, mit einem System umzugehen, das nicht mehr dasjenige ist, an das er seine Projekte gerichtet hatte. Deshalb geht oft die Strukturänderung in eine andere Richtung als gewünscht.

So erklärt sich der Misserfolg vieler Innovationsprojekte und allgemein die Unmöglichkeit, den Prozess rational zu kontrollieren. So erklärt sich auch die Schwierigkeit, Innovation komplexer zu thematisieren, weil man sich mit dem Rätsel des Neuen und mit der dunklen Seite der entsprechenden Semantik auseinandersetzen sollte[7] – ein schwieriger und scheinbar entmutigender Prozess, dem aber in letzter Zeit wieder Aufmerksamkeit gewidmet wird. Es ist – in einem ganz anderen Zusammenhang – der Weg, den die Organisationswissenschaften seit Kurzem im Rahmen der Wiederentdeckung und Thematisierung der Innovation verfolgen. Lester & Piore und Stark, von denen wir ausgegangen sind, basieren ihre Analysen auf der Aufwertung der Ambiguität[8], der Verwirrung und der Unsicherheit: der Fähigkeit, Dissonanz und »perplexing situations« (Stark 2009, S. 5) als Bestandteil des Innovationsprozesses zu produzieren. Mit unseren Worten: diese Forschung erkennt die Komponente der Strukturauflösung, die zwangsläufig Veränderungen begleitet, und versucht, sie in den Operationen zu berücksichtigen. Um zu innovieren, so scheinen die Autoren zu sagen, muss man zuerst zerstören und destabilisieren, »dissonance« und »disruption« (Stark 2009, S. 16-17) erstellen, woraus dann eine erneuerte Form entstehen wird.

Auf praktischer Ebene ist dies eher problematisch, vor allem für diejenigen, die entscheiden müssen. Die neue Form wird sicherlich entstehen, aber von selbst. Wer sich um Strukturauflösung kümmert, verzichtet auf Steuerung der Veränderung: er erkennt die Naivität der Erneuerer, aber auf Kosten der Leitung der Erneuerung (obwohl er auch auf Inno-

---

7 In Bezug auf die Hegelsche Dialektik führt Günther (1970, S. 38 ff.) den semantischen Trend des Neuen auf eine vereinfachte Form zurück: die erste Negation, die sich darauf beschränkt, die andere Seite innerhalb einer gegebenen Unterscheidung (oder Binarität) zu negieren. Um das Neue wirklich zu verstehen, bräuchte man dagegen eine zweite oder totale Negation, welche die Unterscheidung (er spricht von Kontextur) als Ganzes negiert und sie von einer anderen Unterscheidung unterscheidet.
8 McGoey 2012, S. 8 empfiehlt, »purposeful ambiguity« zu kultivieren.

vation zielt). Statt auf die Seite der Strukturänderung (um die sie sich nicht kümmern) sind jetzt die Autoren nur auf die Seite der Strukturauflösung ausgerichtet und behaupten eine neue Form der Innovation. Es wird den Managern empfohlen, sich für eine »organization of diversity« (Stark 2009, S. 26) zu engagieren, eine »tolerance for ambiguity« (Lester & Piore 2004, S. 12) zu pflegen, Prozesse in Gang zu setzen, ohne zu wissen, was das Ergebnis sein wird[9]: der Verzicht auf Struktur soll zu komplexeren Strukturen führen. Aber die Komplexität (oder der Mangel an Komplexität) bleibt dieselbe: man berücksichtigt beide Seiten nicht, berücksichtigt also die Unterscheidung Strukturänderung/Strukturauflösung als solche nicht. Die Voraussetzung ist eine gewisse ideologische Blindheit: die Innovation ist immer gut, selbst wenn man nicht weiß, welche Form sie haben wird – Zweck des Innovators ist, sie auf jeden Fall zu produzieren, selbst wenn er nicht weiß, was produziert wird. Das bedeutet praktisch einen Verzicht auf Verantwortung (Luhmann 2011, S. 17): die Struktur wird aufgelöst, Unbestimmtheit und Unsicherheit werden produziert, jedoch die Aufgabe der Strukturerneuerung wird der Evolution oder der Lernfähigkeit der Systeme anvertraut. Da man nicht alles kontrollieren kann, scheint es klüger, auf Kontrolle ganz zu verzichten. Faktisch wird der Zukunft die Aufgabe überlassen, die Strukturen wiederaufzubauen (oder möglicherweise das System zu eliminieren)[10].

Ein komplexeres Verfahren ist jedoch möglich, unter Berücksichtigung der in letzter Zeit betonten Notwendigkeit, auch die (dunkle) Seite der Strukturauflösung zu berücksichtigen und dabei zu versuchen, die Unterscheidung als Ganze zu betrachten. Daraus ergibt sich die (wieder zwangsläufig paradoxe) Anforderung, auf Kontrolle zu verzichten aber dabei zu versuchen, den Mangel an Kontrolle zu kontrollieren. Obwohl der Evolution ausgesetzt, wird die Destabilisierung im System erzeugt, kann auf unterschiedliche Weisen produziert und in ihrer Entwicklung verfolgt werden.

Eine systemische Verwaltung der Neuheit sollte sich mit dieser Komplexität von Abhängigkeiten und Interdependenzen konfrontieren. Die Erkennung der Strukturauflösung ist der erste Schritt: die Komplexität wird temporalisiert und ins Nacheinander verschiedenartiger Zustände verlegt. Man wendet sich dem Horizont zu, der (unerkennbaren) Zukunft, die entscheiden wird, was ausgewählt wird. Aber die Selektion

---

9 In eine sehr ähnliche Richtung gingen die nunmehr klassischen Vorschläge von Karl Weick, zum Beispiel Weick 1979.
10 Wenn das Problem gestellt wird, ist die Legitimation in der Regel ideologischer Art: Man bezieht sich nur auf die gegenwärtige Zukunft und auf die entsprechenden Kriterien und ignoriert die Komplexität der künftigen Gegenwarten, die sich anders orientieren können: Luhmann 2011, S. 26.

wird in der Gegenwart vorbereitet: die Zukunft wird aus dem wählen, was wir heute tun, aus den Möglichkeiten, die heute zur Verfügung gestellt werden. Das garantiert keine Kontrolle erster Ordnung (man kann den Lauf der Dinge nicht beeinflussen), sondern ermöglicht eine Art Kontrolle zweiter Ordnung, bezogen auf das System und nicht auf die Welt: sie bietet die Möglichkeit, aus dem was passiert (auch aus Enttäuschungen) zu lernen und das eigene Verhalten zu ändern. Die Welt ist unvorhersehbar, aber das System hat eine Orientierung. Operativer: das System kann im Lauf der Zeit die Folgen seiner Intervention beobachten, indem es nicht nur die Strukturänderung oder die Strukturauflösung, sondern ihre Unterscheidung beobachtet: die Art und Weise, wie die neuen unvorhersehbaren Strukturen aus dem resultieren, was es getan und vorhergesehen hatte. Das System lernt im Nachhinein, was es früher getan hat und nutzt es, um die nächsten Schritte zu dirigieren – die irgendwie die Vergangenheit nutzen und von ihr profitieren, aber im Sinne der Diskontinuität.

Bedeutende Beispiele dieser Haltung können nicht zufällig in der turbulenten Welt des Webs (oder derjenigen, die als »neuen Medien« bezeichnet werden) gefunden werden – ein Bereich, der aus der Innovationen sein Motiv und seinen Grund macht: man ist mit etwas konfrontiert, das anders sein muss, als was bisher vertraut war. Mit oft unreflektierter Emphase drückt die Mythologie dieses Bereichs diese Suche nach der Veränderung als solche aus – das Programm von Larry Page soll zum Beispiel sein: »Ich möchte wirklich die Welt verändern« (Levy 2012). Aber reicht es aus, sie zu ändern, oder möchte man die Veränderungen leiten? Im Fall von Facebook ist häufig beobachtet worden, dass Zuckerberg anscheinend nicht wusste, was er in Gang gesetzt hatte.

Der Unterschied zwischen den Formen von Kontrolle der Innovation, die wir bisher betrachtet haben, wird in der feinen Nuance ausgedrückt, welche die Formeln von zwei weiteren Hauptfiguren der Web-Welt unterscheidet: Alan Kays viel zitierter Satz »der beste Weg, die Zukunft vorauszusagen ist, sie zu erfinden«[11] und die Erklärung von Jimmy Wales, Gründer von Wikipedia: »der beste Weg, die Zukunft vorauszusagen ist, sie zu bauen«.[12] Im ersten Fall wird ein Projekt vorausgesetzt: man erfindet die Zukunft scheinbar unabhängig von dem, was vorhanden ist und von seinen Einschränkungen, und engagiert sich dann, um sie zu realisieren. Die zweite Formulierung kann unabhängig von einem Projekt sein: man tut etwas, um dann die Vorhersage nachträglich zu rekonstruieren und herauszufinden, was man getan hat. Wikipedia hat in der Tat im Internet nur eine Struktur und keine Inhalte eingeführt (die sich später aus der Struktur ergeben haben) und sich nicht darum

11 »The best way to predict the future is to invent it« http://vpri.org
12 Erklärung in Globalnet, Geneva, April 2012.

gekümmert, die bestehenden Strukturen zu zerstören (die Auswirkung auf die Encyclopedia Britannica und auf vorherige Nachschlagewerke war nur eine Folge). Das Grundprinzip des Projektes war schon immer das »open content«, das Kopie und Bearbeitung durch Andere (also unkontrollierte Innovation) explizit zulässt, basiert aber auf einer sekundären Form von Kontrolle (dieselben Benutzer, die frei sind, die Inhalte zu ändern, sind diejenigen, die sie korrigieren). Streng genommen wusste der, der Wikipedia eingeführt hatte, noch nicht, was die Inhalte sein würden noch wie das Ganze gehen würde, hatte aber eine Struktur produziert, die fähig war, von der Evolution zu lernen. Und in der Tat hat sich das Projekt grundlegend geändert, hat sekundäre Formen der Kategorisierung (der Strukturierung!), abgeleitete Seiten und neue Formen der Organisation eingeführt – auch und vor allem als Folge der Auswirkungen des Projekts auf die etablierten Formen (Medien und andere Nachschlagewerke), die vor Realisierung des Projektes nicht bekannt sein konnten. Man muss zuerst aufbauen, um dann von den Überraschungen zu lernen – und Wales Projekt ist es offensichtlich gelungen, dies zu tun.

Das System, das auf dieser Weise innoviert, macht von der Auflösung einer bestimmten Struktur Gebrauch, die sich gerade in der Änderung bestätigt. In gewissem Sinne schließt dieser Prozess die Evolution in die Planung ein, weil er sie vorhersieht und zu verwenden versucht, um die Komplexität der Planung zu erhöhen. Das Rätsel des Neuen bleibt und wird bestätigt: es ist unerkennbar und unberechenbar, bedeutet aber keine Willkür – das System, das sich an dem Neuen orientiert, weiß, was es tut, auch und vor allem, weil es seine Folgen nicht vorhersehen kann. Hätte es aber das nicht getan, was es tat, wären diese Folgen nicht entstanden.

Literatur

Bacon, F. (2010): *The Essays or Counsels, Civil and Moral, of Francis Ld. Verulam Viscount St. Albans.* http://www.authorama.com/essays-of-francis-bacon-25.html.
Barbey d'Aurevilly, J. (1989): *Du dandysme et de George Brummel*, éd. présentée et annotée par Marie-Christine Natta, Bassac: Plein Chant (Original: 1845).
Esposito, E. (2004): *Die Verbindlichkeit des Vorübergehenden. Paradoxien der Mode*, Frankfurt a.M.: Suhrkamp.
Foerster, H. von (1972): »Notes on an Epistemology for Living Things«, *BCL Report No. 9.3*, Biological Computer Laboratory, Department of Electrical Engineering, University of Illinois, Urbana; auch in ders. (1981): *Observing Systems*, Seaside, Cal.: Intersystems Publications.

McGoey, L. (2012): »Strategic unknowns: towards a sociology of ignorance«, in: *Economy & Society Special Issue* 41(1), S. 1-16.
Graus, F. (1987): »Epochenbewußtsein im Spätmittelalter und Probleme der Periodisierung«, in: R. Herzog, R. Koselleck (Hg.), *Epochenschwelle und Epochenbewußtsein*, München: Fink, S. 131-152.
Grenaille, F. de (1642): *La Mode, ou charactère de la Religion, de la Vie, de la Conversation, de la Solitude, des Compliments, des Habits et du Style du Temps*, Paris: Gasse.
Günther, G. (1970): »Die historische Kategorie des Neuen«, in: W. R. Beyer (Hg.), *Hegel-Jahrbuch 1970*, Meisenheim am Glan: Anton Hain, S. 34-61; auch in: G. Günther (1980), *Beiträge zur Grundlegung einer operationsfähigen Dialektik*, Bd. 3, Hamburg: Meiner, S. 183-210.
MacKenzie, D., Wajcman, J. (Ed.) (1985): *The social shaping of technology: how the refrigerator got its hum*, Milton Keynes: Open university press.
Koselleck, R. (1979): *Vergangene Zukunft. Zur Semantik geschichtlicher Zeiten*, Frankfurt a. M.: Suhrkamp.
Hörl, E. (Hg.) (2011): *Die technologische Bedingung. Beiträge zur Beschreibung der technischen Welt*, Frankfurt a. M.: Suhrkamp.
Lester, R. K., Piore, M. J. (2004): *Innovation. The Missing Dimension*, Harvard: Harvard University Press.
Levy, S. (2012): *Rivoluzione Google*, Milano: Hoepli.
Luhmann, N. (1987): »Paradigmawechsel in der Systemtheorie: Ein Paradigma für Fortschritt?«, in: R. Herzog, R. Koselleck (Hg.), *Epochenschwelle und Epochenbewußtsein, Poetik und Hermeneutik XII*. München: Fink, S. 305-322.
Luhmann, N. (1995): *Die Kunst der Gesellschaft*, Frankfurt a. M.: Suhrkamp.
Luhmann, N. (1997): *Die Gesellschaft der Gesellschaft*, Frankfurt a. M.: Suhrkamp.
Luhmann, N. (2008): »Sinn, Selbstreferenz und soziokulturelle Evolution«, in *Ideenevolution*, Frankfurt a. M.: Suhrkamp, S. 7-71.
Luhmann, N. (2011): »Strukturauflösung durch Interaktion. Ein analytischer Bezugsrahmen«, in: *Soziale Systeme* 17(1), S. 3-30.
Meier, C. (1980): *Die Entstehung des Politischen bei den Griechen*, Frankfurt a. M.: Suhrkamp.
Montaigne, M. E. de (2011): *Essais / Michel de Montaigne*, erste moderne Gesamtübers. von Hans Stilett. 8. korr. Aufl., Frankfurt am Main: Eichborn. (Original: 1580).
Pascal, B. (1957): *Œuvres complètes*, Paris: Gallimard.
Simmel, G. (1905): *Die Mode*, in: ders., *Philosophische Kultur. Gesammelte Essays*, Leipzig: Klinkhardt (Original: 1911).
Spörl, J. (1930): »Das Alte und das Neue im Mittelalter. Studien zum Problem des mittelalterlichen Fortschrittsbewußtseins«, *Historisches Jahrbuch*, 50, S. 297-341 und 498-524.

Stark, D. (2009): *The Sense of Dissonance. Accounts of Worth in Economic Life*, Princeton and Oxford: Princeton University Press.

Weick, K.E. (1979): *The social psychology of organizing*, New York: Random House.

Hans Rudi Fischer
Positive Unvernunft als Quelle des Neuen
Unterwegs im Paradoxen

1. Bestimmen bestimmen

Im Anfang war das Wort – so Johannes – und das scheint auch für unseren Diskurs über das Neue zuzutreffen. »Neues« scheint »nur« ein Wort zu sein, es ist allerdings mehr als das, es ist – so Wittgenstein – immer ein ganzes Sprachspiel, das wir mit diesem Wort spielen. Das Sprachspiel mit dem »Neuen« ist logisch mit dem Sprachspiel des »Alten« verknüpft. Wenn wir hier von Spinozas alter (1670) und genialer Einsicht Gebrauch machen, dann brauchen wir weder Hegel, noch Wittgenstein, noch Spencer-Brown, um zu begreifen, dass das »Neue« – wenn es eine begriffliche Bedeutung haben soll – seine Brut- und Geburtsstätte in der Negation, dem Alten hat. In Spinozas berühmten, wunderbar klaren Brief an Jarigh Jelles (1904, S. 201 ff.)[1] schreibt er einen der kürzesten und wichtigsten Sätze der Philosophiegeschichte: Begrenzung (determinatio) ist Negation. Begriffliche Bestimmung ist also auch immer negativ, etwas wird von etwas – durch die begriffliche Form – abgegrenzt. Auf unseren Begriff des Neuen angewandt, heißt das, dass Neues nur etwas begreift, etwas *einschließt*, wenn es etwas negiert, das es zugleich *ausschließt*. Wenn es also um Neues (samt seinen Varianten) geht, dann konturiert sich diese Denkfigur nur vor dem Hintergrund von etwas Altem. Wir könnten das gut Hegelianisch formulieren: Die Negation schleppt das Negierte immer mit. Wer vom Neuen spricht, spricht also immer auch von dessen Negation, dem Alten, sonst hätte sein Zeichen keine Bedeutung. Das ist eine Bemerkung zur Grammatik bzw. Logik des Sprachspiels mit dem Neuen. Wie das Positive mit dem Negativen dialektisch verknüpft ist, und dabei Neues generieren

---

1 Ich vernachlässige den weiteren Kontext des Briefes (wo es um den Begriff Gottes als »Einer« geht) und zitiere hier eine Passage, in der der unendlich wichtige Satz – so Hegel – auftaucht: »Bezüglich dessen, daß die Figur (Gestalt) eine Negation, nicht aber etwas Positives ist, [...] wenn man sagt, daß man eine Figur begreift, sagt man damit nichts anderes, als daß man ein *begrenztes* Ding und die Art, *wie es begrenzt* ist, begreift. Demnach gehört diese Begrenzung zu dem Ding nicht in bezug auf dessen Sein, sondern sie ist im Gegenteil dessen Nicht-Sein. Da also Figur nichts anderes ist als Begrenzung [determinatio], *Begrenzung aber Negation ist*, so kann sie, wie gesagt, nichts andres sein als Negation.« Herv. vom Autor. Hegel hat dann daraus verallgemeinert in den vielfach verwendeten Satz: *Omnis determinatio est negatio.*

kann, möchte ich im Folgenden an einigen Beispielen zeigen. Ich werde bei meinen Überlegungen von Störungen bzw. Verrückungen des rationalen Denkens ausgehen, um zu fragen, ob in solchen paralogischen Denkbewegungen nicht eine Quelle ist, aus der sich kreative Prozesse speisen. Negation und Widerspruch sind nicht nur Bausteine aller Denkänderungen, sie sind auch bei dem am Werk, was wir paradox nennen. Beginnen wir also mit der Bestimmung der Paradoxie.

2. Anfang – Holzwege des Denkens

Führen Paradoxien unser vernünftiges Denken nur auf Holzwege (Aporien), in Zwickmühlen, oder zwingen sie uns – sozusagen als List der Vernunft –, unsere Denkroutinen, unser Bild von der Welt zu hinterfragen, um zu kreativen Lösungen zu kommen und Neues über unsere Denksysteme zu erfahren? Unsere Denkroutinen, die sich auf sprachlogischen Geleisen bewegen, sichern das Funktionieren des Diskurses und fesseln gleichzeitig unsere Kreativität.

Die Phänomene, die wir mit *Paradoxon* oder verwandten Begriffen wie Antinomie, Widerspruch zu *begreifen* suchen, haben ihre Wurzeln in der Logik unserer Sprache. Insofern betrifft die Möglichkeit, von Paradoxien getroffen, gelähmt, seltsam berührt oder fasziniert zu werden, nicht nur die Logiker, sondern uns alle, die wir in Sprache denken und für die In-der-Welt-Sein eben auch *In-der-Sprache-Sein* bedeutet.

In Paradoxien hat man einen defizienten Modus rationalen Denkens am Werk gesehen, den es zu beseitigen galt, um die Gültigkeit logischer Rationalität zu retten. Der Kampf gegen die vorgeblich auf Denkfehlern und Irrationalität beruhenden Paradoxien hat eine unübersichtlich große Literatur an Lösungs- und Erklärungsversuchen hervorgebracht. Paradoxien haben die Wahrheitssucher nicht nur zur Verzweiflung gebracht, sondern als Schleifsteine des Verstandes das begriffliche Handwerkszeug der Logiker geschärft und ein Produktivitäts- und Kreativitätspotenzial entfaltet, das bis in unsere Tage wirkt. Heute wissen wir, dass Paradoxien und Dilemmata nicht nur logische Spielereien sind, sondern in der alltäglichen Kommunikation vorkommen.

Wie paradoxe Botschaften in Kommunikation und Interaktion auf Personen wirken, wurde von Bateson und der Palo-Alto-Gruppe ausführlich beforscht. Im Folgenden möchte ich die kreativen Aspekte von Paradoxien betrachten und fragen, inwieweit deren Bausteine eine Ressource darstellen, die unser Denken und die *Landkarten unseres Denkens* flexibel und offen für Veränderung halten. Sind Paradoxien Weckrufe der Vernunft, die uns aus dem drohenden Dämmerschlaf reißen? Kommt Neues, kommen Veränderungen nicht nur über Störungen der üblichen Denkgeleise, durch vernünftige Unvernunft, in unsere Denk-

und Bezugssysteme hinein? In Widersprüchen, Paradoxien und Antinomien sehe ich Störenfriede des Bewusstseins, die Kreativität fordern und fördern.

Zunächst möchte ich klären, aus welchen Bausteinen Paradoxien gemacht sind bzw. werden, um einige begriffliche Unterscheidungen einzuführen. Ich werde versuchen allzu formale Darstellungen zu vermeiden und abstrakte Argumentation anhand von Bildern visualisieren. Das Phänomen, das wir mit dem Begriff des Paradoxen fassen, taucht in Kontexten auf, wo Menschen zu wissen *glauben*. *Wissen haben* heißt auch, eine Erwartung haben, dass etwas sich *so und so* verhält. In einem solchen Rahmen erscheint das Paradoxe als etwas *Un*erwartetes, etwas, was gängiger Meinung (griech.: *doxein*) oder üblichem Glauben zuwider (griech.: *para*) läuft. Das wäre der umgangssprachliche, weitere Begriff von paradox. Er enthält die *Negation*: Etwas ist *nicht* so, wie man glaubte, und insoweit steht die paradoxe Aussage oder Erfahrung in Widerspruch zu dem Bisherigen. Dass paradoxe Wendungen eine irritierende, verfremdende Funktion haben, die Erwartung der Zuhörer enttäuschen und Aufmerksamkeit erwecken, war schon den antiken Rhetorikern bekannt. In einem solchen weiteren Sinne von paradox haben Kopernikus' Zeitgenossen seine These als *Kopernikus' Paradox* bezeichnet. Warum? In Beziehung zum damaligen ptolemäischen Weltbild war seine These, die Erde drehe sich um die Sonne, höchst irritierend, sie widersprach der Intuition und auch der sinnlichen Evidenz. Denn wie seine Zeitgenossen sehen auch wir noch die Sonne »auf- und untergehen«. Obwohl die Phänomenologie nicht für Kopernikus spricht, ist die ehemals paradoxe Hypothese zum heutigen Paradigma geworden. Paradox in diesem Sinne kann also nur etwas *in einem bestimmten Kontext*, in einem bestimmten Denkgebäude (Denksystem) bzw. Sprachspiel sein.

Dieser Gedanke leitet zu dem eng verwandten und häufig synonym verwendeten Begriff der *Antinomie* über, in dem ein anderer wichtiger Aspekt von Paradoxien zum Ausdruck kommt. Wörtlich könnte man Antinomie mit *Gegen*gesetz übersetzen. Für Kopernikus' Zeitgenossen war dessen These nicht nur paradox im Sinne von *un*erwartet, der Intuition widersprechend, sondern *antinomisch*, weil Kopernikus' neues Gesetz *anti* zu dem der Zeitgenossen stand. Damit sind wir beim Kern dessen, was zu Paradigmenbrüchen (Kuhn) bzw. zu »Revolutionen der Denkungsart« (Kant) führt und dadurch Neues in die Welt bringt. Der zentrale Aspekt von »Denkrevolutionen« ist der Widerspruch (die Negation) zum alten Denksystem, der Gegensatz zur Logik der herrschenden *theoria*, ihren Definitionen, Axiomen und Theoremen. Aus dem Blickwinkel der alten Theorie erscheint das Neue unbegreiflich und wird als irrational oder verrückt eingestuft.

Bei der traditionellen Bestimmung des Menschen als *animal rationale* spielt die Logik eine fundamentale Rolle. Mit ihren »Denkgesetzen«, ihren Regeln liefert sie die Ordnung, in der Menschen denken, sprechen und zu Schlüssen kommen, die rational bzw. vernünftig genannt werden. Von diesem Fundament aus wird abweichendes, neues Denken häufig aus dem Diskurs ausgeschlossen, als paralogisch bzw. irrational exkommuniziert. Der Kern dessen, was Rationalität genannt wird, lässt sich auf Regeln bzw. *Regelfolgen* reduzieren. Dieses Rationalitätsverständnis fasst die Regeln, denen rationales Denken folgen muss, um als solches zu gelten, als vollständig, universell gültig und zeitlos auf. Ich möchte zwei Beispiele aus der Wissenschaftsgeschichte betrachten, um zu zeigen, dass bei der Geburt von Neuem eine Irrationalität am Werke ist, die sich nicht ausschließen lässt.

3. Regeln: Vernunft und Unvernunft

Weil auch für Kant alles in der leblosen wie in der belebten Welt nach Regeln geschieht, muss für ihn auch alle Erkenntnis einer Regel gemäß sein. Was keinen Regeln folgt kann daher nicht vernünftig sein. In seiner Logik (1800) setzt er konsequent Regellosigkeit mit *Unvernunft* gleich.[2] Betrachten wir ein berühmtes Beispiel, wo jene Unvernunft gerade zur Quelle einer Kreativität werden konnte, die das alte System aus den Angeln hob.

Kant hat dieses Prinzip – ohne es in seinen Kritiken weiter zu entwickeln – wunderbar bündig bei der Beschreibung der Kopernikanischen Revolution formuliert: »So verschafften die Centralgesetze der Bewegungen der Himmelskörper dem, was Copernicus anfänglich nur als Hypothese annahm, ausgemachte Gewißheit und bewiesen zugleich die unsichtbare den Weltbau verbindende Kraft (der Newtonischen Anziehung), welche auf immer unentdeckt geblieben wäre, wenn der erstere es nicht gewagt hätte, auf eine *widersinnische, aber doch wahre* Art die beobachteten Bewegungen nicht in den Gegenständen des Himmels, sondern *in ihrem Zuschauer* zu suchen« (KdrV. BXXI, Herv. v. Autor).

Kant formuliert ein Oxymoron, *widersinnig aber wahr*, und bringt darin die Paradoxie, die nach den Gesetzen rationalen, logischen Denkens nicht sein darf, schön auf den Punkt: widersinnig, aber wahr. Wir stehen vor einem logischen Dazwischen, einem *betwixt and between*, wie Victor Turner diese Transformationsphase eines Systems in ein anderes in der Ritualtheorie bezeichnet hat. Wir haben einen *Übergang*

---

2 »Alle Erkenntnis und ein Ganzes derselben muß einer Regel gemäß sein. (Regellosigkeit ist zugleich Unvernunft)« (Logik, Allgemeine Methodenlehre, § 94 Manier und Methode).

von einem Denkfehler zu einer anderen Art des Denkens vor uns. Im alten System ist eine solche Hypothese »widersinnig« (alogisch, griech. αλλογοσ), erst im neuen System ist sie »wahr« und vernünftig. Das neue System (Theorie als System von Hypothesen, Axiomen etc.) ist aber bei der erstmaligen Formulierung der Hypothese noch nicht vorhanden. Solche Hypothesen überschreiten die bestehende Denkordnung, sie sind »draußen«, in einem imaginären Raum des Rauschens, der noch keine Ordnung hat, die nachvollziehbar, die kommensurabel wäre. Wir stehen vor einem Wandel *zweiter Ordnung*, der nicht im alten Denkgebäude (Paradigma) widerspruchsfrei gedacht werden kann. Einen solchen verrückenden Prozess, bei dem Metanoia stattfindet und sich die Denkbrille ändert, benennt Kant bei seiner Beschreibung verschiedener Formen von Verrücktheit mit dem trefflich ambivalenten Ausdruck der *positiven Unvernunft* – wieder ein Oxymoron. In jener positiven Unvernunft, jener rationalen Irrationalität scheint mir der Kern kreativer Prozesse zu liegen.

4. Coagito als Modus operandi kreativen Denkens?

Die Bedeutung des lateinischen Verbs denken *(cogitare, cogito)* kommt von con *agito* (agitieren), und *coagito* heißt nichts anderes als ich *schüttele heftig hin und her*, genau darin sehe ich ein Muster kreativen Denkens, das – im Gegensatz zum bloß reproduktiven Nach-Denken – vor allem ein durcheinander schütteln, ein spekulatives Ver-rücken ist, das die tradierten Denkzwänge attackiert und Neues dekonstruktiv zu erschaffen vermag. Der Ursprung des Schöpferischen scheint im wörtlichen Sinne als Ur-Sprung: die alte Einheit zerspringt, eingefahrene Denkgeleise werden ver-rückt, das alte Kategoriensystem wird teilweise gebrochen, um auf den Trümmern des alten ein neues zu errichten. Man hat dieses von der üblichen Logik abweichende Denken paralogisch genannt. Genau auf jenem paralogischen, i. e. irrationalen Denken, einem Denken in Ähnlichkeiten, einem Denken, das logische Unterschiede vermischt und auf ungeahnte oder neu erschaffene Ähnlichkeiten fokussiert, beruht die Grundlage der Kreativität, die Änderungen auf der Landkarte unseres Denkens bewirken kann.[3]

Wenn wir die Frage nach den Wurzeln von Kreativität, von Schöpferkraft stellen, kommen wir nicht umhin zu fragen, ob Rationalität im

---

[3] Das paralogische Denken ist das exotische von Borghes, das Foucault zum Ausgangspunkt seiner Archäologie des Wissens macht. Paralogisch funktioniert auch das metaphorische Denken, dessen modus operandi sich als abduktives Schließen (Peirce) beschreiben lässt. Vgl. dazu Fischer 2001, 2005.

Irrationalen steckt oder umgekehrt? Das führt uns zum Kern unseres Rationalitätsbegriffes und zur Frage, was die Pythagoreer gemacht haben, als im logischen Kern ihres Kategoriensystemes etwas widersinniges, irrationales im wörtlichen Sinne auftauchte und die heile Welt der Kohärenz und Konsistenz bedrohte. Eine zentrale Konnotation des klassischen Rationalitätsbegriffs ist die der Ordnung, der Ordnung in Zahlen. Das lateinische Substantiv *ratio, rationis* spiegelt diesen Hintergrund. Ratio heißt so viel wie Rechnung, Gesetzmäßigkeit, Vernunft, Grund, mathematisch Bruch/ Teilung. Die Welt, der Kosmos war für die Pythagoreer ein nach Prinzipien aufgebautes harmonisches Ganzes, dessen innere Ordnung durch Zahlenverhältnisse auszudrücken war. Die natürliche Zahl wurde dabei als Wesen der Dinge verstanden und die Beziehungen zwischen Zahlen spiegelten das Wesen der Welt. Als vernünftig galt, was sich in solchen Verhältnissen ganzer Zahlen (zum Beispiel 1:2 oder ½) ausdrücken ließ. Das Zahlenverhältnis nannten sie *logos* (Plural *logoi*), das später mit dem Lateinischen *ratio* übersetzt wurde. Mit diesem Verständnis im Sinne der Messbarkeit (Kommensurabilität)[4] durch rationale Zahlen legten sie den Maßstab für Rationalität fest.

5. Entdeckung der Irrationalität – Subversion der Rationalität

Was passierte, als man wahrscheinlich im 6. vorchristlichen Jahrhundert »entdeckte«, dass die Diagonale im Fünfeck bzw. im Quadrat[5] nicht kommensurabel war? Dass eine Strecke, die man zeichnen konnte, die also anschaulich war, nicht mit rationalen Zahlen »messbar« war, war in dem System nicht vorgesehen. Die Idee, die Wirklichkeit sei durch Logoi bestimmt, konnte nicht mehr widerspruchsfrei aufrechterhalten werden; das pythagoreische Weltbild wurde erschüttert, da einzuräumen war, es könne etwas geben, das nicht durch rationale

---

4 In der griechischen Mathematik nannte man das *symmetros* (griech. *metron*, Maß, *sym metron*, mit demselben Maß messen). Das entspricht dem Lateinischen *com mensura (mensura, das Maß)*. Eine hervorragende Übersicht über die Originalquellen und die griechische Mathematik bietet Szabo 1969.

5 Es ist umstritten, ob der Beweis zuerst mit der Fünfeckdiagonalen oder der des Quadrates geführt wurde. Der Philosoph Wolfgang Röd (1976, S. 206) verweist auf Vertreter der Fünfecktheorie, der Mathematiker Becker (1954, S. 48) auf die Beweisführung am Quadrate. Wie auch immer, der Beweis, dass Quadratseite und Diagonale kein gemeinsames Maß haben, findet sich in Euklids *stoicheia* (Elemente) am Schluss von Buch X, § 115 (vgl. Euklid 1997, S. 313).

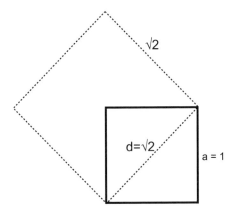

Abbildung 1: *Einheitsquadrat, Seitenlänge a = 1 mit Quadrat über der Diagonalen d = √2*

Zahlen ausdrückbar war, sondern im mathematischen Sinne irrational (allogos) sei. Wenn man die Seitenlänge eines Quadrates als Maßstab (= 1) bestimmt (= Einheitsquadrat), dann ist die Diagonale des Quadrates mit diesem Maßstab *nicht* abbildbar. Mit Hilfe des Satzes vom Pythagoras ergibt die Berechnung der Diagonalen das Ergebnis = √2. Diese »Zahl« hat keinen ganzzahligen Teiler, als Dezimalzahl (sie ist unstetig) ist sie irrational, d.h. sie ist auf dem Zahlenstrahl, den sich die Pythagoreer als stetig vorstellten, nicht unterzubringen, sie ergibt eine nicht-periodische, unendliche Dezimalzahl: 1,4142... usw. Solche Zahlen bzw. »Größen« waren für die Pythagoreer inkompatibel mit der herrschenden Arithmetik bzw. Geometrie, weil sie als prinzipiell uneindeutige Größen die Idee des Logos, der den gesamten Kosmos durchdringenden rationalen, d.h. logischen Ordnung, grundlegend in Frage stellten. Aus heutiger Sicht muss die Entdeckung der irrationalen (αλλογος) Zahlen eine Revolution ausgelöst haben, die ein Umdenken bzw. Überdenken (Metanoia) des Systems nötig machte.[6]

---

[6] Der indirekte Beweis (reductio ad absurdum) der Existenz irrationaler Zahlen wurde bis ins 19. Jahrhundert unterdrückt. Meschkowski erwähnt Platons Argumentation (1978, S.35f.) im *Menon* als Beispiel eines anschaulichen Beweises und stellt die interessante Frage, wann die Griechen den Schritt vom *Sehen* zum Beweisen, vor allem zum *indirekten* Beweisen, vollzogen haben. Szabó (1969) geht davon aus, dass erst die Entdeckung inkommensurabler Strecken die Griechen zu indirekten Beweisführungen gebracht haben.

Inkommensurabilität im Sinne von *nicht-messbar* ist zu verstehen als *relationale Tatsache*, nicht messbar bzw. berechenbar mit dem vorhandenen Maßstabe.

Machen wir innerhalb des Beschreibungssystems, der Theorie T, die Aussage:
(p) *Die Diagonale x des Quadrates ist inkommensurabel*
und stellen die Frage, was diese Aussage über x (die Strecke $\sqrt{2}$) aussagt, wird klar, dass die Erkenntnissituation zumindest eine *triadische* ist. Der Satz müßte ergänzt werden:
(p*) Die Diagonale x des Quadrates ist [*für oder innerhalb* von T (Theorie, Maßstab)] inkommensurabel.

Die Aussage (p*) sagt damit über das zu beschreibende Phänomen (Diagonale x) nur soviel aus, dass diese Strecke *innerhalb* der Theorie T nicht begreifbar (keine *ratio*) ist. Anders formuliert, die Theorie T taugt als *Orientierungssystem* in einer Landschaft nichts, in der die Strecke x vorkommt. Inkommensurabilität zeigt sich als Rückseite der Irrationalität: nach den herrschenden Maßstäben inkommensurabel zu sein bedeutet irrational, nicht mit rationalen Zahlen (*logoi*) darstellbar. Die Nicht-Messbarkeit bzw. Nicht-Begreifbarkeit des Phänomens x hängt an den begrifflichen Maßstäben und *nicht* an den zu messenden »Gegenständen«. Die Entdeckung der irrationalen Zahl ist ein Beispiel des Wandels zweiter Ordnung. Geometrie und Arithmetik waren nach der Entdeckung der Inkommensurabilität eine andere.

6. Positive Unvernunft – Neues durch Irrationalität

Hier haben wir das vor uns, was Kant bei Kopernikus »widersinnig, aber wahr« nannte und was er in einer wichtigen Stelle seiner Anthropologie mit dem wunderbaren Begriff der *positiven Unvernunft* bezeichnet.

Dieses Vermögen zur *positiven Unvernunft*, zur rationalen Irrationalität – das auf der Basis logischer Rationalität ein Defizit, ein »Gebrechen der Erkenntniskraft« (Kant) ist – ist eine menschliche Grundkompetenz, die darin kreativ ist, dass sie die »alten« Regeln des Denkens nicht nur verlässt, destruiert, sondern neue Regeln des Denkens erschafft. Kreatives Denken produziert eine neue Ordnung, gestaltet einen Übergang von einem Denkfehler zu einer neuen Art des Denkens. Diesen Gedanken hat Kant in seiner Anthropologie klar entwickelt, wenn er bei der Einteilung der verschieden Formen von Verrücktheit (!), die »systematische« als diejenige bestimmt, bei der »*nicht bloß Unordnung* und Abweichung von der Regel des Gebrauchs der Vernunft, sondern auch *positive Unvernunft*, d.i. eine ganz andere Regel, ein ganz *verschiedener Standpunkt*, worein sozusagen die Seele versetzt wird, und aus dem sie alle Gegenstände *anders sieht,...* sich in einen davon entfernten Platz versetzt findet (daher das Wort Verrückung). Wie eine bergichte Landschaft, aus der Vogelperspektive gezeichnet, ein ganz anderes Urteil über die Gegend veranlasst, als wenn sie von der Ebene aus betrachtet wird« (Anthropologie in pragmatischer Absicht, BA 147/148, Herv. vom Autor).

In Kants Orientierung an der wörtlichen Bedeutung von Verrückung wird sehr schön der Gedanke einer *anderen Perspektive* – wie bei der Beschreibung der Kopernikanischen Revolution – offenbar, was die vorgängige relativiert und in anderem Lichte erscheinen lässt. Um kreativ zu sein, muss man positiv unvernünftig in jenem Sinne sein, muss abseitig, sprich paralogisch denken können. Im gelungenen Fall führt dies zu einer neuen Ordnung. So hat die Entdeckung der irrationalen Zahlen die Mathematiker genötigt, die rationalen Zahlen als solche und in Abgrenzung zu den irrationalen neu zu bestimmen und damit auch hier zu einem Wandel zweiter Ordnung geführt.

Es ist also höchst irrational, das Irrationale ausschließen zu wollen, denn Irrationales (= non-rationales) zeigt sich beim näheren Hinsehen als Quellpunkt aller Kreativität, alles Neuen. Vielleicht ist das der Grund, dass bei allen Versuchen, die Entstehung des Neuen rational zu begreifen, Paradoxien sichtbar werden?

7. Unterwegs im Paradoxon –
Wege des Neuen

Wo unser Denken im Paradoxen unterwegs ist, sind Aporien nicht weit. Können Holzwege zu neuen Erkenntnissen führen oder sind sie dann doch keine, wenn sie zur Erkenntnis führen? Zunächst ein schneller Blick auf die lange Geschichte der Paradoxien.

Dass auch die Wahrheit eine Tochter der Zeit ist und wir heute etwas für falsch halten, was wir gestern noch für wahr hielten, dafür ist die Kopernikanische Revolution ein gutes Beispiel. Ist es möglich, dass derselbe Satz *zugleich* wahr *und* falsch sein kann?

Die berühmteste aller *semantischen* Paradoxien stammt von Eubulides (4. Jh. v. Chr.) und wird häufig einem Dialogpartner, dem Kreter Epimenides, zugeschrieben. Es ist die Lügner-Antinomie, sie ist schon in der Bibel überliefert: Der Kreter, der behauptet, *alle* Kreter seien Lügner. Die kürzere und schärfere Form lautet: »Ich lüge jetzt« oder »Dieser Satz ist falsch«.

Wenn wir beurteilen (d.h. ent-*scheiden*) wollen, ob die Aussage des Kreters wahr oder falsch ist,[7] geraten wir in eine Falle, aus der es kein

---

7 Ich unterscheide nicht zwischen den Varianten der Lügner-Antinomie, im

Entkommen zu geben scheint. *Wie* geraten wir in diese Falle? Indem wir prüfen, ob Epimenides die Wahrheit sagt. Weil Epimenides zur Menge (alle Kreter) gehört, über die sein Satz aussagt, bezieht sich der Satz auf sich selbst und Epimenides. Ist der Satz wahr, dann spricht er *über sich*, nämlich dass diese Wahrheit, die er behauptet, eine Lüge ist, also falsch. Ist er falsch, dann ist er wahr. Hier lässt sich eine Aussage durch die Selbstreferenz in zwei Äquivalente übersetzen, für die jede die Negation der anderen ist bzw. diese impliziert.

Weil »Wahr-Sein« eine semantische Eigenschaft eines Satzes ist und Paradoxien mit der Verwendung von Begriffen wie *Wahrheit, Bedeutung* oder *Bezeichnung* entstehen, wurden diese Paradoxien *semantische* genannt. Epimenides behauptet: » ›Alle Kreter sind Lügner‹ ist wahr.« Solche Antinomien beruhen auf der Möglichkeit, *in Sprache* über Sprache zu sprechen, und daher sind in natürlichen Sprachen semantische Paradoxien immer möglich.

Vom Lügner als der berühmtesten *semantischen* Paradoxie wurden unzählige Varianten kreiert, die das Problem vom Elfenbeinturm der philosophischen Logik in die Alltagskommunikation übersetzten. So hat der Logiker Buridan (14. Jh.) der Paradoxie eine leichter verständliche, dialogische Form gegeben, die der Alltagskommunikation näher liegt als die Lügner-Antinomie. Sokrates sagt: »Was Platon jetzt in Athen sagt, ist falsch.« Gleichzeitig sagt Platon in Athen: »Was Sokrates jetzt in Troja sagt, ist wahr«. Wer hat Recht und sagt die Wahrheit? Jede Antwort dreht sich im Kreis und wirft uns auf die Gegenseite. Paradoxes scheint wahr *und* falsch zu sein.

Im Gegensatz zur Lügner-Antinomie haben wir hier *zwei* Sätze *zweier* Personen, beide *nicht* selbstbezüglich.[8] Das Betriebsgeheimnis dieser Paradoxie liegt in der seltsamen Schleife,[9] die über wechselseitige Bezugnahme Zirkularität (auf einer Meta-Ebene) erzeugt. Diese dialogische Variante schließt einen kommunikativen Kreis, in dem die Aussage des einen auf die des anderen referiert und eine wechselseitige Abhängigkeit erzeugt. Solche Beispiele bringen uns die pragmatische und

engeren Sinne ist nur die starke Form »Ich lüge jetzt« unauflösbar paradox.
8 Ich sehe von der Frage ab, wie einzelne Sätze (»Dieser Satz ist falsch«) auf sich selbst referieren können. Sie können das nur, wenn ein Satz ohne Kontext (Rahmen) steht, sodass schon das Indexwort »Dieser« auf nichts außerhalb des Satzes referieren kann. In Buridans Beispiel verweist jeder Satz auf den jeweils anderen. Das ist die Einstiegsunterscheidung in das Wahr-/Falsch-Karussell, in dem man sich dann dreht, bis einem schwindelig ist.
9 Erinnert sei an Douglas R. Hofstadters Meisterwerk über Paradoxien und seltsame Schleifen in Mathematik (Logik), Kunst und Musik: *Gödel, Escher, Bach* (1978).

psychologische Relevanz solcher Paradoxien näher, mit denen schon Shakespeare spielt, wenn er seinen Hamlet Ophelia mit den Worten verwirren lässt: »Du kannst keinem von uns vertrauen.« Kann sie dieser Äußerung vertrauen? Neben Philosophie und Wissenschaften spielt v.a. vor Gericht die Suche nach Wahrheit eine essenzielle Rolle – und damit sind wir schon mitten im Leben. Aber springen wir noch einmal zu einem anderen berühmten Fall, der nicht so weit von realistischen Situationen entfernt liegt wie die Lügnerparadoxie.

8. Wenn du gewinnst, hast du verloren, weil du gewonnen hast...

Der Philosoph Protagoras (5. Jh. v. Chr.) bildet seinen Schüler Euathlos zum Advokaten für Rechtsstreitigkeiten aus und vereinbart, dass das Honorar für die Ausbildung fällig wird, wenn Euathlos *den ersten Prozess gewonnen hat*. Falls der Schüler den ersten Fall verlieren sollte, würde das Honorar entfallen. Eines Tages fordert Protagoras sein Honorar von seinem Schüler ein und provoziert damit den ersten Prozess. Obwohl Euathlos beteuert, noch keinen Sieg vor Gericht errungen zu haben, verklagt Protagoras ihn auf Zahlung des Honorars und antwortet: »Sollte ich gewinnen, werde ich – als Gewinner – bezahlt werden müssen; und wenn du gewinnen solltest, so deswegen, weil du der Gewinner sein wirst« (Lyotard, 1989).[10] Das Paradoxon ist perfekt: Wenn der Schüler den Rechtsstreit gewinnt, weil er tatsächlich noch keinen gewonnen hat und die Behauptung des Lehrers falsch ist, muss er bezahlen, weil er wenigstens einmal gewonnen hat.

Es ist die Frage, *wo* wir die Grenze der zu betrachtenden Fälle, des *Ganzen* ziehen. Worüber wird geurteilt? Geht es eindeutig um die Vergangenheit, scheint der Fall klar: Protagoras hat Unrecht, er hat keinen Anspruch auf das Honorar, weil der Schüler noch keinen Prozess gewonnen hatte. Das Urteil ginge zugunsten des Schülers aus, der *nicht* bezahlen müsste. Wir hätten keine Paradoxie. Beziehen wir den laufenden Prozess und dessen Urteil (Protagoras verliert) in die Menge der zu betrachtenden Fälle – bis jetzt – ein (das macht das Paradoxon aus), dann gilt: Wenn du gewinnst, hast du verloren, weil du gewonnen hast![11]

10 Ich nutze Lyotards partielle Übersetzung des Fragmentes (1989, S. 21) bei Diels & Kranz (1989), Bd. 2, 80 A 1, A 4.
11 Lyotard verweist auf verschiedene Versionen wie Protagoras und Euatholos argumentieren (Lyotard ebd., S. 24). Das Argument lässt sich auch zugunsten des Schülers umdrehen. Die Richter vertagen die Entscheidung – wohl auf die Ewigkeit. Die Grenzen einer Vernunft, die auf das Ganze

Auch hier entspringt die Paradoxie einer Menge (einer Aussage), die *sich selbst* enthält. Auch hier lässt sich wieder fragen: Was ist das Bezugssystem unserer Suche nach Wahrheit oder: Was ist drinnen, was ist draußen – und: Gibt es ein Drittes, ein Dazwischen. Die Grundform solcher Antinomien liegt darin, Selbstbezüglichkeit zu verbieten und im Verbot selbst in Anspruch zu nehmen. Prägnantes Beispiel hierfür ist: Es ist verboten zu verbieten!

9. Ein Therapeutikum für Paradoxien

All grammar is theory of logical types.
L. Wittgenstein

Der Mathematiker und Philosoph Bertrand Russell »entdeckte« bzw. »konstruierte« (1901) die Klassenantinomie aus den Axiomen von Gottlob Freges Grundgesetzen der Arithmetik (1884), die die Mathematik auf eine logisch einwandfreie Grundlage stellen sollte.[12] Ich verzichte auf die Unterscheidungen zwischen Mengen und Klassen und rede von Klassen. Man kann eine Klasse über die Eigenschaften ihrer Elemente definieren. So bilden die Elemente, die die Eigenschaft Apfel-Sein haben, die Klasse der Äpfel, deren Elemente Äpfel sind. Die Klasse der Äpfel ist aber kein Apfel. Unter dieser Voraussetzung lässt sich Russells Antinomie folgendermaßen definieren: die Klasse (K) aller Klassen, die sich nicht selbst als Element (e) enthält.

Wenn wir prüfen, ob die Klasse aller Klassen *sich selbst* als *Element* enthält oder nicht, erleben wir ein blaues Wunder.

1. Angenommen, *K* enthält sich *nicht* selbst (als *e*, erfüllt die Definition), genau dann fällt sie unter sich (*ist e*) und *enthält sich* selbst.

2. Angenommen, *K* enthält sich selbst als *e*, genau dann gilt, dass *K* (erfüllt Definition nicht) sich *nicht* enthält (als *e*).

Um diese *logische* Paradoxie zu illustrieren, hat Russell später das Barbierparadox erfunden: In einem Dorf gibt es einen Barbier, der *alle* Männer *des Dorfes* rasiert, die sich *nicht* selbst rasieren, und nur diese. Rasiert der Barbier sich selbst?

(Vollständigkeit), auf Rationalität im oben genannten Sinne setzt, scheinen auf.

12 Veröffentlicht 1903 in Russells *Principles of Mathematics*. Sie löste eine Grundlagenkrise der Mathematik aus, weil sie das logisch sichere Fundament für die Erkenntnis infrage stellte. Diese Phase der Mathematik- und Logikgeschichte ist auch psychologisch höchst spannend und interessant.

POSITIVE UNVERNUNFT ALS QUELLE DES NEUEN

Abbildung 2: René Magritte (1964): Ceci n'est pas une pomme

Hat die Menschheitsgeschichte, der Sündenfall mit einem Double Bind begonnen? Der Biss in den Apfel war ein Akt der Erkenntnis. Magritte inszeniert bildlich das Lügnerparadox als kreativen Akt von Maler und Bildbetrachter.

Was ist der Referent des Satzes? Paradox ist die Aussage – im Bildsystem – nur, weil der Referent (Dies ist ...) der abgebildete Apfel ist (sonst ist nichts im Bildraum).

Magritte irritiert, indem er den Bildraum schließt und die schriftliche Aussage auf eine ikonische bezieht. Der Betrachter wird double minded zum Lektor der Paradoxie. Die Auflösung kann nur im Bewusstsein des Betrachters stattfinden. Die Selbstreferenz vollzieht der Lektor, der logisch differente Ebenen, das Bild auf das Wort »Apfel« bezieht. Die erste Reflexion dieses Bildes, das von sich selbst sagt, ich bin falsch, zeigt, dass das Bild gerade in dieser Äußerung »wahr« ist. Denn innerhalb des Bildraumes ist es wahr, dass das Bild eines Apfels kein Apfel ist. Weil es zwischen unterschiedlichen logischen Ebenen keinen Widerspruch geben kann, ist Magrittes Bild ein »wahres.« Ein sehr schönes Beispiel positiver Unvernunft, widersinnig (einen Apfel zu malen und zu schreiben: dies ist kein Apfel), aber wahr.

Der Barbier gehört zur Menge der Männer des Dorfes, insofern ist die Definition selbstreflexiv. Rasiert der Barbier sich *nicht* selbst, gehört er zur Menge *der Männer*, die er – laut Definition – rasieren muss. Rasiert der Barbier sich selbst, gehört er zur Menge der Männer, die er *nicht* rasiert. Was soll er tun? Sein Bart wird länger und länger, bis er sich schließlich mit Occams Rasiermesser selbst als überflüssige Entität wegrasiert. Es kann ihn also nicht geben, wenn doch, dann muss er sich als Mann in einem anderen Dorf rasieren lassen. Als Geschöpf der Literatur, die über Paradoxien spricht, gibt es den Barbier aber doch und damit ist neuer Sinn in unser Diskursuniversum gekommen.

Der logische Kern dieser Paradoxien besteht in den Komponenten *Negation (N)* und *Selbstbezüglichkeit (SR):* »die Klasse *aller* Klassen ...« (SR), die sich *nicht (N)* selbst enthalten. Hier zeigt sich das Entstehen der »illegitimen Totalität« (wie Russell das nannte), wenn Selbstreferenz verboten *und gleichzeitig* in Anspruch genommen wird.

In seiner Typentheorie zeigte Russell, wie wir in Kalkülen der symbolischen Logik in Widersprüche geraten, wenn wir *illegitime Gesamtheiten* bilden und dadurch in Zirkeltrugschlüsse verfallen: Wenn Mengen oder Klassen gebildet werden, die über *das Ganze als Diskursuniversum* sprechen, dann sprechen sie immer auch über sich selbst. Es gibt logisch kein draußen, denn die Unterscheidung drinnen/draußen muss drinnen sein.

Die Typentheorie war ein therapeutischer Versuch Russells, pragmatisch mit der Mengenparadoxie und verwandten Paradoxien umzugehen, ohne die Grundlagen der Klassenlogik und des Prädikatenkalküls umwerfen zu müssen.[13]

Einen Ausweg aus solchen Paradoxien soll die Typenregel bilden, die verlangt, zwischen Klassen und ihren Elementen (Bezugsebenen) *strikt* zu unterscheiden. Es entsteht so eine Hierarchie logischer Typen, bei denen die übergeordneten Ebenen *nicht* als Argument ihrer selbst benutzt werden dürfen. Das heißt, die *Klasse* ist per definitionem auf einer logisch höheren Stufe (Ebene II) verortet als die *Elemente* dieser Klasse (Ebene I).

Später wurde (Tarski) dafür die uns heute geläufige Unterscheidung zwischen *Objekt-* und *Metasprache* entwickelt. Nun sind aber mit dieser Unterscheidung nicht alle Probleme gelöst. Weil die Umgangssprache als *letzte Metasprache* semantisch geschlossen ist, kommen wir prinzipiell nicht aus selbstreflexiven Verstrickungen heraus. Die Hierarchisierung

[13] Und sie war nur ein »Verbot« (»stopgap«), wie Russell später selbstkritisch feststellte. Vgl. dazu Spencer-Brown (1969) Bemerkungen, p. XIII. Spencer-Brown entwirft dort einen Kalkül, der keiner typentheoretischen Differenzierung bedarf und dennoch Paradoxien vermeidet. Vgl. dazu Fischer (1987).

POSITIVE UNVERNUNFT ALS QUELLE DES NEUEN

Abbildung 3: M. C. Escher (1956: Bildergalerie (Lithographie)
  Omnis determinatio est negatio. Treten Sie in die Bildergalerie unten rechts ein, sie visualisiert eine Paradoxie. Der Bilderrahmen, der normalerweise das Bild vom Nicht-Bild abgrenzt, ist selbst gezeichnet und läuft in das Bild hinein. Wir treffen auf einen größeren Betrachter im Vordergrund des Bildes links, der auf ein Bild mit Rahmen blickt, in dem auf einem Fluss Schiffe fahren, der nach unten fließt. Der Bilderrahmen dehnt sich und wird in der rechten Bildhälfte zum Dach der Bildergalerie, in die wir als Betrachter eingetreten sind. Hier wird der Bilderrahmen im Bild Element seiner selbst, die Paradoxie der Klassenlogik scheint auf.
  Escher illustriert die Dialektik von Innen und Außen, die die der Position und der Negation ist, mittels zirkulärer Darstellung von Rahmen und Bildinhalt. Das Bild mündet im Mittelpunkt, wo die Linien die Unmöglichkeit des Bildes zeigen müssten, als blindem Fleck des Betrachters in die Signatur des Künstlers. Der Schöpfer ist in der Schöpfung enthalten und nicht enthalten.

ist also nur eine pragmatische, keine theoretisch definitive Lösung des Antinomienproblems.
  Diese Hierarchie führt nur scheinbar hinauf oder hinunter (man denke an Roger Penrose und Eschers Visualisierung des Phänomens in

seinen Treppen), letztlich dreht man sich im Kreis und kommt wieder dort an, wo man gestartet ist. Die verschiedenen Landkartenparabeln (Ch. S. Peirce, J. Royce) inszenieren diese unhintergehbare Selbstreferenz mittels der Vorstellung von einer ideal abbildenden Landkarte. Da die Landkarte *in* der Landschaft liegt, die sie abbildet, muss die Landkarte sich selbst enthalten. Eine *mise en abyme*, eine paradoxe Abbildung in der Abbildung in der... usf., entsteht. Wenn wir *über* Sprache sprechen, müssen wir eine Sprache benutzen, damit werden die Vermischung unterschiedlicher sprachlicher Ebenen und die daraus entstehende Verwirrung wieder möglich. Analoges gilt für Reflexion und Metareflexion, für Kommunikation und Metakommunikation. Es ist immer die Frage: Womit fangen wir an, was setzen wir voraus?

Russells Einsicht in die Funktionsweise *formaler Kalküle* versuchten Bateson und die Palo-Alto-Gruppe auf die alltagssprachliche Kommunikation zu übertragen. Dabei ist eine Paradoxologie mit der Double-Bind-Theorie im Zentrum entstanden. Bateson ging es darum zu verstehen, welche Funktion, welchen Sinn und welche Auswirkungen Widersprüche/Paradoxien in unseren Sprachspielen haben können, um das Verständnis und die Therapie »psychischer Krankheit« auf neue Füße zu stellen.

10. Vom Double Bind zum Double Mind – pragmatische Paradoxien

Was ist das Betriebsgeheimnis schöpferischer Prozesse? Diese Frage ist verwandt mit der Frage, wie Entwicklungs- und Lernprozesse anzuregen sind. Welche Rolle spielen Widersprüche, Paradoxien und Dilemmata bei der Geburt des Neuen, wie funktioniert die Logik kreativer Prozesse?

Um darauf *eine* Antwort zu geben, sei zunächst der logische Kern der Double-Bind-Theorie skizziert, denn in ihr wird die Form *pragmatischer Paradoxien* begrifflich gefasst. Mit der Anwendung von Russells *Typentheorie* auf menschliche Kommunikation formulierten Bateson et al. (1956) eine Theorie, die die Unterscheidungsfähigkeit zwischen verschiedenen *logischen Ebenen* der Kommunikation als fundamental für eine »gesunde« Verständigung erachtet.

Der Double Bind formuliert jene Struktur, die diese Unterscheidungsfähigkeit paralysiert. Die zentralen Charakteristika des Double Binds lassen sich wie folgt zusammenfassen: Ein Individuum sieht sich in einem kommunikativen Kontext bestimmten Handlungsaufforderungen gleichzeitig ausgesetzt:

1. Ein primäres negatives Gebot, etwa in der Form: »Tu x nicht, sonst bestrafe ich dich« (Bateson et al., 1981, S. 276).

2. Ein sekundäres Gebot, das mit dem ersten auf »einer abstrakteren Ebene in Konflikt gerät«, indem es gegen ein Element des primären Verbotes verstößt. Dieses sekundäre Gebot kann nonverbal (analog) über Körperhaltung, Gesten, Stimmlage oder verbal geäußert werden wie: »Unterwirf dich nicht meinen Verboten.«
3. Ein tertiäres negatives Gebot, das es dem betroffenen Individuum nicht erlaubt, das Feld zu räumen (ebd., S. 277).
4. Metakommunikation ist in der Situation nicht möglich oder verboten.

Gerät ein Kind (Person) – so die These – in eine solche Situation, bricht dessen Fähigkeit, zwischen logischen Typen zu unterscheiden, zusammen. Die Person ist in einer paradoxen Situation gefangen, in der die eine Botschaft die andere aufhebt. Die dadurch erzwungene *Verwechslung logischer Typen* stiftet jene Verwirrung, die bei systematischer Wiederholung zum habituellen Muster werde und so die typischen Denk- und Verhaltensmuster der Schizophrenie hervorbringe. Die Double-Bind-Theorie wollte zwar die pathogene Struktur pragmatischer Paradoxien aufklären, im Kern war sie aber immer auch als Lerntheorie konzipiert, die erklären wollte, *wie* verrücktes (i. e. neues) Denken und Verhalten *gelernt* werden kann. So werden *Widersprüche und Paradoxien* als Triebfedern menschlicher Entwicklung verstanden (wie in Hegels Dialektik), die zu einer Ver-rückung eingefahrener Denkroutinen zwingen, aber neben pathogenen Wirkungen auch neues Denken und neues Verhalten hervorbringen können. Diesen kreativitätsfördernden Faktor pragmatischer Paradoxien hat Bateson in späteren Studien beforscht und betont, dass er auch in der Kunst, beim Humor und in der Poesie eine zentrale Rolle spiele.

Nachdem diese Theorie eine Welle von Studien ausgelöst hatte, erkannte man, dass Doppelbindungen nichts für die schizophrene Kommunikation Spezifisches sind, sondern häufig auch in der alltäglichen, »normalen« Kommunikation vorkommen. Bateson hat später im schizophrenen Verhalten einen Versuch gesehen, den widersprüchlichen Kontext, der rational nicht aufzulösen ist, zu überschreiten, und dies als *transkontextuelles Syndrom* bezeichnet. Die dabei entstehenden Verhaltensmuster können für das Subjekt selbst destruktive oder kreative Lösungsmöglichkeiten des paradoxen Spiels sein. In Tierexperimenten hat Bateson versucht, die Double-Bind-Theorie zu evaluieren. Dabei hat ein Delfin, der einem widersprüchlichen Gebot seines Trainers ausgesetzt war, ein völlig neues Verhalten gezeigt, das er nie gelernt hatte. Eine pragmatische Paradoxie hatte zu einem neuen, nie gelernten Verhalten geführt. Bateson hat die Kreativität, die paradoxe Kontexte auch ermöglichen, mit der von *Koans* in der zen-buddhistischen Tradition verglichen. Solche *Koans* stellen für den Schüler eine logisch inkommensurable Situation dar, die es ihm ermöglichen soll, sich von den Fesseln der Rationalität zu befreien und *satori* (Erleuchtung, Erwachen) zu erlangen. Bateson erwähnt folgendes *Koan* als Double Bind: Der Meister sagt zu seinem Schüler: »Sagst du, dieser Stock sei real, werde ich dich schlagen. Sagst du, dieser Stock sei nicht real, werde ich dich schlagen. Schweigst du, werde ich dich schlagen« (Bateson 1981, S. 278).

Eine kreative Lösung eines solchen Double Bind wäre beispielsweise, wenn der Schüler seinem Lehrer den Stock abnimmt, zerbricht und dabei *satori* erlangt. Eine andere Lösungsvariante wäre die eher pathologische, wie sie uns in der Psychose begegnet. Beide Lösungsmöglichkeiten gehören zu dem, was Bateson als *transkontextuell* beschreibt. Sie entstehen, wenn logische Ebenen paradox ineinander verschränkt werden (Fischer, 1987), denn dann bleibt unklar, was der Kontext bzw. Rahmen (Metaebene) ist, der den Sinn der darin geäußerten Botschaft bestimmen soll oder kann. Es gibt dann mindestens zwei widerstreitende Regeln, nach denen *in* einem Sprachspiel gehandelt werden kann bzw. muss, sodass ein solches Sprachspiel verwirrt bzw. nicht befolgt werden kann. Zu einer mit der Double-Bind-Struktur verwandten Position, die explizit die Logik von Kreativität erklären will, komme ich jetzt.

11. Double Mind – Neues aus dem Widersinnigen

Arthur Koestler versucht in seinem *The Act of Creation* (1964) zu verstehen, wie Witze funktionieren, und gelangt über die Klärung der Logik des Humors zu einer allgemeinen Theorie kreativer Akte. Sein Fokus ist auf das gerichtet, was sich *im Bewusstsein* der Person abspielt, die eine doppelbödige Botschaft (wie bspw. einen Witz) verstehen will. Koestler prägt darin den Begriff der »Bisoziation«, um eine Unterscheidung zwischen dem routinemäßigen, *eingleisigen* Denken (Assoziation), das sich auf einer einzigen Ebene bewegt, und dem schöpferischen Akt zu unterscheiden, der sich immer auf mehr als einer Ebene, nämlich mindestens zweien, abspielt: »The creative act [...] always operates on more than one plane. The former may be called single-minded, the latter a double-minded, transitory state of unstable equilibrium where the balance of both emotion and thought is disturbed« (Koestler, ebd., S. 35).

Koestler visualisiert dies in einer Grafik, in der zwei Rahmen, zwei Ebenen, ineinander projiziert sind, die an der Nahtstelle selbstbezüglich bzw. unbestimmt werden. Koestlers Gedanke ist mit Russells Formulierung der Klassenantinomie verwandt, ohne dass er sich darauf bezieht.

Im ersten Fall spricht Koestler von geistiger Eingleisigkeit und nennt es »single-minded«, im zweiten Falle geht es um einen zweigleisigen, einen doppelsinnigen (double-minded) Übergangszustand, bei dem die Balance der Affekte wie die des Denkens gestört ist. Im zweiten Falle, dem der *Bisoziation*, haben wir damit eine schöpferische Labilität vor uns, oder anders gesagt: eine kreative Instabilität. Die entstehende Double-Mindedness führt den Betroffenen in einen *Übergangszustand* hinein, der durch Doppeldeutigkeit und Ambivalenz gekennzeichnet ist.

Koestler macht seine Theorie an Witzen klar, deren Wirkung sich mit dem Prinzip der Bisoziation begreifen lässt. Lassen Sie mich das anhand eines Witzes von Arthur Schopenhauer erklären, den Koestler nutzt, um seine Idee zu illustrieren. Ein Strafgefangener spielte mit seinen Wärtern Karten. Als sie ihn beim Mogeln ertappten, warfen sie ihn aus dem Gefängnis hinaus.

Was passiert im Bewusstsein dessen, der den Witz versteht und dann eventuell lacht? Das, was in unserem Bewusstsein die Bisoziation auslöst, ist das Bestehen von zwei, isoliert betrachtet, gültigen Regeln:

Regel 1: Verbrecher werden bestraft, indem sie ins Gefängnis geworfen werden.

Regel 2: Falschspieler werden bestraft, indem sie hinausgeworfen werden.

Spielt sich das Ganze nun im Gefängnis ab, führt es zwangsläufig zu einer Paradoxie, wenn versucht wird, beide Regeln im selben Kontext (Sprachspiel) zu befolgen. Es ist klar, dass die Bisoziation hier von dem Wort »hinauswerfen« herrührt. Ein kürzerer Witz ist: Zwei Jäger treffen sich. Einer fällt getroffen um. Hier ist die Semantik des »treffens« die, die oszilliert, die bisoziativ wirkt. Es wird deutlich, dass nur der den Witz – wie eine Metapher – versteht, der ein Bewusstsein der doppelten Bedeutung hat.

Zwei Regeln zu befolgen, von denen jede *in sich* widerspruchsfrei ist, ist unmöglich, wenn der Kontext dergestalt ist, dass beide gelten sollen (wie beim Double Bind). Die erlebte oder vorhandene Doppelsinnigkeit führt in einen paradoxen *Übergangszustand* hinein, in dem die Person zwischen zwei Bezugssystemen, zwei Sprachspielen o. Ä. *hin- und herpendelt*, gleichsam oszilliert. Das führt das Bewusstsein in einen höchst ambivalenten Übergangszustand, in ein labiles Gleichgewicht hinein, bei dem Koestler die *Balance der Affekte wie des Denkens* gestört sieht. Nach welchem Bezugssystem soll gedeutet, entschieden werden? Genau solche Bewusstseinszustände sind es, bei denen das Rationale, das Bewusste das Irrationale, das Unbewusste berührt und woraus gelegentlich radikal Neues geboren bzw. geschaffen werden kann.

12. Auf der Landkarte des Denkens – Veränderungen zweiter Ordnung

Ich möchte zum Märchen von der »Klugen Bauerstochter« – das Wittgenstein im Zusammenhang von logischen und pragmatischen Paradoxien in seiner Philosophie der Mathematik diskutiert – übergehen, um daran zu illustrieren, wie paradoxe Fallen zu kreativen Lösungen führen können.

In dem von den Gebrüdern Grimm überlieferten Märchen von der »Klugen Bauerstochter« gerät ein Mädchen in eine Situation, die nach logischen Kategorien widersprüchlich bzw. paradox ist. Ihr Vater wurde durch eine Entscheidung des Königs in Arrest genommen. Das Mädchen will seinen Vater aus dem Gefängnis befreien und muss dabei ein »Rätsel« lösen bzw. einen Ausweg aus einem widersprüchlichen Sprachspiel finden (einem Double Bind). Der König verlangt von der Bauerstochter, zu ihm zu kommen, und zwar »weder nackt noch bekleidet, weder gegangen noch gefahren, weder auf dem Weg noch neben dem Weg«. Ich betrachte im Folgenden nur die Lösung der ersten Paradoxie. Da das Mädchen den Befehl des Königs unbedingt befolgen muss, um seinen Vater zu befreien, ist ihm die Flucht oder ein Ausweg aus der Situation psychologisch versperrt. Damit haben wir ein paradoxes Kommunikationsmuster, wie es im Double Bind definiert wird.[14] Das Mädchen reagiert auf die Handlungsparadoxie – die sich in der Form eines widersprüchlichen bzw. unbestimmten Sprachspiels präsentiert –, indem es mit einem Fischnetz »bekleidet«/»nackt« zum König kommt. Der Märchenkönig akzeptiert dies als die richtige Lösung des »Rätsels« und heiratet die Bauerstochter, der Vater kommt aus der Haft frei. Soweit die Geschichte und die Lösung der paradoxen Situation.

Der Interaktionskontext, das Sprachspiel, bietet zunächst keine Regel dafür, was »weder nackt noch bekleidet« bedeutet. Das Mädchen im Märchen entkommt der paradoxen Falle, indem es das logische *tertium non datur* (es gibt kein Drittes) transzendiert und etwas Neues, genau jenes Dritte, kreiert, das der König als »Lösung« anerkennt. Das wäre eine Lösung zweiter Ordnung, die Spielregeln des Spiels (die Grammatik) werden verändert. Es kommt zu einer lokalen, paralogischen, d. h. außerhalb der gängigen Grammatik stehenden Lösung der inkommensurablen, paradoxen Situation – vergleichbar mit der Reaktion des Zen-Mönchs auf die Lösung eines Koans oder eines Schizophrenen, der ein transkontextuelles Syndrom kreiert (Bateson, 1969), um den innerfamiliären paradoxen Kommunikationsstrukturen zu entkommen.

14 Wittgenstein (1978) hat das in seinen Vorlesungen über die Mathematik analysiert. Ausführlich beschäftigte ich mich damit in Fischer (1987).

POSITIVE UNVERNUNFT ALS QUELLE DES NEUEN

Abbildung 4: René Magritte, Hellsehen 1936 (La Clairvoyance)
Was ist Ursprung? Das Ei als Ursymbol des Schöpferischen oder der Vogel? Magritte befragt im Bild den Schöpfungsprozess des Bildes, indem er das Verhältnis zwischen der Realität des abzubildenden Objektes – dem Ei als Stillleben auf dem Tisch – und Kunst, das zum Vogel gewordene Ei auf der Leinwand, auf der Leinwand selbst befragt. Er zeigt uns, dass die Kreativität außerhalb des Bildes – im Schöpfer – unsichtbar bleibt, obwohl der Maler sich im Bild selbst abgebildet hat.
  Der schöpferische Prozess, die Poiesis, versinkt im Auge des Schöpfers. Um den schöpferischen Prozess zu zeigen, muss man ihn verbergen. Der Betrachter kann den Schöpfungsprozess reanimieren.
  Gehört der Titel zum Bild dazu oder nicht? Er ist jedenfalls para zum Bild, wie der Name zur bezeichneten Sache. Der Titel schafft eine weitere Illusion, die gebrochen wird. Der Künstler sieht nicht voraus, was aus dem zu malenden Objekt auf der Leinwand wird. Magritte bezog seine Kreativität von seinen künstlerischen Exkursionen in die Paradoxien des Denkens und unserer Existenz.

Durch die Lösung des Mädchens kommt es zu einem neuen Sprachspiel, und zwar über den intersubjektiven Konsens zwischen zwei Individuen. Es entsteht eine neue grammatische Regel, die definiert, was als »weder nackt noch bekleidet« gilt. Damit ist ein neues Muster für zukünftige Fälle in die Sprache eingeführt. Das heißt, das Verhalten ist nun aus der

Situation heraus verstehbar, aber es ist noch *nicht* sinnvoll. Sinnvoll wird es erst, wenn es in ein neues Sprachspiel, eine neue Geschichte integriert ist. So lässt sich auch die Fischnetzlösung des Mädchens verstehen. Ihr Verhalten war transkontextuell – außerhalb des Spiels (einer Geschichte) – weder sinnvoll noch sinnlos und damit jenseits der Grenzen gängiger Rationalität. Durch die Anerkennung des Königs wird es zur Lösung und damit zu einem neuen Paradigma, einem neuen Sprachspiel für künftige Situationen. Das Sprachspiel zwischen König und Bauerstochter ist nun nicht mehr paradox, es wird befolgbar, spielbar, denn es enthält keine widersprüchliche Regel mehr. Andererseits ist das ursprünglich »verrückte« (transkontextuelle) Verhalten nun in die andere Grammatik (Lösung zweiter Ordnung) eines neuen Spiels integriert. Jetzt ist konsensuell eine Kongruenz zwischen Sprache und Handlung etabliert, und das Spiel kann gespielt werden.

13. Ein vernünftiger Schluss

Was ist die Moral von der Geschichte? Paradoxien sind ohne die »Denkgesetze« (als Rationalitätsgaranten), in denen Menschen Sinn konstruieren und sich auf ihre Welt beziehen, nicht denkbar. Insofern produzieren die Regeln der zweiwertigen Logik und unserer Sprache ihre eigenen Paradoxien.[15] Der Glaube an eine allumfassende, vollständige Rationalität zeigt sich an logischen wie an existenziellen Paradoxien und darin offenbart sich auch die Paradoxie des Neuen. Wir können das Meiste, was im Leben wichtig ist, nicht rational entscheiden.

Paradoxien verweisen uns auf eine grundlegende Uneindeutigkeit und Unbestimmbarkeit im Zentrum unseres Denkens, die nicht nur *nicht* aus Kalkülen, sondern auch *nicht* aus dem menschlichen Leben zu verdammen sind. Paradoxien lassen sich als Einladung zur kreativen Freisetzung der gefesselten Fantasie verstehen, als Einladung, das eigene Bedeutungs- und Bezugssystem nach Alternativen und Veränderungen zweiter Ordnung zu explorieren. Paradoxien sind insofern eine Ressource für Klärungs- und Sinnstiftungsprozesse.

Weil der Zahn der Zeit auch an den sogenannten Wahrheiten nagt, sind solche Paradoxien Sauerstoff für ein lebendiges Denken, das der eigenen irrationalen Grundlagen immer eingedenk bleibt. Um es paradox zu sagen: Ist es nicht zutiefst irrational, Irrationalität aus dem Diskurs, den wir rational nennen, ausschließen zu wollen? Geht es uns dann

---

15 Hier führt der Weg der Logik zu den Unvollständigkeitsbeweisen des Mathematikers Kurt Gödel, der die Mathematik des 20. Jahrhunderst revolutionierte. In Fischer (1987) habe ich auf die Verwandtschaft zu Batesons Idee der Transkontextualität hingewiesen.

nicht ebenso wie den Pythagoreern? Irrationalität und die Paradoxien, die sie zum Ausdruck bringen, bleiben immer die Kehrseite einer Rationalität, die sich nur auf einem Möbiusband verorten lässt. Wie heißt es so wunderbar in der Genesis des logophilen Johannes: *Im Anfang war das Wort. Und das Wort war bei Gott und das Wort war Gott.* Da haben wir sie wieder, jene positive Unvernunft, von der Kant sprach: Gott ist alles... der Schöpfer ist Wort und das Wort ist Schöpfung und Schöpfung ist Gott und Gott ist der Schöpfer.

Literatur

Alberti, L. B. (2002): *Della Pittura. Über die Malkunst,* Lateinisch/Deutsche Ausg., hg., eingel., übers. und kommentiert von O. Bätschmann und S. Gianfreda, Darmstadt: Wiss. Buchgesellschaft.

Bartel, H. (1976): *Zahlentheorie und (Zahl)zeichensysteme,* Würzburg: Vogel.

Bateson, G. (1969):»Double bind«, in: ders. (1981), *Ökologie des Geistes,* Frankfurt a. M.: Suhrkamp, S. 353–361.

Bateson, G. (1981): *Ökologie des Geistes,* Frankfurt a. M.: Suhrkamp.

Bateson, G. (1991): *A Sacred Unity: Further Steps to an Ecology of Mind,* ed. by R. E. Donaldson, New York: Harper Collins Publisher.

Becker, O. (1954): *Grundlagen der Mathematik in geschichtlicher Entwicklung,* Freiburg, München: Alber.

Bochenski, J. M. (1978): *Formale Logik,* Freiburg: Alber.

Diels, H., Kranz, W. (Hg.) (1989): *Die Fragmente der Vorsokratiker,* 3 Bde., Hildesheim: Weidmann (unveränderter Nachdruck der 6. Auflage 1952).

Dürer, A. (1525): *Underweysung der Messung, mit dem Zirckel und Richtscheyt, in Linien, Ebenen unnd gantzen corporen,* Nüremberg 1525, Online-Ausgabe der Sächsischen Landesbibliothek – Staats- und Universitätsbibliothek Dresden. Oder (2000): *Unterweisung der Messung mit dem Zirkel und Richtscheit in Linien, Ebenen und ganzen Körpern,* Faksimile-Neudruck der Ausgabe Nürnberg 1525, mit einer Einführung von M. Mende, 200 Seiten mit ca. 150 Holzschnitten, 3. Aufl., Nördlingen: Alfons Uhl.

Euklid (1997): *Die Elemente, Ostwalds Klassiker der exakten Wissenschaften,* Bd 235, 3. Aufl., aus dem griech. übers. und hg. von C. Thaer, Frankfurt a. M.: Harri Deutsch.

Fischer, H. R. (1987): *Sprache und Lebensform. Wittgenstein über Freud und die Geisteskrankheit.* Monographien zur philosophischen Forschung. Bd. 242, 2., korr. Aufl. 1991, Heidelberg: Carl-Auer.

Fischer, H. R. (2000):»Rationalität zwischen logischem und paralogischem Denken«, in: H. R. Fischer, S. J. Schmidt: *Wirklichkeit und Welterzeugung,* Heidelberg: Carl-Auer-Systeme, S. 118-152.

Fischer, H.R. (2001):»Abductive Reasoning as a Way of Worldmaking«, in: *Foundations of Science* 6(4), S. 361-383.
Fischer, H.R. (2004):»Order from Noise. Zu den Wurzeln von Kreativität«, in: *Lernende Organisation. Zeitschrift für systemisches Management und Organisation* 21, S. 20–27.
Fischer, H.R. (2005b):»Poetik des Wissens. Zur kognitiven Funktion von Metaphern«, in: ders. (Hg.), *Eine Rose ist eine Rose... Zur Rolle und Funktion von Metaphern in Wissenschaft und Therapie*, Weilerswist: Velbrück, S. 48-85.
Fischer, H.R. (2005c):»Rationality, Reasoning and Paralogical thinking«, in: *Science, Medicine and Culture*, ed. by M.J. Jandl und K. Greiner, Berlin, New York: Lang, S. 240-262.
Fischer, H.R. (Hg.) (2005a): *Eine Rose ist eine Rose... Zur Rolle und Funktion von Metaphern in Wissenschaft und Therapie*, Weilerswist: Velbrück.
Fritz, K. von (1945):»The Discovery of Incommensurability by Hippasus of Metapontium«, in: *Annals of Mathematics* 46, S. 242-264.
Hofstadter, D.R. (1985): *Gödel, Escher, Bach: ein endlos geflochtenes Band*, 6. Aufl., Stuttgart: Klett-Cotta
Kant, I. (1798):»Anthropologie in pragmatischer Hinsicht«, in: ders., *Werkausgabe, Schriften zur Anthropologie, Geschichtsphilosophie, Politik und Pädagogik*, Band XII, 1977, Frankfurt a.M.: Suhrkamp.
Koestler, A. (1964): *The Act of Creation*, London: Penguin.
Kropp, G. (1969): *Vorlesungen über Geschichte der Mathematik*, Mannheim, Zürich: Bibliographisches Insitut.
Lyotard, J.-F. (1989): *Der Widerstreit*, 2., korr. Aufl., München: Fink.
Meschkowski, H. (1978): *Richtigkeit und Wahrheit in der Mathematik*, Mannheim, Wien, Zürich: Bibliographisches Institut.
Röd, W. (1976): *Geschichte der Philosophie. Die Philosophie der Antike 1. Von Thales bis Demokrit*, München: Beck
Russell, B. (1908):»Mathematical logic as based on the theory of types«, in: *American Journal of Mathematics* 30, S. 222–262.
Schneider, J., Kroß, M. (1999): *Mit Sprache spielen. Die Ordnungen und das Offene nach Wittgenstein*, Berlin: Akademie Verlag, S. 149-168.
Spencer-Brown, G. (1969): *Laws of Form*, London: Allen & Unwin.
Spinoza (1904): *Spinozas Briefwechsel*, Verdeutscht und mit Einleitung und Anmerkungen versehen von J. Stern, Leipzig: Philipp Reclam jun.
Szabo, A. (1969): *Anfänge der griechischen Mathematik*, München,Wien: R. Oldenbourg.
Wittgenstein, L. (1974): *Schriften 6. Bemerkungen über die Grundlagen der Mathematik*, Frankfurt a.M.: Suhrkamp.
Wittgenstein, L. (1978): *Schriften 7. Vorlesungen über die Grundlagen der Mathematik*, Frankfurt a.M.: Suhrkamp.
Wittgenstein, L. (1980): *Lectures. Cambridge 1932–35*, Oxford: Blackwell.

Günther Ortmann
Neues, das uns zufällt
Über Regeln, Routinen, Irritationen, Serendipity und Abduktion

1. Die Innovationssucht der Hypermoderne

Die Frage, wie Neues in die Welt kommt, wird in einer sich überstürzenden, von Überbietungshoffnungen und -nötigungen verführten und gehetzten Hypermoderne (Ortmann 2009) unübersehbar getrieben von einem Verlangen nach diesem Neuem, das alle Züge einer Sucht trägt – wenn man unter Sucht einfach eine durch Befriedigung erneuerte und verstärkte Abhängigkeit von eben dieser Befriedigung versteht. Die Nötigung zur Überbietung – »*bettersmarterfastercheaper*« (IBM-Werbung von 1996) als die Anderen und/oder als gestern – mündet in einen Kultus des Neuen (Adorno 1976, S. 316), der seinerseits jene Nötigung weiter forciert, rekursive Konstitutionsverhältnisse, in denen sich vielfältige Kräfte der Selbstverstärkung Geltung verschaffen. Die Nötigung ist eine gesellschaftliche, zumal ökonomische, aber sie wird getragen und getrieben von neugierigen Individuen, deren Neu-Gier zum großen Teil Resultante eben jener Nötigung ist. Die Einen müssen dem Neuen nachjagen (glauben es zu müssen), weil die Anderen es tun (oder weil die Einen glauben, dass die Anderen es tun oder tun werden) und *vice versa*. So haben wir gelernt, das Neue zu lieben und auf das Alte mit Langeweile zu blicken.

Die Büchse der Pandora ging endgültig auf, als Kontingenz zum Signum der Moderne wurde, mit Niklas Luhmann (1992, S. 94) zu sprechen: zu ihrem »Midas-Gold«. Wenn alles so-und-auch-anders-möglich ist und die Ökonomie uns jenes »*bettersmarterfastercheaper*« auferlegt, wenn schließlich ein Hyperwettbewerb (Merrifield 1989; D'Aveni 1994; Brown & Eisenhardt 1997) das »schneller und schneller« wichtiger und wichtiger werden lässt – Stichworte: »time to market«, »first mover advantages«, Amortisations- und Entwicklungszeiten, Produktlebenszyklen – dann ist es kein Wunder, wenn die Wellen des Neuen einander inzwischen zu überschlagen drohen.

Im Überschwang des Faibles für das Neue und für Innovation wird gerne übersehen oder vernachlässigt, dass der Suche nach Neuem Paradoxien schwer zu schaffen machen, deren einfachste Form schon von Platon formuliert worden ist – als Suchparadox.

2. Paradoxien der Innovation; Tasten[1]

Bernhard Waldenfels (1991, S. 97) hat, unter Rekurs auf Murata (1984), die Einsicht formuliert, dass Neuartiges uns auf ›quere‹ Weise erreicht, »ohne dass wir es intendieren können; denn intendieren lässt sich nur, was sich als bereits Bestimmtes erwarten lässt.« Was für ein Schlag ins Kontor der grassierenden Rede von Innovationsmanagement und -politik und von Kreativitätsförderung das ist, lässt sich wohl sehen. Um von hier aus weiterzukommen, hat man besonders Jon Elsters Analyse von »Zuständen, die *wesentlich Nebenprodukt* sind«, in Rechnung zu stellen, Zuständen also, die wir *intendiert* gerade *nicht* herstellen können (vgl. Elster 1987, S. 141 ff.; s. unten, den 4. Abschnitt). Tatsächlich stellt sich Waldenfels' Suchparadox als Variante der Paradoxie des Problemlösens heraus, die bereits Platon im *Menon* als solche, als Paradoxie bezeichnet hat: Die Suche nach der Lösung eines Problems sei etwas Widersinniges, insofern es die Suche nach etwas Unbekanntem sei, von dem man nicht wissen könne, wie es zu finden sei. (Und das wiederum bedeutet, das Problem nicht ganz genau stellen zu können.) Platons Lösung – alles Erkennen sei ein Wiedererinnern – ist kaum je akzeptiert worden, weil Platon ein Wiedererinnern an vorgeburtliche Ideenschau gemeint hat. Michael Polanyis Lösungsvorschlag geht dahin, mit einer »Ahnung eines Zusammenhanges« (1985, S. 28), einer »Andeutung eines Verborgenen« (ebd., S. 29) im *impliziten Wissen* zu rechnen, das eben durch die eigene Unbestimmtheit jener Unbestimmtheit gerecht wird, die einem Problem notwendig anhaftet. Mit Hilfe des Begriffs der Rekursivität können wir Polanyis Lösung stützen und stärken – und den Ort bestimmen, an dem Platons Wiederholung tatsächlich zu ihrem Recht kommt. Dieser Ort liegt in den *tastenden*, iterativen Versuchen der Bestimmung jenes Unbestimmten während der Suche nach der Problemlösung, die also ebenso sehr als Lösungssuche wie als (Vollendung der) Problemkonstitution (-spezifikation, -modifikation) aufzufassen ist. Nicht suchen wir einfach nach dem passenden Schlüssel für ein fix und fertiges Schloss, sondern wir erschließen uns die Eigenschaften des Schlosses erst während der Suche und des Ausprobierens des Schlüssels, und nie ist ausgeschlossen, dass wir am Ende, statt eines passenden Schlüssels für ein Schloss, ein passendes Schloss für einen Schlüssel gefunden haben. Die *Lösung* eines Problems ist merkwürdigerweise konstitutiv – im Sinne einer Bestimmung des Unbestimmten – für die Problem*stellung*, so sehr die Problemstellung doch die Problemlösung determinieren sollte und tatsächlich orientiert. Der Ort der Wiederho-

[1] Die ersten beiden Absätze dieses Abschnitts sind, leicht überarbeitet, entnommen aus Ortmann (1995, S. 399-401).

lung ist das iterative Durchlaufen dieser rekursiven Schleife von Problemstellung und Problemlösung.

Apropos Tasten: Dass Erscheinung nur möglich ist »im Bereich des Ungewissen«, und unsere Sinne erst in *tastender* Bewegung die Sinnesobjekte »*produzieren*«, hat Hugo Kükelhaus (1979, S. 37 und S. 38 f.) an vielen Beispielen sinnlicher Wahrnehmung demonstriert. Eine Kugel etwa wird in der Dunkelheit bei totaler Ausleuchtung als flache Scheibe gesehen, weil nichts zu suchen – und nichts zu »produzieren« – bleibt. Kükelhaus ist auch einer der wenigen, die Platons Lösung zugestimmt haben, und zwar mit einer Begründung, die auf die Ontogenese, ja, bis auf die Entwicklungsgeschichte des vorgeburtlichen Menschen zurückgeht – und dabei mit zyklischen Prozessen rechnet, die wir heute rekursiv nennen: »Alles Erkennen ist ein Widererkennen. Diese philosophische Aussage hat ihren Grund in dem Sachverhalt, wonach das in der Zeit sich vollziehende Wachsen und sich Ausgliedern von organischem Leben als eine von Schritt zu Schritt fortschreitende Rück-Kopplung auf die zu Anfang und als Anfang angelegten und verankerten Muster vonstattengeht (ähnlich einem kybernetischen Kreisgeschehen). ... Kein Später, das nicht in einem Früher seine Quelle und seine Mündung hat.« (Kükelhaus 1982, S. 47)

Das Menon-Paradox ist vom Herausgeber der Meiner-Ausgabe der Platonischen Dialoge, Otto Apelt, als Erzeugnis einer »sophistischen Afterlogik« bezeichnet worden (Platon 1998, S. 78). Um deutlich zu machen, dass es sich dabei um eine schwere Fehleinschätzung handelt, seien jetzt eine Reihe von paradoxalen Problemen angeführt, die in den zeitgenössischen Sozialwissenschaften – einschließlich der ökonomischen Theorie – anerkannt sind und die lediglich Variationen des Platonischen Suchparadox darstellen.

Eine dieser Paradoxien ist das Problem der Informations- und Suchkostenoptimierung. Im Rahmen orthodoxer (neoklassischer) Ökonomik tritt es erst auf, wenn die Prämisse vollkommener Information des *homo oeconomicus* fallengelassen wird. Als dies aber auch innerhalb der Orthodoxie als unvermeidlich akzeptiert wurde, entstand mit der Informationsökonomik eine neue und seither nicht mehr ernstlich angefochtene Version der ökonomischen Theorie, die es aber nun mit den Aporien der Suchkostenoptimierung zu tun bekam. Den Punkt der optimalen (Ausdehnung der) Suche zu bestimmen, war notwendig geworden, um den Einwand mangelnder Information der Wirtschaftssubjekte aufzunehmen und zugleich *innerhalb* der neoklassischen Theoriearchitektur zu verarbeiten, Wissenschaftstheoretiker sagen: ihn zu exhaurieren. Die Aporie liegt nun darin, dass ein infiniter Regress resultiert, weil man zur Bestimmung des Punktes der optimalen Suche wiederum Informationen benötigt, die man nicht hat, daher suchen muss *et cetera ad infinitum*. (Einfacher und schärfer formuliert: Man hat sie nicht und kann sie auch niemals haben, weil man die Erträge einer weiteren Ausdehnung der Suche nicht kennen kann, bevor man fündig geworden ist; zu alledem Winter 1964, 1975; Elster 1987, S. 89 ff.)

Eine zweite, verwandte Variante des Menon-Paradoxes, ebenfalls unter Ökonomen hoch anerkannt, ist das Arrowsche Informationsparadox: Da wir den Wert von (für uns neuem) Wissen erst beurteilen können, *nachdem* wir es erhalten haben (Arrow 1970, S. 152), ist es zumindest schwierig, es zu handeln. Der Käufer weiß nicht, wieviel er bezahlen soll, bevor er es bekommen hat, aber wenn er es bekommen hat, bräuchte er es eigentlich nicht mehr zu erwerben, weil er es nun ja schon hat. (Man halte das nicht für Spitzfindigkeiten. Informationsprobleme dieser Art spielen eine große Rolle zum Beispiel bei Mergers & Acquisitions, die so oft scheitern – wie im Falle BMW/Rover, Daimler/Chrysler oder Sony/MGM.)

Ein drittes Beispiel ist das von Georg Simonis (1999) als Z-Paradox bezeichnete Paradox der Zukunftsfähigkeit. Zumal in Zeiten hypermoderner Beschleunigungen müssen wir uns frühzeitig für die Zukunft rüsten. Da wir die Zukunft nicht kennen können, können wir aber, kurz gesagt, auch nicht wissen, was uns Zukunftsfähigkeit beschert.

Das vierte Beispiel führt in resultierende Probleme des Rechts. Alexander Roßnagel (1999) hat, mit Blick auf allfällige technische Innovationen, die Schwierigkeit für Gesetzgeber so auf den Punkt gebracht: Sie müssten, so der Titel seines Beitrags, »Das Neue regeln, bevor es Wirklichkeit geworden ist« – weswegen es dem Gesetzgeber an dringend benötigten Informationen über Voraussetzungen und Folgen der respektiven Innovation und an Kriterien für ihre Bewertung fehlt. (Man denke nur an die Präimplantationsdiagnostik.)

Sind wir damit endgültig in einer Sackgasse gelandet? Sehen wir näher zu.

3. »Am Anfang ist die Wiederholung«; *bricolage*[2]

Das Neue ist neu insofern, als es, verglichen mit der bisherigen, der alten Praxis und gemessen an ihren Relevanzgesichtspunkten, gesehen aus der alltagspraktisch üblichen Distanz, als festzuhaltende Abweichung vom Alten erscheint. Das bedeutet: Konstitutiv für das Neue ist das Alte, das aber seinerseits erst zum Alten wird durch die Emergenz des Neuen. Wie kann es dazu überhaupt kommen, nachdem das doch nach einer zirkulären Verweisungsstruktur aussieht, nach einem

---

2 Dieser Abschnitt entspricht, leicht modifiziert, Passagen bei Ortmann (1995, S. 396 ff.).

logischen Zirkel, der nicht zu denken erlaubt, dass die Sache in Gang, soll heißen: das Neue in die Welt, kommt?

Tatsächlich erstreckt sich *in praxi* jener scheinbar logische Zirkel wechselseitiger Verweisung von Alt auf Neu auf Alt *in die Zeit* und entpuppt sich dort als durchaus bearbeitbar, ja, als konstitutive Rekursivität. Menschliche Praxis bringt etwas hervor. Vielleicht ›ist‹ es neu (was ja seines Objektivismus entkleidet, nur heißen kann: wird von einem Beobachter dafür gehalten), aber der Akteur bemerkt es nicht. Vielleicht bemerkt er – oder ein externer Beobachter – es beim zweiten Mal: wenn es sich *wiederholt*. Oder nie: dann wird es nicht als Neues ›konstituiert‹ und ›taucht nicht auf‹. Oder der Akteur bemerkt es gleich beim ersten Mal als Neues, und das heißt: er hält es als solches (gedanklich) fest. Dann mag er es wiederholen wollen. Das kann scheitern, weil die Dinge ›wieder in die alte Bahn gelenkt werden‹, oder gelingen. Dann kommt es auf diese Weise zu einem zweiten Mal: *zur Wiederholung*.

Das wird deutlicher, wenn wir uns klarmachen, dass es eine reine Urproduktion in dem Sinne, dass sie nicht an das bestehende Alte anschließt: durch dessen Veränderung, aber eben auf das Bestehende, auf »Tradition als Widerlager« (Waldenfels 1985, S. 109) angewiesen – dass es eine solche *creatio ex nihilo*, eine vom Alten in keiner Weise abhängig bleibende Neuschöpfung allenfalls als gedanklichen Grenzfall geben kann. »Eine solche Urproduktion hätte buchstäblich nichts, was sie produziert. Dieses Haben setzt schon ein Re-, ein Wieder- voraus bis zum Immer-wieder, das Husserl der Idealität zuschreibt. Nicht als wäre Erkennen ein bloßes Wiedererkennen, Handlung in ihrem Kern bloße Wiederholung, doch haftet jedem Erkennen und Handeln ein Moment des Wiedererkennens und der Wiederholung an« (Waldenfels 1991, S. 95 f.). *Lean Production* etwa als (damals) neue Form blieb konstitutiv verwiesen auf herkömmliche Massenproduktion, an die sie anknüpfte, indem sie sich von ihr absetzte, und von der sie sich absetzte, indem sie an sie anknüpfte. »Das Paradox der Innovation liegt darin, dass sie etwas voraussetzt, das sie erneuert. Sie bricht mit der Vergangenheit, indem sie sie fortsetzt, und setzt sie fort, indem sie den Gang der Dinge unterbricht« (Waldenfels 1991, S. 96). Und alltägliche Praxis bemisst diese Differenz von Anknüpfen und Absetzen, von Fortsetzung und Unterbrechung an Normalitäts- und Relevanzmaßstäben, die sich ihrerseits im Akte solchen Maßnehmens konstituiert haben, und bestimmt sie als Neuartigkeit – oder eben als alten Wein in neuen Schläuchen, als Rad, das nicht noch einmal erfunden werden muss.

Nicht nur in Richtung auf das veränderte Alte jedoch, also auf das bald vielleicht schon Veraltete, Vergangene, sondern auch in Richtung auf das Festhalten des Neuen jetzt und in Zukunft gilt, dass das Neue *in der Wiederholung*, diesmal: in der Wiederholung der Abweichung vom Alten, im wiederholten Durchlaufen rekursiver Schleifen menschlicher

Praxis sozial konstituiert wird, dass es erst dort, in der Repetition, recht eigentlich festgehalten und gesellschaftlich als Neues identifiziert wird. „Ein pures Original, hinter dem sich nicht von Anfang an ein Kometenschweif von Reproduktionen abzeichnet, wäre wie ein Blitz, der erloschen ist, noch ehe wir seiner gewahr werden ... Routine und Innovation gehören nicht zwei verschiedenen Welten an, sondern schieben sich ineinander« (Waldenfels 1991, S. 95).

Waldenfels sieht also genau, dass Neues und Altes ganz praktisch aufeinander verwiesen sind. Deswegen hat Innovation, hat Reorganisation, wie wir (vgl. Ortmann u.a. 1990, S. 391 ff.)[3] mit Lévi-Strauss (1973) gesagt haben, etwas von *bricolage*, Bastelei, und auch das kommt bei Waldenfels (1991, S.99) deutlich heraus: »Produktives Denken, ob im Wahrnehmen, Rechnen oder *Handeln*, arbeitet mit Materialien, indem es deren Strukturen variiert und transformiert. Mit diesen Materialien kann man nicht alles machen, denn dann gäbe es *keine* zutreffende Lösung; mit ihnen kann man aber mehreres machen, denn sonst gäbe es nur eine *einzige Lösung*.« Das Neue, derart ans Alte gebunden, ist kontingent.

Am Anfang ist die Wiederholung, das soll also zweierlei bedeuten: Am Anfang etwa der Massenproduktion stand die Wiederholung und Nachahmung: die Fortführung handwerklicher Produktion *plus* Veränderung, und sodann jene Wiederholung dieser Veränderung, die es überhaupt erst erlaubt und lohnend erscheinen lässt, die neue Form schließlich als neues technologisches Paradigma festzuhalten. Man mag einwenden: Aber irgendwann, bei Ford, oder in den Schlachthäusern von Chicago, gab es einmal das erste Fließband, und das war keine Wiederholung. Aber auch dieses erste Fließband wiederholte die Produktion von Automobilen, das Schlachten von Tieren, und es wurde zu etwas Neuem, also zu etwas, was als Neues emergierte und festgehalten wurde, erst, sozusagen, beim zweiten Mal: auf dem Wege seiner Erprobung und Bewährung. Die fixe Idee eines Erfinders, dessen Erfindung beim ersten Mal – und sei es vermeidlich – so kläglich scheitert, dass sie gleich weggeworfen wird, wird keine Innovation, wird nichts Neues, sondern Abfall.

Am Anfang einer jeden Innovation muss es so gewesen sein: Ihre Geburtsstunde als *identifiziertes – festgestelltes und festgehaltenes – Neues* schlug erst mit den Wehen der Wiederholung und Erprobung. Und erst recht als neues Produktionsparadigma – etwa: Fordismus, oder, später,

---

3 Mit und gegen Lévi-Strauss: seinen Begriff übernehmend, dessen Beschränkung auf das »wilde Denken« aber ablehnend. Im Gegenteil sind für uns der Ingenieur und der Manager immer auch Bastler. Ähnlich Derrida (1976, S.431f.) für Ingenieure und Wissenschaftler, Mary Douglas (1991, S.110ff.) für die Denkstile jeder Zivilisation.

lean production – erreicht es seine Qualität als *soziale Innovation*, als *festgehaltenes Neues*, erst in Wiederholung und Nachahmung.

Schon dort, sozusagen mitten in der Genesis des Neuen, erlangen ökonomische, mikropolitische, interpretative und normative Viabilitätserfordernisse ihre erste, noch zarte Geltungsmacht: indem nämlich, zumindest irgendwann, die Frage der Wiederholung zur Entscheidungsfrage wird und diese Entscheidung jenen Erfordernissen (in ihren weiten Grenzen) Rechnung tragen muss (oder die Innovation scheitert). Die Kreation des Neuen, *soweit* sie ein sozialer Prozess ist, ist von Anfang an durchwirkt von Macht und Ökonomie und deren Selektivität (und, *nota bene*, all den Zufälligkeiten, die mit ihnen einhergehen bei der Transformation einer zunächst nur spleenigen Idee in eine soziale Innovation). Gerade das »Niemandsland« zwischen alter und neuer Ordnung »bedeutet eine Konfliktzone par excellence« (Waldenfels 1991, S. 100), und der Konflikt wird unter anderem *mittels performativ wirksamer Behauptung und Leugnung der Neuartigkeit ausgetragen*. »Alter Wein in neuen Schläuchen« heißt es dann vielleicht. Performative Sprechakte spielen eine wichtige Rolle bei der Konstitution oder eben Abwehr des Neuen.

4. Neues als »Elster-Zustand«; Umwege; die Rolle des Zufalls

Die Definition von »Elster-Zuständen« – so nenne ich die von Jon Elster analysierten »Zustände, die man nicht intendieren kann« (siehe Abschnitt 2) – bedarf einer entscheidenden Präzisierung: Es sind Zustände, die man *nicht direkt* intendieren kann. Was direkt nicht möglich ist, kann auf Umwegen gelingen. Der Elster-Zustand »Schlaf« kann, wie jeder weiß, nicht durchs Beabsichtigen herbeigeführt werden. Aber ich kann ihn selbstverständlich intendieren und auch – auf einem Umweg – erreichen, etwa indem ich ein (langweiliges?) Buch lese.

Auch Neues kann, wie gesehen, nicht direkt intendiert werden, sehr wohl aber, versteht sich, indirekt. Innovation ist auf Umwege und auf Räume für Umwege angewiesen. Solche Umwege und Räume können vorgesehen, sie können absichtlich eingerichtet werden, aber am Ende muss das Neue uns zufallen. Wir müssen fündig werden, und das können wir nicht durch noch so heftiges Beabsichtigen sicherstellen.

Die meisten Vorschläge zur Förderung von Innovativität laufen daher auf die Errichtung solcher Umwege und Räume hinaus, die daher auch »Freiräume« heißen und nicht etwa »Königswege«. »Humus«, »Klima«, »Fehlerfreundlichkeit«, »innovationsfreundliche Organisationskultur«, so oder ähnlich lauten die Metaphern und Begriffe, und ihnen gemeinsam ist die Idee: Man muss dem Zufall eine Chance geben.

Gottlieb Guntern, bei dem er unter den Namen »kairós« und »fortuna« auftritt und dessen Interviewpartner, der Unternehmer Ashok Kurien, von »good fortune« und »the Gift of Perfect Timing« spricht, nennt für die Phase des Keimens einer kreativen Idee als förderliche Bedingungen: »relaxation«, »silence«, »solitude« »and a rather passive yet receptive mind« (Guntern 2010, S. 68 ff.). Damit sind »Umwege« und »Räume« bezeichnet, die *indirekt* zu Neuem führen mögen.

Es versteht sich wohl von selbst, dass sich an solches Keimen, an solche kreativen Ideen harte Arbeit, inspirierte und auch routinierte Arbeit intendierten Elaborierens anschließen muss (die ihrerseits vom Keimen weiterer Ideen begleitet und durchsetzt sein mag). Eher schon hier, weniger in Sachen »kreative Einfälle«, haben die landläufigen Anleitungen zu Kreativität ein sinnvolles Betätigungsfeld. Beim Keimen kreativer Ideen neigen sie zu vorschnellen Verallgemeinerungen. »Silence«? Und »solitude« als deren notwendige oder förderliche Bedingung? Nun ja. Harry Benson, der Hoffotograf der Beatles hat einmal diese Beschreibung gegeben: »Wie sie komponierten? Da stand zum Beispiel ein Piano im Hotelzimmer, alle setzten sich drumrum, und los ging's: Hey John, willst Du ein Bier? Was sagst Du zu dieser Melodie hier, hör mal …? Interessant, los Paul, wir versuchen's mal … Das Ganze mit 20 anderen Leuten im Raum. Niemals hat einer von ihnen gesagt: raus hier, wir arbeiten« (Süddeutsche Zeitung, Nr. 155 vom 7./8.7.2012, S. V2/4).

Nicht soll mit alledem in Abrede gestellt werden, dass es so etwas wie eine »gezielte Suche« geben kann. Die Möglichkeit dazu hängt aber ab von einem dafür hinreichenden Suchrahmen oder Informationsstand, der – über Michael Polanyis Ahnung hinaus – Hinweise gibt, wie und wo zu suchen sei. Als krasses Beispiel sei die routinierte Suche der Pharma-Industrie nach neuen Wirkstoffrezepturen angeführt (Ortmann 2009, S. 137). Da werden in weitgehend automatisiertem *screening* bis zu zwei Millionen verschiedene Stoffe mit sogenannten Target-Molekülen (zum Beispiel Enzyme oder Rezeptoren für Botenstoffe) in Kontakt gebracht, um zu sehen, ob sie da erwünschte Wirkungen (und keine unerwünschten Nebenwirkungen) entfalten. Von 5000 bis 10000 Wirkstoffen, die nach einem solchen *screening* hergestellt und näher analysiert werden, schaffen es circa fünf bis zur Erprobung am Menschen, und von diesen fünf nur einer zum Echteinsatz in der Therapie.

Die Rede von »Target-Molekülen« ist beredter Ausdruck der Gezieltheit solcher Suche – und Indiz eines hinreichenden Informationsstandes zur Orientierung der Suche. Dass dabei Forscherglück wichtig und nötig bleibt, sieht man deutlich genug daran, dass es der Pharma-Industrie seit Jahrzehnten kaum noch gelingt, echte Innovationen hervorzubringen.

Dass in solchen Experimenten – und seien sie auch derart routinisiert wie die beschriebenen – Neues entdeckt werden kann, wäre trivial zu nennen, würde es nicht in der herrschenden wissenschaftstheoretischen Meinung, im kritischen Rationalismus *sensu* Popper, unterschlagen oder doch weit unter Gebühr bedacht. Dort ist das Experiment bekanntlich vor allem anderen ein Testverfahren für Hypothesen, zehrt von deren Zielgerichtetheit (um nicht zu sagen: Aus- und Abblendeigenschaften) – Stichwort: Scheinwerfer- statt Kübeltheorie der Wissenschaft (Popper 1964) – und hat zur vornehmsten Aufgabe die Falsifikation von Theorien. Das nehme ich einerseits als Bestätigung meiner These, dass *gezielte* Suche nur bei hinlänglichem Informationsstand möglich ist – in Poppers Worten: »Der Theoretiker ... ist es, der dem Experimentator den Weg weist« (Popper 1976, S. 72). Andererseits setzt es sich der Kritik Hans-Jörg Rheinbergers (2006, S. 24) aus, der Popper mit der erwähnten Aussage aus dessen »Logik der Forschung« zitiert, um sodann, unter Rekurs auf Ludwik Fleck (1980), dagegenzuhalten: »Ein Forscher hat es ... in aller Regel nicht mit Einzelexperimenten zu tun, die eine Theorie und nur sie prüfen sollen, sondern mit einer Experimentalanordnung, die er so entworfen hat, dass sie ihm *Wissen zu produzieren erlaubt, das er noch nicht hat*« (Hervorh. G. O.). Er hat es mit Offenheit und Vagheit zu tun, oft gerade nicht mit scharf geschnittenen Fragen und klaren Antworten. »Experimentalsysteme«, anders als in unserem Pharma-Beispiel (die jedoch auch eine Offenheit lassen), »erzeugen ... in der Regel keine rigiden Ausrichtungen« (Rheinberger 2006, S. 39). Rheinberger (ebd., S. 27) zitiert Michel Serres mit der Bemerkung: »Wer forscht, *weiß* nicht, sondern tastet sich vorwärts, bastelt, zögert, hält seine Entscheidungen in der Schwebe« (Serres 1994, S. 17). Darin und im allseits strapazierten *trial and error* kommt, ohne beim Namen genannt zu werden, die Rolle des Zufalls deutlich genug zum Ausdruck, auf den bei aller Systematik und methodologischen Ausgepichtheit der Suche angewiesen ist, wer auf Neues stoßen will. (Auch »Einfall« kommt von »Zufall«. Der Geistesblitz muss einschlagen.)

Ein anders gelagerter Fall irgendwie »gezielter« oder jedenfalls gerichteter Suche sind Heuristiken. Beispiele: »breadth-first search«, »depth-first search« oder auch eine Kombination beider: »sniffing before you inhale deeply«, am besten in der Form eines iterativen Durchlaufens erst der einen Phase (Schnuppern), dann der anderen (tief Einatmen) (Hofstadter u. a. 1995, S. 32 ff.). Auch in der empirischen Entscheidungsforschung haben Heuristiken zu Recht viel Aufmerksamkeit gefunden – etwa die frugalen Heuristiken à la Gigerenzer (2008) oder das Natural Decision Making, das Gary Klein untersucht hat (s. Klein u. a. 1993). Ich kann auf deren Fruchtbarkeit und Grenzen hier nicht eingehen, begnüge mich statt dessen mit Douglas Hofstadters Klarstellung: »Clever techniques for guessing – generally known as *heuristics* ... – cannot ... do a perfect job« (ebd., S. 33). Das sieht man schon daran, dass *geeignete* Heuristiken ihrerseits gesucht und gewählt werden müssen. Das jedoch ist von einem infiniten Regress – Heuristiken für die Suche nach Heuristiken etc. – bedroht, der nur mithilfe von Sucherfahrung und niemals ohne glückliche Hand beendet werden kann.

Es ist aus diesem Grunde, dass in der Forschung, und überhaupt in aller Jagd nach Innovation, vonnöten ist, was Robert Merton »serendipity effects« genannt hat.

5. Serendipity; Konzingenzhunger

»Serendipity« ist die Gabe, in sein Glück zu stolpern. Dass »serendipity effects« bei der Entdeckung von Neuland eine tragende Rolle spielen, pflegt an Christoph Kolumbus, Alexander Fleming oder Alfred Nobel erläutert zu werden, die Amerika, das Penizillin und das Dynamit entdeckten, obwohl sie danach nicht gesucht hatten. Das Oxford English Dictionary definiert denn auch »serendipity« als »the faculty of making happy and unexpected discoveries by accident«. Serendipity heißt, wie es Julius H. Comroe (1977) so treffend auf den Punkt gebracht hat, »to look for a needle in a haystack and get out with the farmer's daughter«. Robert Merton (1968; Merton & Barber 2004) hat ein *serendipity pattern* für *notwendige* Überraschungen und unvorhergesehene wissenschaftliche Entdeckungen verantwortlich gemacht, geleitet durch eine scharfsinnige Reflexion auf die paradoxale Struktur der Suche nach Neuem, daher Unbekanntem, in der Forschung. Sogar die betriebswirtschaftliche Innovationsforschung, sonst jederzeit Idealen der Berechenbarkeit und Optimierung verpflichtet, hat sich dieser Denkfigur geöffnet (Hauschildt & Salomo 2007; Gerybadze 2008). Was damit für die wissenschaftliche Forschung gesagt ist, gilt *mutatis mutandis* auch für Innovatoren aus der Praxis, für Manager, Berater, Produktentwickler und F&E-Abteilungen: Man braucht Forscherglück – und, versteht sich, Scharfsinn, um sein Glück als Glück zu bemerken und derart bescherte Gelegenheiten wahrzunehmen.

Kontingenz, Zufall, *serendipity, kairos* und deren Zusammenhang mit den Überbietungsnötigungen der Hypermoderne werden recht gut eingefangen von einem Wort Roland Barthes' (2005, S. 283): »Kontingenzhunger.« »Von einem *kairos* zum anderen entsteht eine Art Kontingenzhunger.« Jener Zusammenhang aber, auch das sieht Barthes (ebd., S. 284) scharf, »funktioniere wie eine Droge«.

6. Abduktion; Irritation; Metaphern als Abduktionsprodukt[4]

Beides, »serendipity« und »sagacity«, ist vonnöten, wenn man mit Merkwürdigkeiten, Überraschungen, Störungen, Befremdlichem und Irritationen zu tun hat, die mit alten Mustern nicht zu erklären sind, für die es also neue Erklärungsmuster braucht. Sie zu finden, ist, in der Terminologie Charles Sanders Peirce›, Sache der Abduktion. Irritierbarkeit ist dafür eine Voraussetzung, und auf Seiten der Forschung braucht es daher so etwas wie eine Phänomenologie der Irritation (Ortmann 2008b, S. 79-86).

Wie Peirce (s. zum Beispiel 1976, S. 395 ff.) klar gemacht hat, enthält der Vorgang der Abduktion einen kreativen Akt der Konstruktion eines Allgemeinen, einer zu den Beobachtungen passenden Regel oder eines Gesetzes, in das sich die beobachteten Details einfügen lassen. Kreativ ist dieser Akt besonders dann, wenn das Gesetz nicht auf der Hand liegt und erst recht, wenn es noch unbekannt ist und im abduktiven »Schluss« erst konstruiert werden muss. Diese Kunst der Spurensuche und des Zeichenlesens, für die seit Sherlock Holmes und Hercule Poirot die Gestalt des Detektivs einsteht, hat seit alters her die Bewunderung der Menschen erregt – vielleicht, seit die Jäger lernten, Spuren und Fährten zu lesen. Sie ist ein Leitmotiv der weltweiten Folklore. Einst ist der große Voltaire des Plagiats des namensgebenden Märchens *Die drei Prinzen von Serendip* bezichtigt worden, weil er im Kapitel *Der Hund und das Pferd* seines Romans *Zadig* einen Philosophen namens Zadig auftreten lässt, der mit brillanten Schlüssen aus Spuren im Sand glänzt (Voltaire 1949). Carlo Ginzburg (1983) hat bekanntlich auf die Parallele zwischen detektivischer und psychoanalytischer Deutungskunst aufmerksam gemacht. Auch Historiker und Archäologen machen von dieser Kunst des Spuren- und Zeichenlesens Gebrauch. In der von Jakob von Uexküll und Viktor von Weizsäcker inspirierten, durch Thure von Uexküll vorangetriebenen psychosomatischen Medizin spielt die Abduktion *sensu* Peirce eine maßgebliche Rolle bei der Diagnostik und für die Therapie (Adler u. a. 2003).

Ärzte können dafür oft auf *bekannte* medizinische Gesetze und Krankheitsbilder zurückgreifen. Anders liegen die Dinge, wenn die passende Regel oder das Gesetz ganz unbekannt ist und im Wege einer nun erst recht kreativen Leistung ge- oder erfunden werden muss. Man sieht wohl, dass dann auch die Abduktion *sensu* Peirce einer glücklichen

---

[4] Der zweite Absatz dieses Abschnitts ist entnommen aus Ortmann (2008a); dort mehr über die Herkunft des Kunstworts »serendipity« und ihr Verhältnis zur Abduktion.

Hand bedarf. Sie ist eigentlich keine Schlussform wie die In- und die Deduktion, sondern jedenfalls in diesem Falle eine konstruktive, Phantasie erfordernde Leistung.

Das sei am Beispiel erhellender Metaphern erläutert, von denen Hans Rudi Fischer (2005) gezeigt hat, dass sie das Ergebnis einer solchen abduktiven Kreation sind, in deren Licht eben noch irritierendes Verhalten, zum Beispiel von Menschen, Preisen und Gedächtnissen, jäh verständlich(er) wird: Dass Francois Quesnay für die Wirtschaftsprozesse die Metapher des (Blut-)Kreislaufs vorgeschlagen hat; Ralph Linton (und Erving Goffman) für bestimmte Verhaltenserwartungen und -muster die Metapher der Rolle; Sigmund Freud für Wahrnehmung, Erinnerung, Bewusstsein und Unbewusstes die Metapher – oder eher die Analogie – des Wunderblocks: das waren Innovationen, keine In- und keine Deduktionen, sondern kreative Leistungen, welche die weitere Forschung bereichert haben. Die Rede vom Kontext enthält die Metapher des Texts, die von Netzwerken, die eines Spinnen- oder menschengemachten Netzes, und sogar eine Nachfragekurve, dieses Herzstück strenger Ökonomik, ist, wie Donald McCloskey (1990, S. 1) gezeigt hat, eine Metapher: »The market for apartments in New York, says the economist, is ›just like‹ a curve on a blackboard. No one has so far seen a literal demand curve floating in the sky above Manhattan«.

7. Tango. Über Regeln, Routinen und Innovationen

Räumen wir abschließend mit der Vorstellung auf, Regeln und Routinen seien (nichts als) Gift für Kreativität und Innovation.

Es gibt eine ganze Reihe von Denkfiguren, die dem widersprechen. Dass das Neue auf das Alte – hier: auf Routine – als Widerlager angewiesen ist, war das oben erwähnte Argument Waldenfels'. Wir können, anders formuliert, nicht alles zugleich in Frage stellen und erneuern. Dass Regeln und Routinen entlasten und daher frei machen für Kreativität und Innovation auf Feldern *jenseits* der Routine ist ein zweites Argument. Ein drittes folgt aus der Einsicht, dass es keine reine Wiederholung gibt (Derrida 2001, S. 89; Ortmann 2010), auch nicht *innerhalb* von Routinen. Neues ereignet sich daher immer schon. Das haben, viertens, die Organisationssoziologen Feldman & Pentland (2003) zu der Klarstellung genutzt, dass Routinen Quellen oder Medien der Innovation sein können, weil jedes Handeln einerseits Regeln und Routinen folgt, dies aber andererseits nur in je einzigartigen Situationen tun kann und dabei deren besonderen Bedingungen Genüge tun muss. Die Praxis ist insofern inhärent improvisatorisch. Neues entsteht inmitten der Anwendung von Regeln und der Ausführung von Routinen.

Guntern (2010, S. 54) zitiert mit guten Gründen Richard Feynman mit der Bemerkung:»creativity is imagination in a straight jacket.« Manchmal besteht Kreativität auch in der Erfindung oder Entwicklung neuer Regeln, ein für mein Forschungsgebiet, Organisationen, nicht ganz unwichtiger Fall. Der Tango (dazu Villa 2000) ist so in die Welt gekommen, aber, versteht sich, inmitten von älteren Tanzroutinen und -regeln. Kreatives Tangotanzen wiederum ereignet sich inmitten und in Variation bisher gültiger Tangoregeln und -routinen, und wenn es besonders kreativ gelingt, mag es geschehen, dass ein Beobachter, wie einst Sacha Guitry in Buenos Aires, sagt:»Es ist hinreißend, aber warum tun die Leute es im Stehen?«

Literatur

Adler, R., Herrmann, J.M., Köhle, K., Schonecke, O.W., Wesiack, W., Uexküll, Th. von (Hg.) (2003): *Psychosomatische Medizin. Modelle ärztlichen Denkens und Handelns*, 6. Aufl., München, Jena: Urban und Fischer.
Adorno, Th.W. (1976): *Minima Moralia. Reflexionen aus dem beschädigten Leben*, Frankfurt a.M.: Suhrkamp.
Barthes, R. (2005): *Das Neutrum. Vorlesungen am Collège de France 1977-1978*. Hrsg. v. E. Marty. Texterstellung, Anmerkungen und Vorwort von Th. Clerc, Frankfurt a. M.: Suhrkamp.
Brown, S.L., Eisenhardt, K.M. (1997):»The Art of Continuous Change. Linking Complexity Theory and Time-paced Evolution in Relentlessly Shifting Environments«, in: *Administrative Quarterly* 42, S. 1-34.
Comroe, J.H. (1977): *Retrospectroscope: Insights Into Medical Discovery*, Menlo Park, Cal.: Von Gehr Press.
D'Aveni, R. A. (1994): *Hypercompetition. Managing the Dynamics of Strategic Maneuvering*, New York, NY.: Free Press.
Derrida, J. (1976): *Die Schrift und die Differenz*, Frankfurt a.M.: Suhrkamp.
Derrida, J. (2001): *Limited Inc* (deutsche Ausg.), Wien: Passagen.
Douglas, M. (1991): *Wie Institutionen denken*, Frankfurt am Main: Suhrkamp.
Ginzburg, C. (1983): *Spurensicherungen. Über verborgene Geschichte, Kunst und soziales Gedächtnis*, Berlin: Wagenbach.
Elster, J. (1987): *Subversion der Rationalität*, Frankfurt a.M., New York.: Campus-Verlag.
Feldman, M.S., Pentland, B. T. (2003):»Reconceptualizing Organizational Routines as a Source of Flexibility and Change«, in: *Administrative Science Quarterly* 48, S.94-118.
Fischer, H.R. (2005):»Poetik des Wissens. Zur kognitiven Funktion von Methaphern«, in: ders. (Hg.), *Eine Rose ist eine Rose. Zur Rolle und*

Funktion von Metaphern in Wissenschaft und Therapie, Weilerswist: Velbrück Wissenschaft, S. 48-85.

Fleck, L. (1980): Entstehung und Entwicklung einer wissenschaftlichen Tatsache, Frankfurt a. M.: Suhrkamp.

Gerybadze, A. (2008): »Einsatz von Klugheit im Innovationsprozess: Intelligente neue Formen der Durchsetzung von Standards«, in: A. Scherzberg u. a. (Hg.), Klugheit. Begriff – Konzepte – Anwendungen, Tübingen: Mohr Siebeck, S. 113-128.

Gigerenzer, G. (2008): Bauchentscheidungen. Die Intelligenz des Unbewussten und die Macht der Intuition, 8. Aufl., München: Bertelsmann.

Guntern, G. (2010): The Spirit of Creativity. Basic Mechanismus of Creative Achievements, Lanham, Plymouth: University Press of America.

Hauschildt, J., Salomo, S. (2007): Innovationsmanagement, 4. Aufl., München: Vahlen.

Hofstadter, D. and the Fluid Analogies Research Group (1995): Fluid Concepts and Creative Analogies. Computer Models of the Fundamental Mechanismus of Thought, New York: Basic Books.

Klein, G. A., Orasanu, J., Calderwood, R., Zsambok, C. (Hg.) (1993): Decision Making in Action: Methods and Models, Norwood, NJ.: Ablex Publishing.

Kükelhaus, H. (1979): Organismus und Technik. Gegen die Zerstörung der menschlichen Wahrnehmung, Frankfurt a. M.: Fischer.

Kükelhaus, H. (1982): »Bau von Stätten der Wahrnehmung: Eine Utopie?«, in: Kükelhaus, H. und R. zur Lippe: Entfaltung der Sinne. Ein ›Erfahrungsfeld‹ zur Bewegung und Besinnung, Frankfurt a. M.: Fischer, S. 42-58.

Lévi-Strauss, C. (1973): Das wilde Denken, Frankfurt a. M.: Suhrkamp.

Luhmann, N. (1990): Beobachtungen der Moderne, Opladen: Westdeutscher Verlag.

McCloskey, D. N. (1990): If You're So Smart. The Narrative of Economic Expertise, Chicago: University of Chicago Press.

Merton, R. K. (1968): Social Theory and Social Structure, New York, London: Macmillan USA.

Merton, R. K., Barber, E. (2004): The Travels and Adventures of Serendipity: a Study in Sociological Semantics and the Sociology of Science, Princeton, NJ: Princeton University Press.

Merrifield, D. B. (1989): »The overriding importance of R&D as it relates to industrial competitiveness«, in: Journal of Engineering and Technology Management 6, S. 71-79.

Murata, J. (1984): »Wahrnehmung und Lebenswelt«, in: Nitta, Y. (Hg.), Japanische Beiträge zur Phänomenologie, Freiburg, München: Alber, S. 273-317.

Ortmann, G. (1995): Formen der Produktion. Organisation und Rekursivität, Opladen: Westdeutscher Verlag.

Ortmann, G. (2008a): »*Serendipity* und Abduktion. Von der Gabe in unser Glück zu stolpern, und von detektivischer Deutungskunst«, in: *Revue für postheroisches Management* 2, S. 58-63.

Ortmann, G. (2008b): »Regeln der Klugheit?«, in: A. Scherzberg u. a. (Hg.), *Klugheit. Begriff – Konzepte – Anwendungen*, Tübingen: Mohr Siebeck, S. 45-92.

Ortmann, G. (2009): *Management in der Hypermoderne. Kontingenz und Entscheidung*, Wiesbaden: VS Verlag für Sozialwissenschaften.

Ortmann, G. (2010): »On drifting rules and standards«, in: *Scandinavian Journal of Management* 26, S. 204-214.

Ortmann, G., Windeler, A., Becker, A., Schulz, H.-J. (1990): *Computer und Macht in Organisationen. Mikropolitische Analysen*, Opladen: Westdeutscher Verlag.

Peirce, Ch. S. (1976): *Schriften zum Pragmatismus und Pragmatizismus*, Frankfurt a. M.: Suhrkamp.

Platon (1998): *Sämtliche Dialoge. Menon – Kratylos – Phaidon – Phaidros*, Bd. II, Hg. v. O. Apelt, Hamburg: Meiner.

Polanyi, M. (1985): *Implizites Wissen*, Frankfurt a. M.: Suhrkamp.

Popper, K. R. (1964): »Naturgesetze und theoretische Systeme«, in: H. Albert (Hg.), *Theorie und Realität. Ausgewählte Aufsätze zur Wissenschaftslehre der Sozialwissenschaften*, Tübingen: Mohr Siebeck, S. 87-102.

Popper, K. R. (1976): *Logik der Forschung*, 6. verbesserte Auflage, Tübingen: Mohr Siebeck.

Rheinberger, H. J. (2006): *Experimentalsysteme und epistemische Dinge. Eine Geschichte der Proteinsynthese*, Frankfurt a. M.: Suhrkamp.

Scherzberg, A. u. a. (Hg.) (2008): *Klugheit. Begriffe – Konzepte – Anwendung*, Tübingen: Mohr Siebeck.

Serres, M. (Hg.) (1994): *Elemente einer Geschichte der Wissenschaften*, Frankfurt a. M.: Suhrkamp.

Villa, P.-I. (2000): *Sexy Bodies. Eine soziologische Reise durch den Geschlechtskörper*, Opladen: Leske &. Budrich.

Voltaire (1949): *Sämtliche Romane und Erzählungen*, Bd. I, Leipzig: Insel.

Waldenfels, B. (1985): *In den Netzen der Lebenswelt*, Frankfurt a. M.: Suhrkamp.

Waldenfels, B. (1991): *Der Stachel des Fremden*, 2. Aufl., Frankfurt a. M.: Suhrkamp.

Winter, S. (1964): »Economic ›Natural Selection‹ and the Theory of the Firm«, in: *Yale Economic Essays* 4, S. 225-272.

Winter, S. (1975): »Optimization and Evolution«, in: R. H. Day; T. Groves (Hg.): *Adaptive Economic Models*, New York: Academic Press Inc, S. 73-118.

Joachim Funke
Neues durch Wechsel der Perspektive

Um mit einer von Oskar Negt kürzlich erwähnten Anekdote über den Philosophen und Mathematiker Gottfried Wilhelm Leibniz zu beginnen: Als einst am Hof der König seinen Wissenschaftler Leibniz auf ihn zukommen sah, sprach er ihn an und fragte ungeduldig:»Leibniz, was hat Er Neues zu berichten?«, worauf Leibniz nach kurzem Zögern geantwortet haben soll:»Aber wissen Majestät denn schon alles Alte?« (ergänzend hierzu siehe Negt, 2012)
Bevor wir also auf das Neue zu sprechen kommen, will ich erst einmal berichten, was wir schon seit Längerem über unser Thema wissen. Mein Plan ist, Ihnen zunächst ein paar Merkmale der Kreativität aus psychologischer Sicht zu erläutern, bevor ich dann auf das Thema eingehe, das für mich sehr nah bei der Kreativität liegt, nämlich auf das Problemlösen. Ich werde die Parallelen zwischen diesen beiden thematischen Geschwistern aufzeigen, um anschließend vor diesem Hintergrund einen neuen Gedanken vorzustellen, der in ähnlicher Form bei dem Kulturgeschichtler Thomas Macho zu finden ist: dass es wünschenswert wäre, Perspektiven zu wechseln.

1. Was bedeutet Kreativität?

Einer traditionellen Lehrbuchdefinition zufolge bedeutet kreatives Problemlösen das Hervorbringen eines neuen oder individuell oder gesellschaftlich nützlichen Produkts, das nicht durch Anwendung von Routine-Verfahren zu erzeugen ist. Die beiden Kriterien, die hier genannt werden, lauten»neu« sowie»individuell oder gesellschaftlich nützlich«. Bei Gottlieb Guntern (2010) kommt noch zusätzlich ein differenzierender Aspekt als Definitionsmerkmal einer kreativen Problemlösung mit hinzu: die ästhetischen Aspekte einer kreativen Schöpfung. Man kann streiten, ob das wirklich nötig ist – viele kreative Produkte sind nicht unbedingt ästhetisch *schön*, aber trotzdem nützlich.
Kreative Produkte entstehen *nicht* durch Anwendung von Routine-Verfahren – auf diesen wichtigen Punkt, der gleichzeitig ein zentrales Merkmal des Problemlösens ist, werde ich später noch genauer eingehen. Routine ist das Gegenteil der Kreativität. Hier ist zunächst noch nicht erkennbar, ob wir über»Creativity«, geschrieben mit einem großen C, also über die gesellschaftlich bedeutenden Erfindungen und Entdeckungen (wie z.B. die Solar-Zelle) reden, oder ob es um»creativity« – geschrieben mit kleinem c – geht: die scheinbar unbedeutenden

kreativen Ideen, die uns möglicherweise im Laufe des Tages kommen und über die wir uns freuen, obwohl sie vermutlich nicht weltbewegend sind. »Big C« und »little c« zeigen, dass Kreativität eine große Spannweite aufweist von den kleinen Entdeckungen des Alltags bis zu großen Erfindungen für die Menschheit. Im großen Bereich der Kreativität sind vier Facetten zu unterscheiden (siehe z. B. Holm-Hadulla 2005): die kreative *Person* – die charakteristischen Merkmale der kreativen Person; der kreative *Prozess* – das Schreiben, Komponieren, Experimentieren; das kreative *Produkt* – den Roman, die Theorie, die Erfindung; die kreative *Umgebung* – eine Bibliothek, ein Garten, eine Garage.

2. Die kreative Person

Betrachten wir einige berühmte Personen aus so verschiedenen Bereichen wie Literatur, Technik, Malerei, Wissenschaft oder Musik, um daran zu illustrieren, was eine kreative Persönlichkeit kennzeichnet.

Ausdauer. Eine der (*in terminis* von Umsatz und Markterfolg) erfolgreichsten zeitgenössischen Schriftstellerinnen ist Joanne K. Rowling (*1965), Autorin der berühmten »Harry Potter«-Serie. Diese Bücher sind sehr phantasievoll geschrieben, voller skurriler Figuren und spannender Handlungsverläufe. Rowlings Persönlichkeit ist unter anderem durch Ausdauer und Hartnäckigkeit gekennzeichnet. Ihr Manuskript zum Welterfolg hatte sie zunächst einer Reihe von Verlagen angeboten, die es jedoch zurückwiesen. Sie hat nicht aufgegeben.

Visionen gepaart mit Besessenheit. Steve Jobs (1955–2011) war einer der Motoren der inzwischen weltgrößten Elektronik-Firma Apple. Er war wohl von seiner Persönlichkeit her ein schwieriger Mensch (siehe hierzu Isaacson 2011), aber zugleich auch besessen von der Idee, Rechner für alle zu produzieren. Seine Visionen einer von jedermann (und eben nicht nur von einer speziell ausgebildeten Gruppe von Computerfachleuten) nutzbaren Computertechnik hat die Welt revolutioniert und uns mit iPod, iPhone und iPad neue Gerätetypen zur Hand gereicht, die wir heute nicht mehr missen möchten.

Schwierige Lebensbedingungen. Vincent van Gogh (1853–1890), ein berühmter Maler, der Zeit seines Lebens kaum ein Bild verkauft hat, illustriert ein tragisches Schicksal. In einer für ihn besonders schweren Situation hat er sich sogar einen Teil seines Ohres abgeschnitten. Er hatte – wie ein Blick in seine Biografie bestätigt – offensichtlich ein außerordentlich schwieriges Leben zu bewältigen und vor allem mit sich selbst zu kämpfen.

Nonkonformismus. Albert Einsteins (1879–1955) berühmtes Foto, auf dem er mit herausgestreckter Zunge zu sehen ist, verdeutlicht einen

anderen Wesenszug der kreativen Persönlichkeit, nämlich den Widerstand gegen die herrschende Lehre. Es zeigt damit zugleich den eigenständigen Denker an, der seinen eigenen Weg geht.
Produktivität. Um den Reigen der verschiedenen Domänen abzurunden, wollen wir die Musik nicht außen vor lassen. Wolfgang Amadeus Mozart (1756–1791) war bereits zu Lebzeiten ein Star, dessen wunderbare Kompositionen uns bis heute anrühren. In seiner kurzen Lebenszeit hat er ein großes Oeuvre geschaffen, das allein durch seinen schieren Umfang beeindruckt. Kreative Personen komponieren häufig nicht nur *eine* Oper, schreiben nur *ein* Buch oder malen nur *ein* Bild, sondern sie produzieren ganz viel, darunter auch durchaus Mittelmaß.

Die fünf kreativen Persönlichkeiten, die hier exemplarisch vorgestellt wurden, sollten uns jeweils ganz bestimmte Eigenschaften verdeutlichen; ich möchte die wichtigen Aspekte nochmals in systematischer Form erläutern.

1. *Intellektuelle Fähigkeiten*: Natürlich braucht es für die großen Leistungen, die wir diesen Personen zuschreiben, Intelligenz – nicht unbedingt eine Super-Intelligenz, aber eine zumindest durchschnittliche Intelligenz. Der amerikanische Intelligenzforscher Robert Sternberg und seine Kollegin Janet Davidson (1986) haben einmal gesagt, ab etwa 120 IQ-Punkten sei es möglich, kreative Leistungen zu vollbringen; es spiele aber dann auch keine Rolle mehr, ob es 125, 130 oder 145 seien. Nobelpreisträger mit einem IQ von 120 haben für den Normalsterblichen eine beruhigende Wirkung!

2. *Wissen*: Warum ist Wissen so wichtig? Natürlich muss man als kreative Person eine ganze Menge Detailwissen haben. Vincent van Gogh z. B. hat viele Jahre nach der besten Möglichkeit gesucht, wie er die von ihm wahrgenommene Farbe der Ähren auf dem Feld auf die Leinwand bringen konnte; er hat sehr viel Wissen erworben über darstellende Aspekte und sich mit seinen Peers darüber ausgetauscht. Im Gesamtwerk von Mozarts Kompositionen ist nicht seine allererste Symphonie die am meisten beeindruckende, sondern eine aus dem Spätwerk, bei der er auf einen großen Fundus seiner musikalischen Erfahrung zurückgreifen konnte.

3. *Persönlichkeit*: Steve Jobs ist den Lesern der Biografie von Isaacson (2011) bekannt als eine cholerische, aufbrausende, autoritäre Person, die im Umgang mit ihren Mitarbeitern alles andere als charmant gewesen sein muss. Einsteins Persönlichkeit ist eine, die auf Widerstand gebürstet ist: Sie provoziert und ist nicht angepasst. Auch der Außenseiter van Gogh war nicht gerade bekannt für seine charakteristische Unauffälligkeit. Kreative Persönlichkeiten fallen also durch ihre Unangepasstheit und Eigenständigkeit auf.

4. *Motivation*: Alle hier genannten Personen waren hoch motiviert und davon überzeugt, dass das, was sie machen, wirklich gut ist. Joanne

K. Rowling hat lange kämpfen müssen, bis sie einen Verlag gefunden hatte; sie hat sich nicht durch Ablehnungen, die sie vorher in Hülle und Fülle eingefangen hat, entmutigen lassen. Auch Vincent van Gogh hat sich nicht von seinem Weg abbringen lassen – er, der zu Lebzeiten kaum ein Bild verkauft hat! Dass sein Lebenswerk nicht zur Kenntnis genommen wurde, war für ihn eine tiefe Kränkung. Die Zeitgenossen fanden sein Werk uninteressant, es hat sie nicht begeistert. Van Gogh hat trotzdem weitergemacht. Albert Einstein hatte zwar das Glück, dass sein Werk schon zu seinen Lebzeiten Beachtung fand, musste dazu aber als kühner Entdecker bisher völlig unbekannte geistige Wege zurücklegen. Auch Mozart hat zeitlebens in einem harten Konkurrenzkampf um Anerkennung gerungen. Steve Jobs »wusste«, wie die Welt der Informationstechnologie auszusehen hat, und in diese Welt hat er uns hineingeführt. Wir haben heute *Smart Phones*, wir haben Rechner für alle – diese Entwicklungen sind durch seine Motivation ganz stark voran getrieben worden.

3. Der kreative Prozess

Am Anfang steht die *(1) Vorbereitungsphase*: Ohne intensive Vorbereitung keine Kreativität – das ist eine wichtige Aussage. Expertise-Forscher sagen, man brauche mindestens 10.000 Stunden Beschäftigung mit einem Gegenstandsbereich, bevor man den Experten-Status habe (Reimann & Rapp 2007). Warum ist das wichtig? Erst wenn man die grundlegenden Prinzipien einer ganz bestimmten Domäne kennt, kann man auch bewusst gegen sie verstoßen. Es ist für den Kreativen wichtig zu wissen: Was sind die gegenwärtigen Spielregeln, was ist die herrschende Lehre – der Kreative fordert nämlich die herrschende Lehre heraus und sagt: »Ich mach's anders als die, ich geh' einen anderen Weg!«; aber man muss erst einmal Wissen erwerben, von dem man dann abweichen kann.

Die *(2) Inkubationsphase*: Neurobiologische Forschung macht uns klar, dass auch in den Phasen, wo wir *nicht* über einem Problem brüten, im Gehirn etwas passiert. Unser Gehirn arbeitet auch dann, wenn wir nicht allzu stark in Anspruch zu nehmen scheinen. Es befindet sich dann im »resting state« (Gusnard & Raichle 2001), einer Art von Default-Modus, der für den kreativen Prozess keine unwesentliche Rolle spielt.

Der *(3) Aha-Effekt*: Dies ist der Moment der Einsicht, das Bewusstwerden des schöpferischen Augenblicks. Neuere Forschung hierzu zeigt, dass Einsicht durchaus als Ergebnis von Versuchs-Irrtums-Lernen verstanden werden kann und keinesfalls als ein mysteriöser Prozess zu sehen ist (Ash, Jee & Wiley, 2012).

Die *(4) Bewertungsphase*: Kritische (Selbst-)Zensur und der Einfluss von Normen und Werten kommen hier ins Spiel. Das in der Wissenschaft gebräuchliche »peer reviewing« (das Verfahren, in dem unbeteiligte Fachleute vom gleichen Gebiet ihre Meinung über die neuen Ideen äußern) ist ein äußerst wertvolles Instrument der Qualitätskontrolle. Bei Franz Kafka, dem berühmten Schriftsteller, hätte uns dessen selbstkritische Haltung gegenüber den eigenen Texten fast um deren Genuss gebracht – nur der Mut seines Freundes Max Brod, von Kafkas testamentarischem Willen der Textzerstörung abzuweichen, hat der Welt ein einzigartiges Werk gerettet.

Die *(5) Phase der Ausarbeitung*: Thomas Edison, der Erfinder der Glühbirne, soll einmal gesagt haben: »Genie bedeutet 1% Inspiration und 99% Transpiration«. Damit wird betont, dass häufig nach Einsicht und Erkenntnis noch Feinschliff zu leisten ist, der viel Mühe bedeuten kann.

4. Das kreative Produkt

Kriterien eines kreativen Produkts sind seine Neuartigkeit, seine Angemessenheit im Sinne der Problemstellung sowie ein paar Nebenkriterien, zu denen die Bedeutung des Produkts, seine Qualität und seine Entstehungsgeschichte zählen. Auf einer der letztjährigen Erfindermessen wurde ein sogenannter »Spülen-Duftstab« vorgestellt, mit dem man unangenehme Gerüche aus dem Abfluss minimieren kann; auch eine wiederverschließbare Cola-Dose war dabei mit einem Verschluss, der das Entweichen der Kohlensäure unmöglich macht.

Ob diese zwei Erfindungen (die Liste ließe sich beliebig verlängern) wirklich Produkte sind, auf die die Menschheit gewartet hat, wage ich zu bezweifeln. Die Erfinder waren stolz darauf – sie haben eine Lösung gefunden für Probleme, deren Stellenwert *wir* vielleicht etwas geringer einschätzen, aber sie haben dennoch zweifellos kreative Leistungen vollbracht. Was ein wirklich bedeutendes kreatives Produkt ist, darüber entscheidet letztlich die jeweilige Gesellschaft; bei den ganz großen Erfindungen entscheidet die Menschheit.

5. Die kreative Umgebung

Den Psychologen ist klar, dass menschliches Handeln als eine Interaktion von Persönlichkeitsfaktoren mit einer ganz bestimmten Umwelt zu beschreiben ist. Zusammen mit den Geographen Peter Meusburger und Edgar Wunder haben wir uns vor einigen Jahren Gedanken gemacht, was kreative Milieus auszeichnet: »A creative milieu or environment represents a certain potentiality that must be activated through human communication and interaction. What makes a location attractive is its possible or imagined advantages, not the realized ones. It is the potential to communicate with other highly creative persons that attracts artists and scientists from elsewhere« (Meusburger, Funke, & Wunder 2009, S. 4). Ein kreatives Milieu ist demnach eine *Potenzialität* – vorgestellte Vorteile (»imagined advantages«) für den Kreativen, zum Beispiel in der Art, dass man »dort« in Kontakt mit anderen komme, mit ihnen kommunizieren könne und auf diese Art und Weise ein kreatives Milieu antreffe. Um die Wende des 19. zum 20. Jahrhundert war *Wien* ohne jeden Zweifel ein derartiger Ort. Das hat sich allerdings im Laufe der Zeit gewandelt.

Wenn man die kreativen Milieus auf unserer Landkarte betrachtet, stellt man fest: Es gibt ein paar *Hot Spots*, und diese *Hot Spots* wandern, sie sind nicht fest verankert. Die Suche danach hat etwas zu tun mit der Suche nach Potenzialität, dem Möglichkeitsaspekt, der in solchen Umgebungen liegt.

6. Was ist ein Problem?

Was hat Kreativität mit Problemlösen zu tun? Ganz offensichtlich liegt einem kreativen Prozess ein Problemlöse-Prozess zugrunde – ein Problemlöse-Prozess, der allerdings durch eine kreative Lösung ausgezeichnet ist. Grund genug, sich etwas näher mit der Problemlöse-Forschung auseinanderzusetzen (Funke 2003). Ein Problem ist charakterisiert als eine Situation, in der ein Individuum ein Ziel hat und nicht weiß, wie es dieses Ziel erreichen soll. Zunächst einmal handelt es sich um eine durchaus frustrierende Situation, denn jedes Problem ist nicht nur kognitiv eine Herausforderung, sondern auch emotional: Der erste Anlauf, den man geplant hat, funktioniert nicht. Schon hat man ein Problem.

Man braucht kreatives Denken, muss Entscheidungen treffen und braucht Hilfsmittel, um zum Ziel zu kommen. Auch hier wieder: Problemlösen steht im Gegensatz zum Routine-Handeln. Dies erinnert stark an die Definition von Kreativität, die am Anfang gegeben wurde. Beim Problemlösen ist wichtig, dass man die Lücke entdeckt, die zwischen dem gegebenen Ist-Zustand und dem gewünschten Soll-Zustand besteht und eine angemessene Überbrückung dafür findet.

7. Was bedeutet Perspektive?

Was bedeutet Perspektive? Durchschauen, die Durchsicht, *perspicere*. Perspektiven finden wir in ganz verschiedenen Bereichen. In der *Bildkunst* haben wir die Perspektive erst seit dem späten Mittelalter; es hat lange gedauert, ehe überhaupt perspektivisch gezeichnet wurde. Die einfachste Form einer Zentralperspektive mit einem Fluchtpunkt und der Frontalansicht eines Objekts ist eine relativ neue Erfindung in der Malerei. Dass wir überhaupt verschiedene Perspektiven in ein Bild hineinbringen können, ist eine Erfindung moderner Malerei (seit dem 15. Jahrhundert).

Wenn man das Medium wechselt und von der Bildkunst zur *Textkunst* geht, findet man z. B. verschiedene Erzählperspektiven. Die Subjektivität eines Ich-Erzählers hat eine völlig andere Wirkung als die Allwissenheit einer auktorialen Erzählhaltung. Der Erfolg von Alfred Döblins Roman »Berlin Alexanderplatz« (1929) beruht auf der eindringlich subjektiven Perspektive des Franz Biberkopf, dem Helden dieses modernen Großstadt-Romans. Die Perspektive des Ich-Erzählers, der dem Leser Einsicht in seine beschränkte Innenwelt gibt, steht im Gegensatz zur auktorialen und damit umfassenden Perspektive des Schriftstellers, der schon weiß, was mit dem Helden passieren wird und der manches entsprechend einfärben kann. Ein schönes Beispiel für die unterschiedlichen Perspektiven der Akteure bietet der lesenswerte Roman von Sandor Marai (1941) »Wandlungen einer Ehe«, der ein Beziehungsdrama aus den Augen des Ehemannes, der Ehefrau und der Geliebten berichtet – ein Beispiel dafür, wie ein und derselbe Ablauf der Dinge so ganz unterschiedlich wahrgenommen werden kann.

Auch im Medium der *Filmkunst* finden wir derartige Perspektivierungen. Der Film »Rashomon« von Akira Kurosawa aus dem Jahr 1950 zeigt ein und dasselbe Geschehen aus vier verschiedenen Perspektiven. Man glaubt nicht, dass es sich um dieselbe Situation handelt, wenn vier verschiedene Erzähler vier Geschichten über das Gleiche erzählen. Im Film hat man mit dem *point of view* natürlich auch das Mittel der subjektiven Kamera, einer relativ neuen Erfindung in der Filmtechnik. Diese subjektive Kamera schafft Authentizität, so dass man den Eindruck hat, aus den Augen des Helden eine Situationsabfolge betrachten zu können.

In der *Erkenntnistheorie* steht die Perspektive der 1. Person als eine ausgezeichnete Perspektive gegenüber derjenigen der 3. Person (Bieri 1997). »Ich« fühle einen Schmerz; »Sie« können mir diesen Schmerz vielleicht ansehen, aber auch wenn »Sie« den Schmerz bei mir nicht sehen, fühle »ich« ihn trotzdem. Das ist *mein* Schmerz, und da können »Sie« sagen, was »Sie« wollen – »ich« als 1. Person habe das Kriterium dafür in meiner Hand. Das ist erkenntnistheoretisch sehr wichtig, weil die Perspektive der 1. Person eine ganz besondere ist: Wo man »er« sagt, nimmt man die Perspektive der 3. Person ein, die des objektiven Betrachters, der von außen schaut – eine ganz andere Perspektive als die der 1. Person.

Perspektiven kennen wir auch in der *Wissenschaft*. Der Philosoph Jürgen Habermas (1968) ist etwa zu erwähnen mit seinem Konstrukt des »Erkenntnisinteresses«, wonach jede Forschung perspektivisch ausgerichtet ist. Diese Konzeption hat die Vorstellung »objektiver« Wissenschaft in Frage gestellt und dazu geführt, dass wir Erkenntnisse dann besser einordnen können, wenn wir die dahinter stehende Perspektive des Wissenschaftlers kennen. Sagt uns etwa ein von der Bierindustrie bezahlter Forscher, dass Biertrinken gesundheitsförderliche Wirkungen habe, sehen wir diesen Befund mit gesunder Skepsis als möglicherweise perspektivisch verzerrtes Ergebnis.

8. Schlussbetrachtung

Die Frage »Wie kommt Neues in die Welt?« wäre für mich nach diesen Ausführungen zu beantworten mit dem Hinweis auf den dafür notwendigen Perspektivenwechsel. In Analogie zum viel gepriesenen *change management* (siehe z.B. Elke 2007) könnte man von »Perspektivenmanagement« sprechen. Mut zum Perspektivenwechsel: Das verlangt die Bereitschaft, die räumliche, zeitliche, kognitive, emotionale und motivationale Beschränkung des hier und jetzt gegebenen Standorts zu überwinden. Ein paar Beispiele mögen dies veranschaulichen.

Die *räumliche* Perspektive zu wechseln könnte z.B. bedeuten, gedanklich oder auch physisch einen anderen Standort einzunehmen. Wenn wir über Klimawandel diskutieren, könnten wir beispielsweise einmal die Perspektive pazifischer Inselstaaten einnehmen, die ständig Gefahr laufen, überflutet zu werden – oder die Perspektive der Schweiz, die sich nicht um Flutkatastrophen, wohl aber um das Schmelzen der Alpengletscher sorgen muss.

Ein Wechsel der *zeitlichen* Perspektive ist z.B. durch Projektion in die Vergangenheit oder in die Zukunft möglich. Philip Zimbardo, ein bekannter amerikanischer Sozialpsychologe, hat das Konzept der *time perspective* geprägt (z.B. Zimbardo & Boyd 2009) und verschiedene Zeitperspektiven beschrieben. Ob man zukunftsorientiert ist, ob man in der Gegenwart lebt oder ob man rückwärts orientiert denkt, spielt eine ganz entscheidende Rolle für unser Handeln und unsere Entscheidungen. Eine Lebensversicherung etwa ist nur dort zu verkaufen, wo eine entsprechende Zukunftsorientierung vorherrscht. Wer in den Tag hinein lebt (und damit gegenwartsorientiert handelt) denkt über Versicherungen sicher anders.

Was den Wechsel der *kognitiven* Perspektive betrifft, so geht es hier um die Nutzung anderer Schemata als der üblichen (als Abweichung von der eingangs erwähnten Routine). So ist z.b. die Professorensicht auf ganz bestimmte Prüfungsabläufe eben eine grundsätzlich andere als die der Studierenden; manchmal schafft es ja bereits neue Erkenntnisse, wenn man sich in die andere Person und damit in eine andere Perspektive hineinversetzt (z.B. Galinsky, Maddux, Gilin & White 2008).

Einen anderen Aspekt berührt die *emotionale* Perspektive. Auch hier kann ein Perspektivenwechsel Neues in die Welt bringen. Moderne Forschung zeigt (z.B. Rothermund & Eder 2009), dass man in guter Laune Informationen anders verarbeitet und auch zu anderen Entscheidungen kommt als in schlechter Laune. Damit könnte es sich lohnen, die Stimmung zu verändern und die sich dadurch ergebende neue Perspektive auf sich wirken zu lassen.

Die *motivationale* Perspektive betrifft die unserem Denken und Handeln zugrunde gelegten Einstellungen und Wertesysteme, aus denen sich die Ziele menschlicher Aktivität ableiten lassen. Man könnte z.B. versuchen, einmal spaßeshalber seinen politischen Standpunkt zu wechseln und sich zu fragen, wie die Welt in den Augen eines Fundamentalisten aussähe. Dabei merkt man, dass auch andere Überzeugungssysteme in sich stimmig sein können. Man stellt fest, dass man nicht auf eine bestimmte Perspektive verpflichtet ist, sondern dass der eingenommene Standpunkt eine Folge der Entscheidungen ist, die man in Hinblick auf bestimmte Positionen trifft. Andere Positionen sind durch andere Entscheidungsmuster markiert. Toleranz bringt es mit sich, dass man lernt, auch andere Entscheidungen als die selbst getroffenen zu akzeptieren.

»Wie kommt Neues in die Welt«? Eine Antwort auf diese Frage ist nicht in einem Satz zu geben. Aber vielleicht haben die hier vermittelten Gesichtspunkte dazu beigetragen, den Wert des Perspektivenwechsels bei der Schaffung des Neuen zu unterstreichen. Haben Sie Mut zum Perspektivenwechsel, wechseln Sie die Perspektive auf den verschiedenen Dimensionen – dann wird sich bestimmt einiges an Neuem ergeben!

Literatur

Ash, I.K., Jee, B.D., Wiley, J. (2012): »Investigating insight as sudden learning«, in: *Journal of Problem Solving* 4(2), S. 1-27.
Bieri, P. (Ed.) (1997): *Analytische Philosophie des Geistes*, dritte, unveränderte Auflage, Weinheim: Beltz Athenäum.

Elke, G. (2007): »Veränderung von Organisationen – Organisationsentwicklung«, in: H. Schuler und K. Sonntag (Hg.), *Handbuch der Arbeits- und Organisationspsychologie*, Vol. 6, Göttingen: Hogrefe, S. 752-759.
Funke, J. (2003): *Problemlösendes Denken*, Stuttgart: Kohlhammer.
Galinsky, A. D., Maddux, W. W., Gilin, D., White, J. B. (2008): »Why it pays to get inside the head of your opponent: The differential effects of perspective taking and empathy in negotiations«, in: *Psychological Science* 19, S. 378-384.
Guntern, G. (2010): *The spirit of creativity: Basic mechanisms of creative achievements*, Falls Village, CT: Hamilton Books.
Gusnard, D. A., Raichle, M. E. (2001): »Searching for a baseline: Functional imaging and the resting human brain«, in: *Neuroscience* 2, S. 685-694.
Habermas, J. (1968): *Erkenntnis und Interesse*, Frankfurt a. M.: Suhrkamp.
Holm-Hadulla, R. M. (2005): *Kreativität. Konzept und Lebensstil*, Göttingen: Vandenhoeck & Ruprecht.
Isaacson, W. (2011): *Steve Jobs*, New York: Simon & Schuster.
Meusburger, P., Funke, J., Wunder, E. (2009): »Introduction: The spatiality of creativity«, in: P. Meusburger, J. Funke & E. Wunder (Eds.), *Milieus of creativity*, Dordrecht: Springer, S. 1-10.
Negt, O. (2012): Der politische Mensch – Demokratie als Lebensform, in: *Familiendynamik* 37(4), S. 292-299.
Reimann, P., Rapp, A. (2007): »Expertiseforschung«, in: A. Renkl (Hg.), *Lehrbuch Pädagogische Psychologie*, Bern: Hans Huber.
Rothermund, K., Eder, A. B. (2009): Emotion und Handeln. In V. Brandstätter & J. H. Otto (Eds.), *Handbuch der Allgemeinen Psychologie – Motivation und Emotion* (Vol. 11, S. 675-685). Göttingen: Hogrefe.
Sternberg, R. J., Davidson, J. E. (Eds.): (1986). *Conceptions of giftedness*. Cambridge: Cambridge University Press.
Zimbardo, P. G., Boyd, J. (2009): *Die neue Psychologie der Zeit und wie sie Ihr Leben verändern wird*. Heidelberg: Spektrum Akademischer Verlag.

Jürgen Kriz
Kreativität und Intuition aus systemischer Sicht

1. Neues in der Welt und Altes in unseren Köpfen

Eine der Grundregeln kreativen Arbeitens besagt, dass situativ und kontextuell scheinbar »selbstverständliche« Strukturen nicht einfach unhinterfragt als Ausgangsgegebenheiten für neue Aufgabenstellungen genommen werden sollten. Denn die bekannten und meist durchaus bewährten Strukturen eignen sich zwar hervorragend, Standardlösungen und Routinen ohne übermäßigen kognitiven Aufwand in vertrauter Weise abzuspulen. Und damit schaffen sie den Menschen jenen Freiraum, damit diese im Rahmen solcher Standardlösungen die immer wieder notwendigen Detailanpassungen an Aufgabenstellungen durch Ausdifferenzierungen und leichte Modifikationen des Bewährten vornehmen können. Wenn aber aufgrund veränderter Rahmenbedingungen die alten Herangehensweisen nicht mehr optimal sind oder gar versagen, wenn also das Kreieren neuer Lösungswege erforderlich wäre, verstellen die angenommenen »Selbstverständlichkeiten« oft ein kritisches Überdenken und Hinterfragen des Bewährten.

Solche »selbstverständlichen« Bedeutungsstrukturen können schon durch die Formulierung eines Themas oder einer Frage transportiert werden. Die weiteren kognitiven Prozesse werden dann derart präformiert, dass der Möglichkeitsraum für Anschlussthemen, Antworten oder Lösungen bereits verengt oder gar in seiner Richtung vorgezeichnet ist, noch bevor man dies bemerkt. Systemische Therapeuten tragen solchen ungewollten Einflüssen beispielsweise dadurch Rechnung, dass sie zu Beginn ihrer Arbeit – von außen betrachtet sieht es sogar so aus, als wäre dies *vor* dem Beginn ihrer Arbeit – eine sorgfältige Auftragsklärung durchführen. Damit werden zumindest einige der scheinbaren »Selbstverständlichkeiten« einem offenen Diskurs zugeführt, in dem sich dann nicht selten die ganz unterschiedlichen Anliegen und Erwartungen der Beteiligten offenbaren, womit die Notwendigkeit und Relevanz einer expliziten Verständigung über solche Divergenzen hinsichtlich der »selbstverständlichen« Voraussetzungen augenfällig wird. Misstrauen gegenüber »Selbstverständlichkeiten« ist also oft begründet und sollte möglichst, wenn Neues ansteht, genährt werden.

Auch die Themenfrage des internationalen Symposiums in Heidelberg 2012: »Wie kommt Neues in die Welt?« transportiert präformierte Verständnisstrukturen, welche – ohne Anspruch auf einen repräsentativen Überblick – bei vielen der Kongressbeiträge zu kognitiven Suchprozessen führten, um herauszuarbeiten, was geschehen oder getan werden muss, damit eben »Neues in die Welt« kommt. Die implizite Prämisse dabei ist, dass Neues in die Welt gebracht werden müsse und ohne ein aktives Zutun »alles beim Alten« bliebe. Ist man allerdings bereit, diese Prämisse kritisch zu hinterfragen, so wird schnell deutlich, dass sie im Widerspruch zu den Erkenntnissen sowohl moderner Naturwissenschaft als auch vieler Weisheitslehren unterschiedlicher Kulturen und Epochen steht: Dort nämlich wird das Prozesshafte »der Welt« betont – was in Aphorismen wie: »panta rhei« (alles fließt)[1] von Heraklit vor rund zweitausendsechshundert Jahren, oder wie: »Die Welt *ist* nicht sondern sie *geschieht*« von Cramer & Kaempfer (1990), immer wieder zum Ausdruck gebracht wurde. Jede Raum-Zeit-Konstellation in der Welt mit ihren unendlich vielen Parametern, die es zu einer vollständigen Beschreibung auch nur einer einzigen Situation bedürfte, ist einmalig. Kein Morgen in diesem Universum war mit einem anderen identisch und jeder Abend ist immer wieder neu. Allerdings könnte – wie bereits an anderer Stelle ausführlich argumentiert wurde (Kriz 1997) – der Mensch in einer solchen Welt aus unendlich komplexen chaotischen Abfolgen einmaliger Momente nicht überleben. Er bedarf, wie auch andere Lebewesen, der Ordnung und Vorhersagbarkeit in seiner Lebenswelt. Dies geschieht durch Reduktion und Selektion der komplexen Gegebenheiten – was gerade bei einfachsten Lebewesen deutlich wird, wenn sie nur auf Helligkeitsunterschiede reagieren und damit die Einmaligkeit jedes Morgens auf »Licht an!« reduzieren. Beim Menschen wird diese Reduktion und Selektion – relativ zur möglichen Wahrnehmungsvielfalt aufgrund seiner Sinnesausstattung – durch kognitive und begriffliche Abstraktionen unterstützt und vorangetrieben: Obwohl er bei genügend Muße und Unvoreingenommenheit in der Lage wäre, die Einmaligkeit jedes Morgens hinreichend zu erfassen, richtet er seine Differenzierungsfähigkeiten meist auf anderes. Er ignoriert die von seinen Sinnen wahrgenommenen Unterschiede zwischen den Morgen indem er von seinem unmittelbaren Erleben abstrahiert, und dann solche abstrakten Kategorien und Beschreibungen bedeutsam für seine Lebenswelt werden – etwa wenn er sagt: »Jeden Morgen stehe ich um sieben auf, frühstücke meist mit meiner Frau und fahre dann zur Arbeit.« Morgen«, »Frühstück«, »Frau« Arbeit« und die »Fahrt zur Arbeit« sind dabei kaum oder gar nicht als sinnliche Erfahrungen in ihrer situativen und täglichen Vielfalt präsent im Bewusstsein, sondern als sinnvolle aber abstrakte Beschreibungskategorien. Die *Sinnlichkeit* von vielen (eher) einmaligen Situationen wurde zu dem *Sinn* von Kategorien im Rahmen von Beschreibungen verdichtet.

1 Genauer: Πάντα χωρεῖ καὶ οὐδὲν μένει (»Pánta chorei kaì oudèn ménei«, alles bewegt sich fort und nichts bleibt) wie Platon Heraklit referierte.

Diese hier nur grob skizzierte Argumentationsfigur (genauer u. a. Kriz 1997) sollte deutlich machen, dass zum Leben des Menschen wesentlich gehört, die prozesshafte, unfassbar komplexe und chaotische Reizwelt in eine hinreichend stabile und vorhersagbare, fassbar einfache und geordnete Rezeptions- und Lebenswelt zu transformieren. Wenn man dieser Blickrichtung folgt, ändert sich aber die Fragestellung »Wie kommt Neues in die Welt?« zu: »Wie erzeugen wir Altes in unserem Kopf?« Wobei dies freilich eine rhetorische Überspitzung ist, denn wir erzeugen das Alte ja nicht nur in unserem Kopf. Sondern auch die reale Gestaltung unserer Lebenswelt – das Herstellen von Häusern, Werkzeugen und anderen Kulturgegenständen sowie die soziale Etablierung von Institutionen, Gesetzen oder Organisationen – dient der Stabilisierung von Bekanntem und Bewährtem gegenüber einer Welt im ständigen Wandel. Bei der Frage nach der Kreativität geht es allerdings nicht so sehr um diese Aspekte und Anteile lebenswichtiger Stabilität sondern um die Probleme von *Über*-Stabilität, welche notwendige Anpassungen an veränderte Bedingungen und Lösungen für neue Entwicklungsaufgaben be- oder gar verhindert. Und dies ist zuallererst eine Frage nach der Überstabilität von Prozessstrukturen unserer *kognitiven* Systeme. Denn auch materiell und sozial-kulturell kreative Veränderungen müssen meist kognitiv vorbereitet oder zumindest erkannt und dann unterstützt werden.

Allerdings gilt es auch hier, den Blick nicht so sehr auf die Frage zu fixieren, was wir tun müssen, um kreativ zu sein, sondern vor allem danach zu fragen, wie wir uns von den selbst verursachten Behinderungen unserer Kreativität lösen und den prozessualen Ressourcen zur Wahrnehmung des stets Neuen ihren Raum geben können. Dass diese letztere Fragerichtung die vielleicht bedeutsamere ist, mag durch die vielen Erfahrungen und Berichte gestützt werden, wo Kreatives gerade dann auftauchte, wenn man sich ein wenig von der Konzentration auf das Problem lösen konnte – unter der Dusche, beim Einschlafen und Aufwachen, beim Spaziergang etc. Mit diesem Hinweis lässt sich auch schon ahnen, warum und wie die Intuition beim Thema Kreativität ins Spiel kommt: Denn es sind vor allem die planerischen, rational-durchstrukturierenden, analytisch-kausalen, kategoriell-ordnenden Leistungen unseres kognitiven Systems, welche die Stabilität unseres Weltverständnisses gewährleisten. Nur wenn deren einengender Einfluss etwas gelöst wird, können die eher diffus-ganzheitlichen, spielerisch-gestaltbildenden, teleologisch-entfaltenden Dynamiken mehr zum Zuge kommen.

2. Bedingungen für Kreativität – und ihre Behinderungen

Die Behinderungen für Kreativität liegen somit im Erfolg unserer Denkgewohnheiten und Weltbeschreibungen. Unter stabilen Bedingungen wäre diese natürlich weitgehend die optimale Strategie: Was sich bewährt hat, wird weiter so gedacht und gemacht. Damit ist zwar nicht ausgeschlossen, dass es unter denselben Bedingungen nicht noch weit bessere Vorgehensweisen bzw. Lösungen von Aufgaben gäbe. Aber in der Regel wäre es ein schwer zu verantwortender Luxus, Gutes und Etabliertes aufzugeben, nur um nach noch Besserem zu suchen. »Das Gute ist ein Feind des Besseren«, sagt bereits der Volksmund – und eine Oase zu verlassen und sich in die unerforschte Wüste hinaus zu begeben, nur weil die Möglichkeit einer noch fruchtbareren Oase nicht auszuschließen ist, wird immer nur einzelnen Abenteurern vorbehalten sein. Dies ändert sich allerdings schlagartig, wenn sich die Bedingungen ungünstig verändern: Der Nutzen für der Erkundung neuer Möglichkeiten erhöht sich nun und dies führt zu mehr Aktivitäten, die auf die Erkundung von ungenutzten Ressourcen oder gar ganz Neuem gerichtet sind – relativ zu der sinkenden Wahrscheinlichkeit, an den alten Mustern festzuhalten.

Was eben so anschaulich beschrieben wurde, nennt sich in der interdisziplinären Systemtheorie ein Ordnungs-Ordnungs-Übergang (was bereits ein Synonym für den in der Naturwissenschaft gebräuchlicheren Begriff »Phasenübergang« ist): Werden die Umgebungsbedingungen eines dynamischen Systems verändert, so tritt in dessen (dynamisch-) stabiler Ordnung bzw. Struktur zunächst mehr Fluktuation auf, die bei noch größeren Veränderungen dazu führen kann, dass das System einen neuen Ordnungszustand aufsucht (vgl. Kriz 1999).

Die Umgebungsbedingungen für die Lebensprozesse des Menschen sind nun allerdings in *ständiger* Veränderung, so dass solche Ordnungs-Ordnungs-Übergänge geradezu typisch sind. Denn auch auf allen Ebenen menschlichen Lebens – beim Individuum (ja, sogar bei den einzelnen Teilen seines Körpers), bei Paaren, Familien, Organisationen etc. – konstellieren sich ständig neue Anforderungen, die quasi als »Entwicklungsaufgaben« immer wieder Reorganisationen der Strukturen erfordern. So ist auf der Ebene der Familiendynamik sofort einsichtig, dass sehr gute Interaktionsmuster zwischen einem 3-jährigen Kind und seinen Eltern dann als »hoch pathologisch« beurteilt werden würden, wenn diese über 20 Jahre unverändert blieben, wenn also der nun 23-jährige Erwachsene immer noch wie ein 3-Jähriger behandelt werden würde und sich so behandeln ließe. Materielle (inklusive biologische) Entwicklungsaufgaben – z.B. mit der Geschlechtsreife umzugehen, für sich selbst zu sorgen, einen größeren Bewegungsradius zu entwickeln etc. – sowie kulturelle Entwicklungsaufgaben – z.B. einem Beruf nachzugehen, Verantwortung zu übernehmen etc. – wären hier nicht oder nur inadäquat gelöst. Ebenso hat ein Paar typischerweise vom Verlieben, über Heirat, ggf. Elternschaft, bis hin zur Pensionierung und dem Tod eines Partners diese und zahlreiche weitere Entwicklungsaufgaben zu meistern und sich mit seinen Strukturen und Ordnungen jeweils neu an die geänderten Erfordernisse zu adaptieren. Ähnliches gilt für die Entwicklung von Unternehmen, Verbänden, Organisationen und Institutionen, deren strukturelle Lösungen bisheriger Anforderungen immer wieder durch neue Bedingungen und Aufgaben herausgefordert und vorangetrieben werden.

Es sei betont, dass solche dynamischen Adaptationen an jeweils neue Entwicklungsaufgaben üblicherweise recht – oder zumindest: hinreichend – gut funktionieren. Es handelt sich dabei allerdings meist nicht um Akte, denen wir »Kreativität« in einem engeren Sinne zuschreiben würden. Denn eine Gesellschaft bzw. Kultur gibt nicht nur stabile Ordnungen vor, sondern sie hat im Laufe der Soziogenese auch einen enormen Vorrat an standardisierten Ordnungs-Ordnungs-Übergängen entwickelt – quasi Stabilitäten zweiter Ordnung – mit denen eine Kultur eben auch solche Veränderungen stabilisiert. So herausfordernd viele Ordnungs-Ordnungs-Übergänge in neue Anforderungsstrukturen für den einzelnen auch sein mögen (z. B. Kleinkind – Schulkind – Berufstätiger – Rentner), die Gesellschaft bietet dafür weitreichende Muster, Lösungen und Hilfestellungen in Form von informellen oder gar formellen Regelwerken an. Mit den Ritualen und Feierlichkeiten, die oft mit solchen Übergängen verbunden sind (Kommunion/Konfirmation, Einschulung, Abitur, Promotion etc.), wird sowohl deren Bedeutsamkeit als auch deren Regelgeleitetheit unterstrichen.

Kreativität im engeren Sinne ist somit vor allem bei solchen Ordnungs-Ordnungs-Übergängen gefragt, wo von der Kultur keine Standardlösungen für Veränderungen vorgegeben sind (bzw. wo solche versagen oder sich als untauglich erweisen), wo also wirklich etwas Neues entstehen muss. Auch dies geschieht – das sollte nicht unbeachtet bleiben – in vielfältiger Weise und ohne viel Aufhebens: Es ist nämlich überhaupt eine Besonderheit unserer Spezies, kreative Lösungen hervorzubringen, da wir deutlich geringer als andere Lebewesen in die Strukturen der Natur »eingespannt« sind (J. v. Uexküll 1920). Wir schaffen mit Zeichen und Symbolen ein Netz von Bedeutungen, mit dem wir als *animal symbolicum* (Cassirer 1960) aus einer naturgegebenen Wirklichkeit eine kulturdurchtränkte Realität als unsere Lebenswelt erzeugen. Erst durch die Unschärfe und Mehrdeutigkeit der Zeichen und Symbole, durch die Vielfalt der symbolischen Bearbeitungen der Wirklichkeit und die Möglichkeitsräume in der Zuordnung von Bedeutung gewinnt der Mensch jene Freiheiten, die für eine Distanzierung und Dezentrierung von evolutionär erworbenen Reiz-Reaktionsketten notwendig sind.

Und erst diese Freiheit ermöglicht überhaupt Kreativität. Zwar kann in den Phasenübergängen bei den Prozessen in der Natur oder aber als Zufallsprodukte von agierenden Menschen auch Neues entstehen, welches sich bisweilen sogar als nützlich erweisen mag. Dennoch meinen wir mit Kreativität einen intentional auf die Lösung einer Aufgabe gerichteten kognitiven Akt, der bisherigen (partiellen) Weltdeutungen etwas Neues hinzufügt.

Wie betont, finden nicht nur kulturelle Standardlösungen für Ordnungs-Ordnungs-Übergänge sondern auch solche kreativen Akte alltäglich und ständig statt. Falls allerdings Übergänge zu neuen Ordnungsmustern nicht klappen, wäre dies ein Grund, um Therapie, Beratung, Coaching etc. in Anspruch zu nehmen – genau dafür gibt es solche Berufe. Denn es kommt ebenfalls nicht selten vor, dass Menschen zu Wahrnehmungs-, Verarbeitungs-, Handlungs-, oder allgemein: Lösungsmustern greifen, die zwar bisher oder für andere Aufgaben effizient und angemessen waren, sich aber nun, unter veränderten Bedingungen, als ineffizient und unangemessen erweisen.

Die Psychologie hat mit vielerlei Begriffen und Konzepten diese im Alltag nur allzu bekannten Phänomene solch überstabiler Ordnungen beschrieben. So wird beispielsweise mit dem Begriff »funktionelle Gebundenheit« (Maier 1931) darauf hingewiesen, dass Gegenstände, denen eine bestimmte Funktion zugeschrieben wird – sei es durch konkrete Vorerfahrung in der Verwendung oder auch nur durch Vorinformation anhand von Skizzen oder Beschreibungen –, selten für andere Funktionen eingesetzt werden, auch wenn dies zur Lösung eines gestellten Problems notwendig wäre. So wurden beispielsweise Personen angehalten, Experimente mit bestimmten elektrischen Geräten – Relais, Schalter etc. – durchzuführen. Danach hatten sie ein Problem zu lösen, wobei sie irgendein Gewicht an einem Seil zu befestigen hatten, um es zum Schwingen zu bringen. Sehr signifikant wurden als »Gewichte« nun nicht jene Geräte gewählt, deren elektrische Funktionsweise zuvor verwendet wurde, sondern andere Geräte, mit denen man keine oder weniger (aktuelle) Erfahrung hatte. Das Wissen und die Erfahrung um den »richtigen« Gebrauch solcher Gegenstände oder Werkzeuge – d. h. deren Bedeutung in bestimmten Handlungszusammenhängen – erschweren somit einen neuen, kreativen, ungewöhnlichen Einsatz.

Mit »situativer Gebundenheit« bezeichnet man mangelhafte Transferleistungen von guten Strategien und Lösungen in einen anderen oder neuen Bereich, in dem man dies »nicht gewohnt« ist. Und mit »Rigidität« bzw. »Automatismen« ist der Hang gemeint, von einmal gefundenen und verwendeten Lösungswegen – z. B. bei Rechenaufgaben, oder bei Abfolgen in der Bedienung von Handy oder Computer – selbst dann nicht abzusehen, wenn es in neuen Konstellationen einfachere Wege gäbe, oder die bisherigen Lösungen gar nicht mehr funktionieren

(Luchins 1942). In allen Fällen handelt es sich um semantische oder syntaktische Ordnungen, welche die Komplexität der Situation zwar eine Zeit lang erfolgreich reduziert und das Leben effizient gestaltet haben. Doch nun, bei veränderten Bedingungen und neuen, anderen Aufgaben, bleibt man in dieser reduzierten Deutung gefangen. Auch der gesamte Formenkreis neurotischer Störungen kann so verstanden werden, dass einmal gefundene »Lösungen« (meist für belastende, traumatisierende Bedingungen) beibehalten werden, obwohl das Leben inzwischen neue Bedingungen und damit ganz andere Anforderungen konstelliert hat.

Überstabile Ordnungen bei dynamischen Systemen in den Naturwissenschaften werden mit dem Konzept des »Attraktors« beschrieben. Gegenüber kleinen Veränderungen der Bedingungen reguliert sich die Dynamik immer wieder auf den Attraktor ein. Bei zu großen Veränderungen allerdings geschieht ein Ordnungs-Ordnungs-Übergang und das System sucht einen neuen Attraktor auf. In Übereinstimmung damit hat die »Personzentrierte Systemtheorie« (Kriz 2004a, 2010a) für die Sinnprozesse im Bereich menschlicher Lebenswelten das Konzept des »Sinnattraktors« entwickelt. Die am Anfang skizzierte Polysemantik, d.h. die Deutungsvielfalt, die jeder Situation inne liegt, wird durch Sinnattraktoren erheblich reduziert: z.B. werden sehr viele Situationen, in denen Person X aufgrund ganz unterschiedlicher Gründe nicht so »optimal« handelt, wie Y sich das wünscht oder vorstellt, als »Unfähigkeit« (oder »Bosheit« etc.) von X »verstanden«. Das erleichtert zwar Y, sonst immer wieder neu über X und dessen Gründe für sein Handeln nachdenken zu müssen. Aber es erschwert auch, dass sich etwas ändern kann: Denn selbst leicht positive Abweichungen bei X werden nicht mehr wahrgenommen. Y weiß sowieso, dass X »unfähig« ist – und »sinnvollerweise« gibt Y dann dem X auch gar keine Aufgaben mehr, um sich nicht »immer wieder erneut zu ärgern«. Allerdings wird X damit natürlich auch die Chance genommen, sich zu bewähren und anderes zu beweisen. Hier ist fast jede Kreativität erstickt.

3. Kreativität, Intuition und Imagination

In der hier gebotenen Kürze lässt sich somit resümierend sagen, dass Sinnattraktoren die oben skizzierte Polysemantik sinnlich erfahrbarer Vielfalt auf einen stabilen Sinn im Verständnis und in den Beschreibungen reduzieren. Selbst Ansätze zu Neuem und Verändertem werden dann quasi im alten Licht wahrgenommen und mit den bisherigen Kategorien und Konzepten erfasst. Dies kann die vorhandene Kreativität behindern und verstellen. Eine wesentliche Funktion haben dabei sprachlich und rational-logisch gebundene Kategorien, da sie die reduzierende Abstraktion von der Erfahrungswelt stark fördern.

Unter diesen Aspekten bedarf es zur Entfaltung der kreativen Ressourcen einer Rückbindung an die Komplexität und Einmaligkeit unmittelbarer Erfahrungen sowie das Loslassen von sprachlich-abstrahierenden Kategorien. Die erwähnten Situationen wie Duschen, Einschlafen etc. sind typisch für solches Loslassen. In Beratung, Therapie oder Coaching werden mit vielerlei Vorgehensweisen ähnliche Bedingungen geschaffen, die abstrakten Kategorien zu verflüssigen. Typische Anleitungen sinnlicher Komplexitätserweiterung bestehen in kleinschrittigem, genauem Hinsehen und Hinhören auf die Äußerungen des anderen sowie durch Hinspüren auf die eigenen Gefühle, Wünsche und Bedürfnisse. Sinnvollerweise werden unterschiedliche Grade von Abstraktionen dabei in umgekehrter Richtung durchlaufen – wie dies beispielsweise im »U-Prozess« als Grundmodell für Mediation (Ballreich & Glasl 2007) konzipiert ist: Schrittweise wird von einem konfliktreichen Aufeinanderprallen der Beschreibungen von scheinbar »selbstverständlichen«, »objektiven« »Tatschen« zu einer würdigenden Wahrnehmung der unterschiedlichen Positionen, welche diese Sichtweisen begründen, begleitet. Im Weiteren wird über die gegenseitige Be-Achtung der damit verbundenen Gefühle der Zugang zu den dahinterliegenden Bedürfnissen ermöglicht und gefördert. Diese Komplexität kann und muss dann wieder zu einem neuen Muster reduziert werden, indem aus den Handlungsoptionen konkrete Übereinkünfte folgen, die letztlich konkret in Handlungen umgesetzt werden. Das Ganze kann als ein Musterbeispiel für einen begleiteten Ordnungs-Ordnungs-Übergang gesehen werden.

Eine andere (durchaus kombinierbare) Möglichkeit ist der Einsatz künstlerischer Techniken, wie dies beispielsweise in Anleitungen zur Dezentrierung (Eberhart & Knill 2010) mittels intermodalen künstlerischen Arbeitens geschieht. Dabei wird nach einer darstellenden Beschreibung der Problemsituation (als Ausgangsordnung) in einem »Spielraum« (Kriz 2002, 2010b) ein künstlerisches Werk geschaffen – was nur »low skills« aber »high sensitivity« verlangt. Dieses Werk und seine Gestaltung stellt ja im »Spielraum« bereits eine bestimmte »Lösung« dar. Allerdings geschieht dies eben zunächst losgelöst bzw. dezentriert von dem eigentlichen geschilderten Problem, sondern findet in der Komplexität der sinnlichen Erfahrung mit und in der Gestaltung von künstlerischen Materialien statt. Auch hier wird diese Komplexität dann wieder reduziert, indem ein Diskurs über mögliche Ähnlichkeiten eröffnet wird, die zwischen dem Lösungsprozess, seinen Schwierigkeiten, aber auch dem letztlich erreichten Werk und der Ausgangsproblematik bestehen könnten – und was konkret daraus folgen könnte. Auch hier finden wir somit den typischen Ordnungs-Ordnungs-Übergang, der für die Kreation von Neuem zentral ist.

Diese beiden exemplarisch erwähnten Programme haben mit anderen gemeinsam, dass eben die reduzierende und stabilisierende Kraft von

Sinnattraktoren durch Einführung sinnlicher Polysemantik gelockert werden muss, damit sich Kreativität entfalten und ein Ordnungs-Ordnungs-Übergang stattfinden kann.

Die neue Ordnung, die als »Lösung« empfunden wird, ist auch wieder ein Sinnattraktor. Der Übergang kann bisweilen sehr rasch geschehen – wie in dem oft zitierten und von der Gestaltpsychologie vor hundert Jahren erforschten »Aha!«-Erlebnis: Ähnlich wie in den Kipp-Figuren bei der Wahrnehmung (z. B. »Vase« vs. »Gesichter«) werden hier sehr plötzlich komplex gewordene Informationsbruchstücke neu geordnet. Dieses neue Verständnis setzt dann schlagartig ein und wird als ein »Aha! So ist es!« empfunden. In Beratung, Therapie und Coaching bildet sich der neue Sinnattraktor aus der hergestellten Polysemantik aber oft auch erst langsam: Etwas wird dann zunehmend klarer, der neue Ordnungszustand etabliert sich erst nach und nach. Dies lässt sich auch empirisch – ja sogar experimentell – genauer untersuchen und beschreiben. Auch wenn hier nicht der Raum ist, dies detaillierter zu referieren (vgl. Kriz 2004b,c), so ist dabei der Befund interessant, dass die sich neu entwickelnde Ordnung schon sehr frühzeitig erkannt werden kann. »Frühzeitig« meint dabei, dass dies noch nicht begrifflich und rational repräsentierbar ist, sondern eher ganzheitlich erfasst wird – wie etwa der »felt sense« beim Focusing (Gendlin 1998).

Dies sollte aus der Sicht der hier skizzierten Konzepte allerdings nicht verwundern: Wird doch der Ordnungs-Ordnungs-Übergang gerade durch ein Zurücktreten rational strukturierter, begrifflich symbolisierter Prozesse begünstigt. Genau diese eher ganzheitliche Erfassung von sich entwickelnden Ordnungsprozessen, deren gegenwärtiger Stand analytisch-präzise (noch) nicht benannt werden kann, ist das, was wir mit »Intuition« meinen. Wie anderswo dargestellt wurde (Kriz 2001, 2010b), ist hierbei das teleologische Prinzip solcher Entwicklungen wichtig. Damit ist gemeint, dass die Prozesse nicht nur durch die Kräfte der Vergangenheit bestimmt werden, sondern auch durch Kräfte, die quasi »aus der Zukunft« in dem Sinne wirken, dass eine Entwicklung in eine bestimmte Ordnung hineingezogen wird. Auch dies wird in der interdisziplinären Systemforschung durch das Konzept des Attraktors fachübergreifend thematisiert und untersucht. Aus der Perspektive der etablierten Ordnung kann man auch sagen, dass eine noch sehr unvollständige Ordnung bei einem attrahierenden Prozess zunehmend komplettiert wird (sog. »Komplettierungsdynamik«, Kriz 2004a).

Nimmt man die Aspekte hinsichtlich der Förderung kreativer Prozesse – nämlich: künstlerische Vorgehensweisen, intuitives Herangehen und Beachtung der Teleologie – zusammen, so ergibt sich daraus die Bedeutsamkeit imaginativer Techniken. Denn Menschen werden in ihrem Handeln mindestens ebenso durch imaginierte Vorstellungen in der Zukunft motiviert wie durch eine Fortsetzung von bisherigen Wegen. Indem man sich von einer zunächst eher vagen Vorstellung leiten lässt, und sich auf dieses imaginierte Ziel zu bewegt, muss man dabei zwangsläufig Entscheidungen fällen – und damit wird gleichzeitig die Vorstellung zunehmend klarer und auch realer.

Beachtet sei der bedeutsame Unterschied zwischen imaginativ-teleologischen und planerisch-determinierten Prozessen: Bei den letzteren wird zwar auch ein Bild der Zukunft entworfen. Aber die Informationsbasis und die »Gesetzmäßigkeiten« auf denen ein Plan beruht, stammen aus der bisherigen Vergangenheit, und das Einhalten der planerischen Schritte kann kontrolliert werden. Wobei die Kontrollmöglichkeit sogar als Stärke guter Pläne und deren Realisation gesehen wird. Kontrolle ist nun natürlich nichts »Schlechtes«: Für manche klar vorgegebenen Ziele (aus welchen Gründen auch immer) ist dies sehr effizient. Allerdings hat eine solche Dynamik dann auch nichts Überraschendes mehr – bzw. Überraschungen treten nur als Abweichungen vom Plan auf und sind daher fast immer »böse Überraschungen«. Dies sind die Leid-Bilder erstarrter Strukturen.

Teleologische Leitbilder sind hingegen meist dynamisch und besitzen die notwendige Adaptivität: Indem man sich einem zunächst nur imaginierten Ziel nähert, kann man sich viel leichter an neue Gegebenheiten (z. B. in der Arbeitswelt) oder Erkenntnisse (über eigene Stärken und Schwächen) adaptieren.

Der imaginative Aspekt mit seiner teleologisch ausgerichteten Dynamik scheint mir auch für die therapeutische Intuition bedeutsam zu sein (Kriz 2001). Intuitiv erfasst werden oft Entwicklungen, die in ihren Anfangsstadien noch recht schwach ausgeprägt sind, sich aber auf eine Ordnung hinbewegen, die zunehmend »sichtbar« wird. Wobei mit »Intuition« ein Zugang zum Verständnis von Prozessen gemeint sein soll, der nicht den üblichen, alltäglichen, rationalen, planerisch-zielgerichteten Weg analytisch-kategoriell beschreitet, sondern bei dem man sich vielmehr ganzheitlich, aufmerksam-kontemplativ dem Geschehen öffnet.

Bei Therapeuten, Beratern und Coaches zielt eine Förderung ihrer Intuition darauf ab, dass sie Entwicklungen schon im Frühstadium durch eine ganzheitliche Wahrnehmung besser erkennen können, als es der rational-analytische Blick auf die Details erlauben würde. Bei Patienten hingegen geht es darum, wie mittels Imagination die Entwicklung von Zukunftsbildern – beispielsweise in Form von poetischen Narrationen, Metaphern etc. – gefördert werden kann. Wenn dies gut gelingt, können solche Bilder eine fast magische Anziehungskraft entfalten. Allerdings setzt dies einen würdevollen Umgang mit den Motiven hinter den bisherigen Bildern (d. h. den Leit(d)-Ideen) voraus. Therapeuten entwickeln dann zusammen mit den Patienten den o.a. »Spiel-Raum«, in dem spielerisch, künstlerisch und kreativ der Intuition Raum gegeben wird, um hilfreiche Imaginationen zu entwickeln. Dabei darf »Zukunftsbilder« nicht zu sehr nur in der Alltagsbedeutung verstanden werden – etwa, »sich ein Bild der Zukunft auszumalen«. Vielmehr geht es um die intuitive Bezugnahme zu noch unklaren aber schon vorhandenen und ansatzweise gespürten Aspekten des eigenen Erlebens. Diese können sich dann in der weiteren Arbeit und Entwicklung zunehmend deutlicher manifestieren und auch weitgehend symbolisieren. Denn es gehört zum Wesen des Menschen, nicht nur zur Außenwelt sondern auch zu sich selbst Beziehung aufzunehmen und sich dabei selbst verstehen zu wollen.

Literatur

Ballreich, R., Glasl, F. (2007): *Mediation in Bewegung*. Stuttgart: Concadora.
Cassirer, E. (1960): *Was ist der Mensch? Versuch einer Philosophie der menschlichen Kultur*. Stuttgart: Kohlhammer.
Cramer, F., Kaempfer, W. (1990): »Der Zeitbaum«, in: *Der Komet. Almanach der anderen Bibliothek auf das Jahr 1991*, Frankfurt a.M.: Eichborn.
Eberhart, H., Knill, P.J. (2010): *Lösungskunst: Lehrbuch der kunst- und ressourcenorientierten Arbeit*, Göttingen: Vandenhoeck.
Gendlin, E.T. (1998): *Focusing-orientierte Psychotherapie. Ein Handbuch der erlebensbezogenen Methode*, München: Pfeiffer.
Kriz, J. (1999): *Systemtheorie für Psychotherapeuten, Psychologen und Mediziner. Eine Einführung*, 3. Aufl., Wien: Facultas.
Kriz, J. (2001): Intuition in therapeutischen Prozessen, in: *systhema* 15, S. 217-229.
Kriz, J. (2002): »Expressive Arts Therapy: Ein ›Spiel-Raum‹ für mehr Spielraum in den Sinnstrukturen der Lebenswelt«, in: Levine, S.K. (Ed.), *Crossing Boundaries. Explorations in Therapy and the Arts*, Toronto: EGS-Press, S. 35-60.
Kriz, J. (2004a): »Personzentrierte Systemtheorie. Grundfragen und Kernaspekte«, in: Schlippe, A.v. und Kriz, W.C. (Hg.), *Personzentrierung und Systemtheorie. Perspektiven für psychotherapeutisches Handeln*, Göttingen: Vandenhoeck & Ruprecht, S. 13-67.
Kriz, J. (2004b): »Beobachtung von Ordnungsbildungen in der Psychologie: Sinnattraktoren in der Seriellen Reproduktion«, in: Moser, S. (Hg.), *Konstruktivistisch Forschen*, Wiesbaden: VS Verlag, S. 43-66.
Kriz, J. (2004c): »Überraschung: Eine Botschaft der Ordnung aus dem Chaos«, in: Eberhart, H. und Killias, H. (Hg.), *Überraschung als Anstoss zu Wandlungsprozessen*, Zürich: EGIS, S. 15-58.
Kriz, J. (2010a): »Personzentrierte Sytemtheorie«, in: *PERSON* 14 (2), S. 99-112.

Kriz, J. (2010b): »Über den Nutzen therapeutischer ›Spielräume‹«, in: *Gestalttherapie* 24(2), S. 4-19.
Kriz, J. (2011): *Chaos, Angst und Ordnung. Wie wir unsere Lebenswelt gestalten*, 3. Aufl., Göttingen: Vandenhoeck.
Luchins, A. (1942): »Mechanization in problem solving«, in: *Psychol. Monogr.* 54(248).
Maier, R. (1931): »Reasoning in humans II. The solution of a problem and its appearance in consciousness«, in: *J.comp.psychol.* 12, S. 181-194.
Uexküll, J. v. (1920): *Theoretische Biologie*, Frankfurt a. M.: Suhrkamp.

Hinweise zu den Autorinnen und Autoren

Karl-Heinz Brodbeck, geb. 1948, em. Professor für Volkswirtschaftslehre, Statistik und Kreativitätstechnik an der Hochschule für angewandte Wissenschaften, FH-Würzburg, und für Wirtschaftspolitik an der Hochschule für Politik, München. Nach dem Studium der Elektrotechnik in Augsburg Ingenieur für Datentechnik, anschließend Studium der Philosophie und Volkswirtschaftslehre an der Universität München. Promotion 1981 über technischen Wandel. Bis 1988 Akademischer Rat an der Universität München, dann Referent am Ifo-Institut für Wirtschaftsforschung, München und Geschäftsführer der Gesellschaft für Medienmarketing. Seit 1992 Professor in Würzburg. Vorsitzender im Kuratorium der Fairness-Stiftung, Frankfurt, und Kooperationspartner der Finance & Ethics Academy, Kärnten. Forschungsinteressen: Philosophie der Wirtschaft, Wirtschaftsethik, buddhistische Philosophie und Kreativitätsforschung. Auswahl aktueller Publikationen: *Entscheidung zur Kreativität*, Darmstadt 1995, 4. Aufl. 2010; *Die fragwürdigen Grundlagen der Ökonomie. Eine philosophische Kritik der Wirtschaftswissenschaften*, Darmstadt 1998, 5. Auflage 2011; *Buddhistische Wirtschaftsethik. Eine vergleichende Einführung*, Aachen 2002, 2. Aufl. 2011; *Die Herrschaft des Geldes. Geschichte und Systematik*, Darmstadt 2009, 2. Aufl. 2012.

Wolf Dieter Enkelmann, geb. 1955, Dr. phil., war nach seinem Studium der Philosophie, der Geschichte, der Kommunikationswissenschaften und der Psychologie lange im Kultursektor tätig, u. a. als Co-Regisseur und Dramaturg am Wiener Burgtheater. Seit 2001 ist er Direktor der Münchner Instituts für Wirtschaftsgestaltung, das sich der wirtschaftsphilosophischen Forschung widmet. Er ist Dozent für philosophische Ökonomik an wechselnden Universitäten und gemeinsam mit Birger P. Priddat Herausgeber der *Reihe Wirtschaftsphilosophie* im Marburger Metropolis-Verlag. Schwerpunkte seiner wissenschaftlichen Tätigkeit sind die Ökonomik der antiken Philosophie, des deutschen Idealismus, Nietzsches und der französischen Gegenwartsphilosophie. Zahlreiche Publikationen dokumentieren sein Engagement für neue Ansätze in Theorie und Praxis des Wirtschaftens ebenso wie sein praktisches Engagement in der Mohseni Organisationsberatung, Ingolstadt.

Elena Esposito, geb. 1960, Prof. Dr., studierte Politikwissenschaft, Philosophie und Soziologie in Bologna und Bielefeld. Sie promovierte 1990 bei Niklas Luhmann, ihre Habilitation erfolgte 1990 an der Universität Bielefeld. Als Soziologin, Schriftstellerin und Dozentin befasst Sie sich mit der Analyse von Zeit und Geld im Finanzkapitalismus und der modernen Gesellschaft und stützt ihre Analysen auf erwartungstheoretische Reflexionen. Seit 2001 lehrt sie Kommunikationssoziologie an der Università di Modena e Reggio Emilia. Seit 2000 ist sie Mitherausgeberin der Zeitschrift *Soziale Systeme*, seit 2003 Beiratsmitglied der Zeitschrift *Erwägen Wissen Ethik*. Ihre aktuellen Forschungsschwerpunkte sind soziologische Medientheorie, Gedächtnisforschung und Theorie der Mode. Auswahl aktueller Publikationen: *Ontologien der Moderne*, (Hg. mit R. John und J. Rückert-John), Wiesbaden 2013; *GLU – Glossar zu Niklas Luhmanns Theorie sozialer Systeme*, (Hg. mit C. Baraldi und G. Corsi), Frankfurt a.M., 1997 Nachdr. 2011; *Die Zukunft der Futures. Die Zeit des Geldes in der Finanzwelt und Gesellschaf*, Heidelberg 2010.

Hans Rudi Fischer, Dr. phil., Philosoph und Psychologe. Von 1988-1991 wiss. Mitarbeiter der Psychosomatischen Universitätsklinik Heidelberg, Abtl. Psychoanalytische Grundlagenforschung und Familientherapie. Lehraufträge an in- und ausländischen Universitäten (Philosophie, Psychologie, Coaching). Mitgründer (1990) und derzeitiger Vorsitzender des Heidelberger Instituts für systemische Forschung. Geschäftsführender Gesellschafter des Zentrums für systemische Forschung und Beratung GmbH, Heidelberg. Forschungsschwerpunkte: Systemtheorie, Kognitionspsychologie, Logik der Denkprozesse, paralogisches Denken, Metaphernforschung, systemisches Management. Autor und Herausgeber zahlreicher Bücher und Aufsätze. Seit 2002 Mitherausgeber der Zeitschrift *Familiendynamik* (Klett-Cotta). Wichtige Publikationen: *Sprache und Lebensform. Wittgenstein über Freud und die Geisteskrankheit*. Monographien zur philosophischen Forschung Bd. 242, Frankfurt a.M. 1987; *Kaum gedacht, bist Du zersprungen. Gedichte mit Aussprache* (mit Detlef B. Linke), Köln 1992; *Das Ende der großen Entwürfe*, (Hg. mit A. Retzer und J. Schweitzer), Frankfurt a.M. 1992, 2. Aufl. 1993. (Hg.): *Die Wirklichkeit des Konstruktivismus. Zur Auseinandersetzung mit einem neuen Paradigma*, Heidelberg 1995, 2. Aufl. 1998; *Wirklichkeit und Welterzeugung*, (mit S.J. Schmidt), Heidelberg 2000; »Abductive Reasoning as a Way of Worldmaking«, in: *Foundations of Science 6*, 2000, S. 361-383; »Rationality, Reasoning and Paralogical thinking«, in: *Science, Medicine and Culture*, (ed. by M.J. Jandl & K. Greiner), Berlin, New York 2005, S. 240-262; (Hg.): *Eine Rose ist eine Rose... Zur Rolle und Funktion von Metaphern in Wissenschaft und Therapie*, Weilerswist 2005.

Thomas Fuchs, geb. 1958, Prof. Dr. med. Dr. phil., Karl Jaspers-Professor für Philosophische Grundlagen der Psychiatrie und Psychotherapie am Universitätsklinikum Heidelberg, Leiter der Sektion »Phänomenologische Psychopathologie und Psychotherapie«, Ko-Direktor des Interdisziplinären Forums für Biomedizin und Kulturwissenschaften (IFBK), Koordinator des Marie-Curie Research Training Network »Towards an Embodied Theory of Intersubjectivity« (TESIS) und Koordinator des VW-Projekts »Das Gehirn als Beziehungsorgan«. Studium der Medizin, Philosophie und Wissenschaftsgeschichte. Forschungs- und Arbeitsschwerpunkte: Phänomenologische Psychologie, Psychopathologie und Anthropologie; Phänomenologie und kognitive Neurowissenschaften; Theorie und Ethik der Psychiatrie und Medizin. Auswahl aktueller Publikationen: *Das Gehirn – ein Beziehungsorgan. Eine phänomenologisch-ökologische Konzeption*, Kohlhammer 2008; *Leib und Lebenswelt. Neue philosophisch-psychiatrische Essays*, Kusterdingen 2008; »Hirnwelt oder Lebenswelt? Zur Kritik des Neurokonstruktivismus« in: *Deutsche Zeitschrift für Philosophie* 59, 2011, S. 347-358; (in Vorbereitung): *Ecology of the brain. A phenomenological concept of mind, brain, and life*, Oxford University Press.

Joachim Funke, geb. 1953, Prof. Dr. rer. nat., Studium der Psychologie, Philosophie und Germanistik an den Universitäten Düsseldorf, Basel und Trier. Promotion an der Universität Trier, Habilitation an der Universität Bonn. Seit 1997 Prof. für Allgemeine und Theoretische Psychologie an der Universität Heidelberg. Forschungsschwerpunkt: Kognitive Psychologie, speziell Denken und Problemlösen. Neueste Publikationen: »Complex problem solving«, in: N. M. Seel (Hg.), *Encyclopedia of the sciences of learning*, Heidelberg 2012, S. 682-685; Funke, J., Holt, D., »Planen, Organisieren und Kontrollieren«, in: W. Sarges (Hg.), *Management-Diagnostik*, 4. Aufl., Göttingen 2013, S. 241-247; Sager, S., Mombaur, K., Funke, J., »Preface to Special Issue on Scientific Computing for the Cognitive Sciences«, in: *Journal of Computational Science*, 2013.

Jürgen Kriz, geb. 1944, Prof. (em.) Dr., Psychologischer Psychotherapeut. Mitwirkung an diversen therapeutischen Weiterbildungs-Studiengängen, Gastprofessuren in Österreich, Schweiz, USA sowie Riga und Moskau. Ehrenmitglied der *Systemischen Ges.*, Berlin, und der Internat. *Ges. f. Logotherapie und Existenzanalyse*, Wien. Zahlreiche Veröffentlichungen zu klinisch-therapeutischen und methodisch-statistischen Fragen. Herausgeber- und Beiratstätigkeit vieler Buchreihen und Fachzeitschriften. 2004 »Viktor-Frankl-Preis« der Stadt Wien für sein Lebenswerk in Humanistischer Psychotherapie. Auswahl aktueller Publikationen: *Grundkonzepte der Psychotherapie*, Weinheim, 6. neu bearb. Aufl. 2007; *Self-Actualization: Person-Centred Approach and Systems Theory*. Ross-on-Wye, UK, 2008; *Chaos, Angst und Ordnung. Wie wir unsere Lebenswelt gestalten*. Göttingen 1997, 3. Aufl. 2011; »Synlogisation: Über das Glück, verstanden zu werden und andere

HINWEISE ZU DEN AUTORINNEN UND AUTOREN

zu verstehen«, *systhema,* 25, 2, 2011, S. 118-131. »Systemtheorie als Strukturwissenschaft: Vermittlerin zwischen Praxis und Forschung«, (mit W. Tschacher) in: *Familiendynamik 38*(1), 2013, S. 12-21.

Klaus Mainzer, geb. 1947, Prof. Dr., Lehrstuhl für Philosophie und Wissenschaftstheorie, Direktor der Carl von Linde-Akademie, Mitglied des Advisory Board des Institute for Advanced Study und Gründungsdirektor des Munich Center for Technology in Society (MCTS) an der Technischen Universität München. Er ist u. a. Mitglied der Europäischen Akademie der Wissenschaften (Academia Europaea) in London, der Europäischen Akademie der Wissenschaften und Künste in Salzburg und der deutschen Akademie für Technikwissenchaften (acatech). Als Autor zahlreicher Bücher mit internationalen Übersetzungen war er Gastprofessor in Brasilien, China, Indien, Japan, Russland, USA und Europäischen Ländern. Auswahl aktueller Publikationen: *Leben als Maschine? Von der Systembiologie zu Robotik und Künstlicher Intelligenz,* Paderborn 2010; *Der kreative Zufall. Wie das Neue in die Welt kommt,* München 2007; *Local Activity Principle: The Cause of Complexity and Symmetry Breaking,* (mit L. Chua), London 2013.

Josef Mitterer, geb. 1948, ist Professor für Philosophie an der Universität Klagenfurt. Studium in Linz, Graz, London und Berkeley. Langjährige Tätigkeit in der Tourismuswirtschaft. Seine Kritik an einer wahrheits- und erkenntnisorientierten Philosophie hat er in zwei Büchern veröffentlicht: *Das Jenseits der Philosophie. Wider das dualistische Erkenntnisprinzip* Wien 2000 – Neuausgabe: Weilerswist 2011; *Die Flucht aus der Beliebigkeit,* Frankfurt 2001 – Neuausgabe: Weilerswist 2011; Ein drittes Buch, *Die Richtung des Denkens,* ist in Arbeit.

Karl H. Müller, geb. 1953, Uni-Doz. Dr. habil. Wien: Studierte Philosophie und Nationalökonomie in Graz, Pittsburgh, Wien und Bologna. Er leitet das Wiener Institut für sozialwissenschaftliche Dokumentation und Methodik (WISDOM). Themenschwerpunkte seiner Arbeit sind komplexe Modellbildung in den Sozialwissenschaften, neue Wissenschaft der Kybernetik und Erneuerungen des Radikalen Konstruktivismus, Potentiale inter- und transdisziplinärer Forschung, Risikodynamiken in gegenwärtigen Gesellschafen und transdisziplinäre Analysen von Innovationsprozessen im Bereich von Ökonomie, Wissenschaft und Gesellschaft. Auswahl aktueller Publikationen: *Three Roads to Comparative Research: Analytical, Visual, Morphological,* (Hg. mit N. Toš), Wien (2009); *The New Science of Cybernetics. Towards the Evolution of Living Research Designs. Vol. I-III.* Wien 2009-2012; *An Unfinished Revolution? Heinz von Foerster and the Biological Computer Laboratory 1958-1976,* (Hg. mit A. Müller), Wien 2007.

HINWEISE ZU DEN AUTORINNEN UND AUTOREN

Günther Ortmann, -Prof. (em.) für Allgemeine Betriebswirtschaftslehre an der Fakultät für Wirtschafts- und Sozialwissenschaften der Universität der Bundeswehr in Hamburg. Studium der Betriebswirtschaftslehre und der Wirtschaftspädagogik an der Freien Universität Berlin. Zahlreiche Veröffentlichungen zu Organisation, Strategie und Management in der Hypermoderne. Gastprofessuren und Lehraufträge an den Universitäten Wien, Innsbruck, St. Gallen und Luzern. Zu seinen Forschungsschwerpunkten zählen Organisation, Theorie der Unternehmung, Macht und Mikropolitik, Strategisches Management, Unternehmungsnetzwerke, Organisation und Dekonstruktion, Fiktionen des Organisierens sowie Organisation und Moral. Auswahl aktueller Publikationen: *Als Ob. Fiktionen und Organisationen*, Wiesbaden 2004, 2. Aufl. 2009; *Management in der Hypermoderne. Kontingenz und Entscheidung*, Wiesbaden 2009; *Organisation und Moral. Die dunkle Seite*, Weilerswist 2010; *Kunst des Entscheidens. Ein Quantum Trost für Zweifler und Zauderer*, Weilerswist 2011.

Birger P. Priddat, geb. 1950, Prof. Dr., ist Philosoph und Nationalökonom. Er ist Lehrstuhlinhaber für Volkswirtschaftslehre und Philosophie und ehemaliger Präsident der Universität Witten/Herdecke. Gastprofessuren an der Universität Basel und an der Zeppelin-University Friedrichshafen/Bodensee. Er ist Mitglied verschiedener Gremien und Verbänden und als Berater tätig, er war Berater von Bundeskanzler Schröder für die Themenkomplexe Zivilgesellschaft und New Governance und 2005 Mitglied der Arbeitsgruppe Eliteintegration an der Berlin-Brandenburgischen Akademie der Wissenschaften. Zu seinen Forschungsschwerpunkten zählen ökonomische Theorien von Religion und Religionsgemeinschaften, Institutionenökonomie, Theoriegeschichte, Kapitalismus generell, Wirtschaftsethik sowie Politische Ökonomie. Auswahl aktueller Publikationen: *Politische Ökonomie. Neue Schnittstellendynamik zwischen Wirtschaft, Gesellschaft und Politik*, Wiesbaden 2009; *Politik unter Einfluß. Netzwerke, Öffentlichkeiten, Beratungen, Lobby*, Wiesbaden 2009; *Organisation als Kooperation*, Wiesbaden 2010; *Kleingeld*, Berlin 2010; *Wozu Wirtschaftsethik?*, Marburg 2010; *Leistungsfähigkeit der Sozialpartnerschaft in der Sozialen Marktwirtschaft. Mitbestimmung und Kooperation*, Marburg 2011; *Akteure, Verträge, Netzwerke. Der kooperative Modus der Ökonomie*, Marburg 2012.

Hans Ulrich Reck, Prof. Dr. phil., Philosoph, Kunstwissenschaftler, Publizist, Kurator. Dr. phil. 1989, Habilitation 1991. Seit 1995 Professor für Kunstgeschichte im medialen Kontext, Kunsthochschule für Medien in Köln, davor Professor und Vorsteher der Lehrkanzel für Kommunikationstheorie an der Hochschule für angewandte Kunst in Wien

(1992-1995), Dozenturen in Basel und Zürich (1982-1995). Publikationen zuletzt: *Pier Paolo Pasolini - Poetisch Philosophisches Porträt*, 2 CDs Berlin 2012; *Spiel Form Künste. Zu einer Kunstgeschichte des Improvisierens*, (hg. v. B. Ternes), Hamburg 2010; *Pier Paolo Pasolini*, München, Paderborn 2010; *Traum Enzyklopädie*, München, Paderborn 2010; *Diskursive Twin Towers: Theorieturnier der Dioskuren*, 2 Bde. – Bd. 1: *Utopie und Evidenzkritik*, Bd. 2: *Tarnen und Täuschen*, (mit B. Brock), Hamburg 2010; *Index Kreativität*, Köln 2007; *The Myth of Media Art. The Aesthetics of the Techno/ Imaginary and an Art Theory of Virtual Realities*, Weimar 2007. Außerdem: *audiolectures 03 zur Geschichte der Künste im medialen Kontext*. Zusammen mit Andreas M. Kaufmann Konzeption, Entwicklung und Realisierung der Ausstellungsinsel ›Ich kann, weil ich will, was ich muss‹ für ›Ruhr Atoll 2010. Kunst und Energie‹ im Rahmen der Aktivitäten und Ausstellungen der Kulturhauptstadt Ruhrgebiet/ Essen (Baldeneysee Essen vom 12. Mai bis Ende September 2010; http://www.ruhr-atoll.de).

Francesca Rigotti, geb. 1951 in Mailand, Prof. Dr., Graduierung in Philosophie in Mailand 1974, Ph.D. in Sozialwissenschaften am European University Institute 1984, Habilitation in Politikwissenschaften in Göttingen 1991, Heisenberg-Stipendium der Deutschen Forschungsgesellschaft von 1991 bis 1996. Seit 1996 Professor für Politische Theorie an der Fakultät Kommunikationswissenschaften an der Universität Lugano (Schweiz). Autorin zahlreicher Bücher und Aufsätze in mehreren Sprachen über die Idee des Fortschritts, politische und philosophische Metaphern, Ethik, Rhetorik und Ehre. Auswahl von Publikationen in deutscher Sprache: *Die Macht und ihre Metaphern. Über die sprachlichen Bilder der Politik*, Frankfurt a.M. 1994; *Die vier Elemente und ihre Metaphern*, (Hg. mit P. Schiera), Berlin 1996; »Die schwere Entbindung der Entbindungsphilosophie«, in: *Familiendynamik. Systemische Praxis und Forschung* 37(1), 2012, S. 34-41.

Namenregister

Abälardus, Petrus 116
Adorno, Theodor W. 70, 171
Altieri Biagi, Maria Luisa 113
Apelt, Otto 173
Arendt, Hannah 47, 117, 118
Aristoteles 65, 90, 91-94, 113-116
Arrow, Kenneth J. 174
Ashby, William Ross 46
Augustinus 37, 74
Axelrod, Robert M. 54

Bachelier, Louis 40
Bacon, Francis 135
Barbey d'Aurevilly, Jules Amédée 138
Bataille, Georges 96
Bateson, Gregory 148, 162.164, 166, 168
Bazin, Janine 104
Becker, Oskar 152
Benson, Harry 178
Bentham, Jeremy 63, 65, 66
Bettini, Maurizio 113
Beuys, Joseph 105
Bieri, Peter 193
Blobel, Günter 55, 56
Bloch, Ernst 82
Blumenberg, Hans 115
Braithwaite, Richard B. 54
Brecht, Bertolt 46
Brod, Max 191
Brodbeck, Karl-Heinz 20, 63-72, 209
Buridan, Johannes 156

Campe, Rüdiger 121
Carnap, Rudolf 56
Castoriadis, Cornelius 11
Comroe, Julius H. 180
Cramer, Friedrich 198
Crick, Francis 14, 25

Da Vinci, Leonardo 75
Darwin, Charles 37, 39, 41, 63
Davidson, Janet 189
Dawkins, Richard 41
Derrida, Jacques 91, 125, 126, 131, 176, 182
Descartes, René 93
Didi-Huberman, Georges 118
Döblin, Alfred 193
Douglas, Mary 176
Dresher, Melvin 54
Duerr, Hans Peter 26

Edison, Thomas 191
Ehrenzweig, Anton 100-103
Eibl-Eibesfeldt, Irenäus 46
Einstein, Albert 25, 36, 39, 55, 80, 188-190
Elster, Jon 172, 174, 177
Enkelmann, Wolf Dieter 18, 87-96, 209
Epimenides 153, 156
Escher, Maurits Cornelis 156, 161
Esposito, Elena 20, 133-145, 209
Eutatholos 157
Eubulides 155
Euklid 152

Feldman, Martha S. 182
Feynman, Richard 183
Fichte, Johann G. 63, 65, 66
Fieschi, Jean-André 104
Fischer, Hans Rudi 7, 9-22, 45, 147-170, 182, 210
Fleck, Ludwik 15, 24, 97, 179
Fleming, Alexander 180
Flood, Merrill M. 54
Foerster, Heinz von 26, 46, 49, 50, 58, 135, 213
Foucault, Michel 151
Frank, Philipp 56
Franzen, Jonathan 113

NAMENREGISTER

Frege, Gottlob 57, 158
Freud, Sigmund 18, 23, 101, 182, 210
Fuchs, Thomas 18, 73-85, 210
Fukuyama, Francis 89
Funke, Joachim 21, 187-196, 211

Gigerenzer, Gerd 179
Ginzburg, Carl 181
Glasersfeld, Ernst von 26
Gödel, Kurt 35, 38, 55, 156, 168
Goffman, Erving 182
Grenaille, François de 136
Guilford, Joy Paul 104
Guitry, Sacha 183
Guntern, Gottlieb 49, 178, 183, 187

Habermas, Jürgen 194
Hawking, Stephen 37, 89
Hayek, Friedrich August von 68
Hegel, Georg Wilhelm Friedrich 13, 57, 115, 140, 147, 163
Heisenberg, Werner 63, 98, 214
Héloïse d'Argenteuil 116
Heraklit 198
Hesiod 114
Hesse, Hermann 73
Hofstadter, Douglas R. 51, 156, 179
Holm-Hadulla, Rainer M. 81, 188
Homer 11, 91, 114
Horkheimer, Max 70
Humboldt, Wilhelm von 10, 12-14, 17, 83
Hume, David 26, 58, 97

Isaacson, Walter 188, 189

James, William 81
Jobs, Steve 188-190

Kaempfer, Wolfgang 198
Kafka, Franz 14, 191
Kant, Immanuel 25, 116, 149-151, 154, 155, 169

Kay, Alan 142
Kekulé, Friedrich August 79, 80
Klein, Gary A. 179
Kleist, Heinrich von 82
Koestler, Arthur 164, 165
Kolumbus, Christoph 75, 180
Kopernikus, Nikolaus 149, 154
Kraft, Victor 57
Kriz, Jürgen 21, 197-208, 211
Kubrick, Stanley 76
Kuhn, Thomas S. 15, 24, 29, 48, 53, 80, 81, 97-100, 149
Kükelhaus, Hugo 173
Kurien, Ashok 178
Kurosawa, Akira 193

Labarthe, André S. 104
Leibniz, Gottfried Wilhelm 23, 187
Lester, Richard K. 133, 140, 141
Lévi-Strauss, Claude 176
Lewontin, Richard C. 53
Linton, Ralph 182
Liszt, Friedrich 87
Luces, Duncan 54
Luhmann, Niklas 20, 133, 136-139, 141, 171, 209, 210
Luther, Martin 37
Lyotard, Jean-Francois 157

Mach, Ernst 57
Macho, Thomas 187
MacKinnon, Roderick 55, 56
Magritte, René 159, 167
Mainzer, Klaus 19, 35-44, 212
Malthus, Thomas R. 63
Mandelbrot, Benoît 40
Márai, Sándor 193
Marx, Karl 63, 65, 66
Maturana, Humberto R. 46
McCloskey, Donald 182
McGoey, Linsey 140
Meister Eckehart 64
Merton, Robert King 180
Meschkowski, Herbert 153
Meusburger, Peter 191, 192

NAMENREGISTER

Mitterer, Josef 18, 23-33, 212
Montaigne, Michel Eyquem de 135
Morgenstern, Oskar 54, 55
Mozart, Wolfgang Amadeus 189, 190
Mulisch, Harry 9, 14
Müller, Karl H. 19, 45-61, 212
Murata, Junichi 172

Negt, Oskar 187
Neumann, John von 38, 54, 55
Neurath, Otto 56, 58
Newton, Isaac 23, 39, 99, 150
Nietzsche, Friedrich 42, 89, 93, 94, 116, 209
Nobel, Alfred 180

Ortmann, Günther 20, 171-185, 213
Ovid 118, 119

Page, Larry 142
Pascal, Blaise 136
Pasolini, Pier Paolo 103, 104, 214
Peirce, Charles Sanders 13, 17, 151, 162, 181
Penrose, Roger 161
Pentland, Brian T. 182
Phainarete 109-111, 118
Pico della Mirandola, Giovanni 74
Piore, Michael J. 133, 140, 141
Planck, Max 28
Platon 9-12, 14, 20, 74, 90, 91, 94, 95, 110-12, 116, 153, 156, 171-173, 198
Polanyi, Michael 172, 178
Popper, Karl R. 45, 56, 100, 179
Priddat, Birger P. 20, 121-131, 213, 209
Protagoras 157

Quesnay, François 182

Raiffa, Howard 54
Reck, Hans Ulrich 20, 97-107, 214
Rheinberger, Hans-Jörg 179
Rigotti, Francesca 19, 109-120, 214
Röd, Wolfgang 152
Röpke, Wilhelm 71
Rorty, Richard 26
Roßnagel, Alexander 174
Rowling, Joanne K. 188, 190
Rumsfeld, Donald 45
Russell, Bertrand 57, 158, 160, 162, 164

Salviati, Francesco 75
Saner, Hans 117
Schelling, Thomas C. 54
Schleiermacher, Friedrich 11
Schlick, Moritz 32, 56, 57
Schopenhauer, Arthur 116, 165
Schumpeter, Joseph A. 48, 51, 53, 63, 65-68
Serres, Michel 179
Shakespeare, William 157
Shapley, Lloyd S. 54
Shubik, Martin 54
Simmel, Georg 66
Simonis, Georg 174
Sloterdijk, Peter 117
Smith, Adam 25
Sokrates 11, 109-112, 156
Spencer-Brown, George 11, 19, 47, 51, 147, 160, 170
Spinoza, Baruch de 147
Spörl, Johannes 135
Stark, David 133, 135, 136, 138, 140, 141
Stegmüller, Wolfgang 99, 100
Stein, Edith 116
Steiner, George 115, 116
Stern, Daniel 83
Sternberg, Robert 189
Szabó, Arpad 152, 153

NAMENREGISTER

Tatarkiewicz, Władysław 105
Tomasello, Michael 77
Tsien, Roger 42
Turing, Alan 25
Turner, Mark 50
Turner, Victor 150
Uexküll, Jakob von 181, 201
Uexküll, Thure von 181
Van Gogh, Vincent 188-190
Vespucci, Amerigo 75
Voltaire 181
Vygotsky, Lew Semjonowitsch 77
Wagner, Richard 87

Waldenfels, Bernhard 11, 172, 175-177, 182

Wales, Jimmy 142, 143
Walker, John E. 55, 56
Wallas, Graham 81
Watson, James 14, 25
Weick, Karl E. 141
Weingart, Peter 50
Weizsäcker, Viktor von 181
Weyl, Hermann 55
Whitehead, Alfred North 57
Wittgenstein, Ludwig 16-18, 25, 32, 45, 47, 58, 64, 99, 122, 147, 158, 166, 210
Wunder, Edgar 191, 192

Xanthippe 111, 112

Zimbardo, Philip 194
Zuckerberg, Mark 142

Sachregister

Abduktion 13, 20, 171, 181
Abgrenzen/Begrenzen 12, 14, 36, 39, 138, 147
Abweichen/Abweichung/Devianz 25, 92, 128, 134, 135, 138, 150, 151, 154, 174, 175, 190, 195, 203, 206
Ähnlichkeit 18, 52, 99, 113, 151, 204
Algorithmus 14, 38, 39, 41
Altes/alt 16, 17, 20, 23-25, 27, 28, 30-33, 41, 46, 64, 66-71, 74, 79, 81, 87-90, 98, 121, 124, 129, 130, 133-140, 147, 149-151, 154, 171, 174-177, 181-183, 187, 197-200, 203
Altern der Innovation 137
Ambiguität 130, 140, 141
Ambivalenz/ambivalent 76, 83, 102, 151, 165

Anderes, Unerwartetes 20, 77, 78, 81, 89, 122, 123, 125-128, 130, 149
animal symbolicum 201
Anomalien 30
Antinomie 21, 148, 149, 155, 156, 158, 161, 164
Aporie 148, 155, 173
A priori/Apriorisierung 13, 31
Arete 110
Arrows Informationsparadox 174
Assoziation 81, 164
Attraktor 44, 203, 205
Ausschluss/ausschließen 33, 116, 147, 150, 155, 168
Austauschprozess 65
Automat/Automatismus 38, 202
Autopoiesis 11

Bedingungen für Kreativität 200

218

SACHREGISTER

Befreiung (delivery, Niederkunft) 115, 118
Benzolring 79, 80
Beobachter/Beobachtung 46, 47, 100, 136, 139, 175, 181, 183
Berechenbarkeit/berechenbar/unberechenbar 20, 355, 39, 68, 69, 83, 143, 154, 180
Bestimmen (determinatio) als Begrenzen 147, 161
Betrachter 100, 159, 161, 167, 194
Bewusstes (*siehe auch* Unbewusstes) 82, 165
Bisoziation 164, 165
Bit 14
Betwixt and between 150
Börsencrash 40
Brownsche Bewegung 40
Büchse der Pandora 171

Change Management 194
Chaos 37, 81, 98
Club of Rome 88
creatio ex nihilo 12, 130, 175

Decision 54, 125, 179
Deduktion/deduktiv 13, 182
De-Fiktionalisierung 130
Dekonstruktion/dekonstruktiv 151, 213
Demiurg (*siehe auch* Gott und Techniker) 11, 12
Denken 7, 12, 13, 17, 19, 20, 25-28, 42, 63, 65, 69, 71, 82, 94, 98, 117, 131, 148, 150, 151, 154, 155, 163-168, 176, 192, 195, 210-212
– induktives 13
– deduktives 13
– abduktives 13
Denkgeleise 7, 148, 151
Denkgewohnheiten 200
Denkrevolution 7, 15, 149
Denkzwänge 13, 151
Determination/Determinismus 19, 36, 37, 42, 74, 94, 147, 161, 172, 206
Dialektik von Innen und Außen 10, 161
Diotima 11, 111, 112
Diskontinuität als Produktivität 131
Diskursuniversum 160
Dissonanz 106, 127, 140
Distanzierung 201
Diversität 49
DNS/DNA 14, 19, 38, 47, 51
Double Bind/Double-Bind-Theorie 159, 161-166
Double Mind 162, 164, 165
Double Presence 129
draußen 20, 135, 151, 158, 160
drinnen 20, 158, 160
Dualismus 17

Eigenhandel der Banken 70
Einheit 12, 64, 92, 139, 151
Einheitsquadrat 153
einschließen 52, 76, 101, 103, 135, 143, 147
Eintrittswahrscheinlichkeit 121
Elster-Zustand 177
Emergenz/emergent 15, 83, 174
Entbinden/Entbindung 19, 92, 93, 109, 115, 118
Entdeckungsverfahren, Markt als 68
Entscheidbarkeit/Entscheidung/entscheiden 20, 31, 35, 38, 40, 44, 54, 67, 78, 74, 83, 91, 101, 121-131, 136, 140, 141, 157, 166, 168, 177, 179, 191, 192, 194, 195, 206
entspringen 65, 130, 158
Ereignis 15, 19, 35-37, 39, 40, 43, 44, 52, 64, 68, 76, 121, 123-126, 128, 129
Erfinden/Erfindung/Erfinder 13, 16, 23, 32, 66, 68, 75, 76, 142, 176, 183, 187, 188, 191, 193
Erkenntnisanspruch 28, 30

SACHREGISTER

Erkenntnisideal 28
Erkenntnistheorie/epistemologisch 11, 16, 128, 193
Erklärung, rationale 15
Eros 10, 11, 91, 94
Erzeugen/Zeugung/zeugen 11-15, 19, 21, 37-41, 44, 65, 66, 69-71, 83, 101, 104, 105, 109, 111-116, 141, 156, 179, 187, 199, 201
Eule der Minerva 13
Evolution/Evolutionstheorie/evolutionär 36-42, 47, 54, 55, 134, 139, 141, 143, 201
Film/Filmkunst 9, 14, 75, 103, 104, 193
Finanzmarkt 40, 67, 70
Finanzsektor 65
Fortpflanzung/fortpflanzen 109, 112, 115, 116
Fortuna 35, 43, 178
Fraktalgeometrie 98
Freiheit 19, 32, 90-95, 105, 113, 201, 202
from now on... so far 18, 27
Fruchtbarkeit 111-113, 116, 179

Gabe 112, 117, 180
Gaußsche Glockenkurve/Normalverteilung 40, 43
Gebären 9, 19, 109-111, 113, 114, 116-119
Gebürtlichkeit 74, 117
Geburt, Philosophie der 109, 117, 118
Gedankenblitz/Geistesblitz 15, 24, 179
Geldkreislauf 65, 66
Geldmenge 64
Geldökonomie 65-67, 69
Genesis 10, 11, 169, 177
Genie 12, 13, 191
Gesetze 15, 27, 36-44, 74, 93, 97, 98, 150, 158, 168, 181, 199

Glaubenssystem (belief-system) 126
Gott /Göttin 9, 11, 35-37, 41-44, 74, 75, 84, 91, 94, 95, 110, 112, 114, 116, 118, 119, 147, 169
Grammatik 17, 19, 41, 45-53, 58, 147, 166, 168
Grenze 10, 37, 43, 93, 98, 101, 104, 138, 157, 168, 177, 179
Grenzgängertum 101

Handwerker (Gott) 11, 37, 41
Heuristik/heuristisch 52, 56, 100, 106, 179, 180
Hominide 31, 76
Homo oeconomicus 95, 173
Illegitime Totalität/Ganzheit 166

Imagination 183, 203, 206, 207
imaginativ-teleologische Prozesse 206
In-der-Sprache-Sein /In-der-Welt-Sein 148
Induktion, induktiv 13, 52, 97
Infiniter Regress 173, 180
Information/Informationstheorie 20, 36, 38, 42, 46, 124, 125, 135, 173, 174, 178, 179, 190, 195, 202, 205, 206
Inkubation 81, 115, 190
Innovation 7, 19, 20, 25, 42, 63, 66-69, 71, 87, 95-98, 133-143, 171-178, 180, 181, 212
Innovationsmanagement 172
Instabilität 137, 165
Intelligenzquotient/IQ 189
Interaktion 18, 49, 51, 55, 82, 83, 148, 191, 200
Intuition 15, 21, 149, 197, 199, 203, 205, 206
Irrationales Denken 151
Irrationalität/irrational 10, 35, 69, 148-155, 165, 168, 169
irrealia 127
Irreduzible Neuheit 15
Irritation 20, 78, 81, 171, 181

SACHREGISTER

Isomorphie/isomorph 48, 53

Kategoriensysteme/Kategorien 21, 67, 74, 151, 152, 166, 198, 203, 204
Kairós 43, 44, 75, 84, 178
Klassenantinomie 158, 164
Kombination/Rekombination 14, 50-53, 58, 136, 179
Kommensurabilität/Inkommensurabilität 92, 152, 154
Komplexität 42, 122, 139, 141, 143, 203, 204
Konstruktion 19, 32, 39, 45, 104, 139, 181
Kontingenz 13, 14, 43, 128, 171, 213
Kooperation 7, 54, 209, 213
Kopernikus Paradox 149
Kreationismus/Kreation 10, 11, 39, 41, 113, 177, 182
Kreative Person/kreatives Produkt/kreativer Prozess 10, 13, 15, 20, 21, 51, 63-71, 81, 100-103, 115, 148, 151, 162, 187-192, 205
Kreativität 7, 10, 12, 14, 15, 19-21, 63, 64, 67, 68, 70, 71, 73, 79, 81, 97, 98, 101-106, 109, 114-118, 130, 148-151, 155, 163, 164, 167, 172, 178, 182, 183, 187-192, 197, 199-205, 209, 212
Kultur/Cultur 42, 74, 92, 105, 109, 198, 201
Kunst (techné) 7, 11, 12, 19, 20, 38, 69, 70, 87-90, 97-100, 102-105, 110-112, 116, 156, 163, 167, 181

Landkarten/Landkarten des Denkens 18, 56, 118, 148, 151, 162, 166, 192
Landkartenparabel 162
Lean Production 175, 177
Literatur 19, 38, 148, 160, 188

Logik 9, 10, 13, 17, 19, 57, 99, 122, 147-151, 156, 158, 160-164, 168, 178, 179, 210
Logos 114, 152-154
lucidum intervallum 45
Lügner-Antinomie/Lügner-Paradox 155-157, 159

Mainstream-Ökonomik 63
Markt 42, 44, 67-71, 129
Mechanikergott 37
Menon 20, 153, 172-174
Metalepsis 10
Metapher 15, 16, 21, 52, 109, 110, 115, 165, 177, 181, 182
Metasprache 160
Mikro-, Meso- und Makroebenen 48, 53
mise en abyme 162
Möbius Band 10, 169
Mode 32, 137, 140
Möglichkeit 14, 16, 69, 74, 77, 91, 93, 104, 106, 117, 121-131, 136, 142, 148, 156, 178, 189, 192, 197, 200, 201, 204
Mutation 24, 38, 42, 67

Natalität 74, 117
Negation 13, 123, 125, 130, 134, 140, 147, 148, 149, 156, 160, 161
Neugier 100, 16, 25
Neuzeit 74, 87-89, 104
Neues 7, 9, 10, 12-26, 29-32, 35, 44, 55, 58, 63-69, 73-79, 81-84, 87-95, 97, 98, 105, 109, 118, 121, 124-127, 131-140, 143, 147-151, 154, 155, 162, 164-168, 171, 174-182, 187, 194-204
- Begriff des Neuen 16, 133, 147
- Determinanten des Neuen 19
- Dialektik des Neuen 20, 104, 147
- Geburt des Neuen 9, 18, 19, 21, 82, 115, 150, 162, 176

SACHREGISTER

- Philosophisches Problem des Neuen 10
- Rätsel des Neuen 20, 133, 135, 137, 140, 143

Occams Rasiermesser 160
Oikos, Lehre vom 63, 92
Ökologie 63
Ökonomie/Ökonomik/ökonomisch 7, 20, 25, 40, 54-56, 63-71, 96, 121, 126, 171, 173, 177, 182
Omnis determinatio est negatio 147, 161
Ordnung/Weltordnung 11, 21, 36-38, 41, 50, 53, 79, 93, 102, 138, 142, 150-155, 166, 168, 177
Ordnungsübergang/Ordnungs-Ordnungs-Übergang 21, 200-205
Originalität/Origo 76, 138
Ouroboros 79, 80
Oxymoron 18, 150, 151

Palo-Alto-Gruppe 148, 162
Paradigmenwechsel 29
Paradoxien 15, 18, 20-23, 105, 148, 149, 155-158, 160-163, 166-168, 171-173
- semantische 155, 156
Paralogie/Paralogisches Denken/paralogisch 148, 150, 151, 155, 166, 210
Perspektive 18, 21, 74-79, 81-84, 100, 121, 135, 137, 155, 187, 193-195, 205
Phaidros (Platon) 90
Phainarete als Metapher 109-111, 118
Phantasie 20, 113, 182
Phasen der Kreativität 102, 190, 191
Phasenübergang 200, 202
Philosophie des Gebärens 19, 109, 117, 118

Poetik 102
Poiesis 10-12, 101, 167
Positive Unvernunft 20, 147, 154, 169
Potentia 116, 192
Philia 92
Polites 93
Präferenz 29, 33
Primaten 77
prinzipielle Unbestimmbarkeit 77
probabilistisch 121
Problemlösen und Kreativität 187, 192
Produkt- und Prozessinnovation 67-71, 133, 140, 178
Prozedur 9, 10, 13, 14
Prozess 9, 10, 13-15, 18-21, 29, 36, 39, 41, 43, 47, 50-56, 63-71, 73, 79-81, 83, 97-103, 106, 115, 138-143, 148, 151, 157, 162, 167, 168, 177, 182, 188, 190, 192, 197-206, 210
Psychologie 7, 54, 57, 82, 100, 104, 202, 205
Pythagoreer 152, 153, 169

Quantenereignisse 19, 36, 37
Quantenphysik 36, 37, 39, 98, 99
Quantenwelt 19, 36

Radikal Neues 165
Ratio 67, 69, 70
rational choice 91
Rationalität/rationales Denken 13, 69, 89, 97, 99-101, 117, 125, 148-155, 158, 164, 165, 168, 169
Rauschen/Zufallsrauschen 38-42, 151
Redundanz 136, 139
Reentry 11
Regeln/Regelfolgen 17, 20, 27, 28, 35, 38, 45-47, 50-53, 55-57, 66, 81, 99, 127, 138, 139, 141, 150, 154, 160, 164-168, 171,

SACHREGISTER

179, 181-183, 190, 197, 200, 201
Rekombination/rekombinieren 14, 50-53, 58, 136
Rekombinationsoperatoren 51-53, 58
Replacement 133
Ritual 73, 74, 83, 150, 201
Routinen/Denkroutinen 20, 21, 74, 125, 148, 163, 171, 176, 182, 183, 187, 192, 195, 197
Schattenseiten der Kreativität im ökonomischen Prozess 20, 63
Schleife, seltsame 10, 14, 156
Schneeballsystem 71
Schöpfung/schöpferisch 7, 10-15, 20, 37, 65-68, 74, 80, 97, 100-105, 116, 151, 161-169, 175, 187, 190
Schwangerschaft 19, 113, 115, 117, 118
Schwarmeffekt 129
Seigniorage 70
Selektion/Selektionsprozess 38, 41, 42, 67-71, 121, 129, 141, 198
Semantik 57, 134, 140, 165, 203, 205
Serendipity 20, 171, 180, 181
Shareholder-Value 70
Sinn 42-44, 78-83, 115, 155, 160, 162, 164, 168, 198, 203
Sinnattraktor 203, 205
so far ... from now on 18, 27
Spekulation 71, 91, 93, 104
Spencer-Brown-Maschine 51
Spieltheorie 54, 55
sprachliche Kreativität 11
Sprachspiele 9, 16-18, 45-47, 58, 99, 147, 149, 162-168
Statistik 122
statu nascendi 18, 73, 78, 79, 81, 82, 94
stochastische Gesetze 42

Strukturänderung/Strukturauflösung 139-142
Subversion der Rationalität 152
Suchparadoxie (Menon) 20, 171-173
Symmetrie (symmetron) 152
Symposion (Platon) 10-12, 111
Synergie 42
Syntax 57
System/Systemtheorie 7, 17-21, 26, 28, 37-44, 50, 52, 55, 56, 63-71, 78, 83, 88, 89, 100, 102, 126, 129, 134-136, 139-143, 148-154, 158, 165, 168, 179, 195, 199-201, 203, 305

Tautologische Form der Ratio 76
Techné/Technik 10-15, 24, 33, 88, 89, 128, 133, 188, 190, 193, 204, 205, 209
Techniker (siehe auch Gott und Demiurg) 11, 12
tertium non datur 15, 166
Theaitetos (Platon) 110-112
Theoriebeladenheit von Beobachtung 100
Timaios (Platon) 11, 90, 94, 95
transkontextuelles Syndrom 163, 164, 166
trial and error 179
Turingmaschine 19, 47, 51
Turn, linguistic 16
Turn, radikal-konstruktivistischer 46, 47
Tyche 43, 44
Typentheorie 160, 162

Übergang/Übergangszustand 14, 78, 136, 150, 154, 164, 165, 201-205
Überstabilität 21, 199
Umschlag 25, 76, 78, 103, 105
Unberechenbar 68, 83, 143
Unbestimmbarkeit 15, 168
Unbestimmtheit 136, 138, 141, 172

SACHREGISTER

Unbestimmtheitsrelation 36
Unbewusstes (siehe auch Bewusstes) 82, 102, 165, 182
Unerwartete, das 20, 76, 83, 122-129, 131, 149
Unmöglichkeit 9, 13, 15, 129, 140, 161
Unterscheiden/Unterscheidung 11-14, 29, 32, 43, 47, 50, 76, 98, 102, 128, 133-142, 149, 155, 158, 160, 162-164, 188
Unvernunft 20, 147-151, 154, 159, 169
Unvollständigkeit/Unvollständigkeitsbeweis 19, 35, 38, 168
Ursprung 13, 15, 52, 76, 77, 95, 114, 115, 151, 167

Veränderung erster und zweiter Ordnung 21, 166, 168
Vernunft 25, 114, 148, 150, 152, 254, 157, 159
Verrücktheit/Verrückung/verrückte Märkte 44, 148, 151, 154, 155
Vertrauen 64, 70, 83
Viabilitätserfordernisse 177
Vokabular des Wandels 29

Wahrscheinlichkeit 19, 43, 49, 121-125, 200
Wahrscheinlichkeitszuschreibung 123, 125
Wandel 17, 26-31, 151, 154, 155, 194, 199

Ware-Geld-Ware (W-G-W) 65
Wechselwirkung 40
Weltbild, mechanistisches 37
Werkzeug/Werkzeuggebrauch 42, 54, 57, 76-78, 199, 202
Widerspruch 15, 21, 36, 63, 105, 148, 149, 159-163, 198
Wiederholung und Bricolage 174, 176
Wiener Kreis 53, 56-58
Wirtschaft 7, 20, 24, 35, 40, 41, 63-71, 173, 182
Wirtschaftspolitik 63
Wissen, implizites 172

Zeit 10, 19, 29, 37, 39, 44, 47, 57, 68-70, 74, 75, 82, 87, 94-97, 104, 112, 114, 117, 121, 124, 134, 137, 141, 142, 155, 168, 173-175, 188, 192, 294, 198, 203
Zeitperspektiven 194
Zerstörung
– kreative 64, 67, 101
– schöpferische 67, 68
Zeugen/Zeugung (*siehe* Erzeugen)
zirkulärer Prozess 64
zoon logon echon 93
Z-Paradox 174
Zufall/Zufallsmuster 15, 19, 20, 28, 35-44, 114, 177-179, 202
Zufallsfluktuation 36, 37, 42, 43
Zukunft, horizontale 123, 124
Zukunftsbild 124, 206, 207